U0444681

中国人民大学亚洲研究中心项目（18YYA03）

"日本制造"的文化密码

彭新武 著

中国纺织出版社有限公司

内 容 提 要

本书通过对"日本制造"的历史考察，从制造哲学、国民素质、职人精神、企业家情怀、生产模式、管理文化、创新精神、国家战略、产业布局、竞争策略等多个层面，揭示"日本制造"得以享誉世界的深层文化"密码"及其未来走向，剖析"日本制造"的得失成败，以期为当下"中国制造"的崛起有所裨益。

图书在版编目（CIP）数据

"日本制造"的文化密码 / 彭新武著. -- 北京：中国纺织出版社有限公司，2021.4
ISBN 978-7-5180-8449-4

Ⅰ.①日… Ⅱ.①彭… Ⅲ.①制造工业-工业史-研究-日本 Ⅳ.①F431.39

中国版本图书馆 CIP 数据核字（2021）第 051403 号

策划编辑：李满意　责任编辑：张　强
责任校对：楼旭红　责任印制：王艳丽

中国纺织出版社有限公司出版发行
地址：北京市朝阳区百子湾东里 A407 号楼　邮政编码：100124
销售电话：010-67004422　传真：010-87155801
http://www.c-textilep.com
中国纺织出版社天猫旗舰店
官方微博 http://weibo.com/2119887771
北京华联印刷有限公司印刷　各地新华书店经销
2021 年 4 月第 1 版第 1 次印刷
开本：880×1230　1/32　印张：10
字数：228 千字　定价：72.00 元

凡购本书，如有缺页、倒页、脱页，由本社图书营销中心调换

前言　走近日本

一

世界上恐怕没有哪两个国家像中国与日本一样，有着剪不断的历史渊源，道不尽的血火兵刃，理还乱的现实纠葛……历史所积累的怨恨，使得一些激进民族主义者恨不得来一场千年不遇的海啸，让日本群岛一夜之间沉没于大洋深处。然而，面对国人跨海争抢马桶盖、电饭煲的狂潮，其中的感受则是十分复杂和纠结的。

无论如何，有一点是明确的，不论喜欢还是愤恨，为敌还是为友，在这个任何国家都无法再独处一隅的世界上，唯一可取的态度，便是对对方有一个切实的了解——这是判断和选择的前提。

历史地看，从公元57年汉光武帝赐印倭奴国算起，中日两国有记载的交流史已近2000年。尽管如此，我们对这个一衣带水的邻邦却知之甚少，且常存芥蒂。长期以来，中国人说起日本，动辄"小日本"——其实，日本在全球来说并不算一个小国，但对于日本，中国人总有一种俯视感，即使在近现代中日两国间的文化输出流向早已逆转，这种俯视的姿态也从未改变。虽然中国游客常常感叹日本环境的干净整洁、日本人的细节服务、精益求精的匠人精神，等等，但国人依旧无法放弃曾经所拥有的优越意识：日本的樱花、茶道，过去曾经是"我们的！我们的"；没有中国的汉字，"小日本现在都还没有自己的文字"；去了京都和奈良，慨叹"这原本是我们的盛世唐朝"……

的确，仅就语言而论，日本人使用的汉字源自中国，然而，经过上千年的岁月洗礼，日本的"和制汉语"已开始反哺现代中国，据统计，我们今天使用的社会和人文科学方面的名词、术语，有大约70%是从日本输入的，如服务、组织、纪律、政治、革命、政府、党、方针、政策、申请、解决、理论、哲学、原则等，还有像经济、科学、商业、干部、健康、社会主义、资本主义、法律、人民、共和、哲学、文学、美术、抽象……❶

在《被误解的日本人》中，日本人野岛刚如此写道："中日间误解的种子实在太多。何况，相比花了一千五百年潜心研究中国的日本人，中国人对日本的观察不过短短百年，误解之多也是必然。"同样，研究日本问题的著名美国学者唐纳德·金先生在一次演讲中也说，"虽然有人学日语，且中国的历代史书上，都必定有与日本相关的记载，但是，那些记载，几百年不变，而且都是中国人自己一言堂式的记录，几乎没有使用过日本的资料记载"，"可以认为没有真正的日本研究"。❷ 的确，中国虽然和日本有数千年交往，但正如国民党元老戴季陶在1928年出版的《日本论》一书中所言："'中国'这个题目，日本人不知放在解剖台上，解剖了几千百次……而中国人研究日本却粗疏空泛。"❸

二

相对于国人对日本的主观和臆断，日本人对中国的精心关注则由来已久。

---

❶ 参见祖林、石继业:《从借词现象看民族文化的撞击与渗透》《河北职业技术学院学报》2008年4期。
❷ 参见唐辛子:《中国人"变形"的日本研究热》，https://chuansongme.com/n/403248121451
❸ 蒋百里、戴季陶、刘文典:《日本人与日本论》，北方文艺出版社，2015年版，第52页。

在甲午战争前夕，日本陆军参谋本部派荒尾精（1859—1896）中尉秘密潜入中国，纠集大量日本浪人，组织成一个庞大的情报网，把中国民间日常生活、生产和制造能力、军队装备和战斗准备、清廷党争和官僚腐败等摸得一清二楚，编纂成厚厚的一本《清国通商综览》。以此为依据，日本做出判断，清国腐败透顶，可以一战。

在日俄战争获胜后，日本占领中国东北南部，并于1906年11月成立"南满洲铁道株式会社"（简称"满铁"）。该机构名义上是经营铁路的股份公司，实则是日本政府"经营满洲"的超经济机构，并下设调查部。该调查部人员最多时达到2500余人，还有数以千计的外围调查员。他们的调研足迹几乎遍布中国，调研范围涉及资源调查、农村土地制度调查、华北华中地区农村的社会调查、工商业行规调查，等等。从成立至1945年解散的40年中，"满铁"调查部先后提出多达1.2万余份的研究报告。这些情报成为日后日本军部和政府制定侵华政策的重要依据。1927年，"田中奏折"中的"占满蒙，灭中国"的详细计划，可谓集日本人"三百年研究之大成"，其对中国的资源、人文的了解程度及其计划之周密，令人不由得惊出一身冷汗。这一时期，日本可谓举国都在窥视中国，其中一个著名的事例，就是策划1931年"九一八"事变的主谋石原莞尔（1889—1949）对中国的考察。据说他为了搜集情报，常常化装成乞丐或劳工，用一年多的时间，跑遍了湖南、四川及南京、上海、杭州等地，目睹了恶势力和警察对普通民众的盘剥。石原由此认定：在这样一个政治腐朽、官民对立的国家，即使外国势力入侵中国，民众也肯定不会支持政府。这成了他后来大胆策划"九一八"事变的重要依据。石原由此还推出论著《最终战争论》，提出一个以日本为主导的所谓大东亚共荣圈的战争目标。他认为，"满蒙是日本的生命线"，要想征服中国首先要占东北。同时提出要把东北建成日本最终与苏联、美国决战的后勤基地。如其所愿，1931年，石原与板垣征四郎（1885—1948）一同策划了震惊中外的"九一八事变"，半年之内占领了东北，建立"伪满洲国"。在事变后第四天，石原便主张不再扩大战争，只经营好满蒙，与中国修复关系，养精蓄锐，实现他的最终战争论。后来的"七七事变"，石原再次上书，反对日本扩大对中国的战争，认为，一旦和中国开打，将是一场持久战；应精心经营中国东北，再徐图将来，等等。假如这一主张得以认同，历史也许会是另一番模样。

抗日战争之际，中国军队发现，侵华日军使用的军用地图竟然比自己的还要精确，甚至在重要地段的一棵树、一间房都被标注得一清二楚。1945年，被八路军俘获的小林德曾供认："我们很早就想打入你们内部，帝国情报机关曾派两名懂中文的大学生学习了两年马列主义，又学习种稻田，熟悉中国北方人的生活习惯，然后又派遣到北京当淘粪工人，装作左倾，以便打入中国共产党。"❶ 如此苦心孤诣，令人咂舌。

当下中国的社会面貌和流行文化，虽然不一定对日本人产生多大的吸引力，却并不妨碍他们对于中国社会状况的持续的、全方位的关注和研究。譬如，日本NHK（即日本放送协会，相当于日本的"央视"）从1953年节目开播至今，其制作和播放的各类涉华题材纪录片近1800余部（集），涉及从中国经济、社会到民生的诸多题材。他们还研究中国人的"反日"，并于2016年7月出版了《"反日"中国的文明史》。不仅如此，不同于我们在研究中的诸多"禁忌"，日本人对中国的研究相当开放、深入。譬如，日本人研究中国历代皇帝的寿命为何不如他们的天皇，但他们并不为此心生得意，而是想找出短命是否也是一种活力。他们发现中国的历代王朝的寿命没有一

---

❶ 袁灿兴：《日本间谍在中国卖豆腐》，《文史博览》2012年10期。

个超过300年的，想知道为什么。他们研究出中国的英雄流浪者颇多，如晋文公流浪了19年，孔子流浪了14年，刘备流浪了30年。他们研究《西游记》，从看似荒唐无稽的冒险情节里，解读出人类解释宇宙的强烈愿望。他们研究陶渊明，认定他生得快乐，活得潇洒，是东洋人幸福的极致。他们研究中国文明的特质，发现了非常基本的三要素：皇帝、都市和汉字，其中最重要的是皇帝。他们用一句话道破中国历史："中国的近代像古代，中国的古代才是近代。"❶

实际上，日本人对中国的研究，远远超过中国人对自身的研究。你去日本便会发现，在日本城市的黄金地段，光鲜亮丽的建筑并不是政府机关、银行、警察局、金融大厦，而往往是区区几间书店，其中关于中国的图书琳琅满目：有严肃的或搞笑的，有赞扬的或批评的，图文并茂，不一而足，常常让人感觉日本把中国和中国人"吃透了"。在日本，光对《红楼梦》的翻译，就有近20种版本，关于《三国志》的版本甚至不下50种。而近年来由十位日本顶尖历史大家写就、花巨资出版的《中国历史》十卷本，不但创造了五次印刷的销售佳绩，更掀起了一股国史热。可以说，不仅是过去，就是将来，中国人想要寻找现代中国的完整历史，恐怕依然要借助于日本人对中国的研究。如文学家金克木所言："实地研究中国最细致的文献都是日本人做的。"❷ 就连西方人研究中国，也需要借助于日本人的研究。美国学者唐纳德·金先生说："对于中国的历史与文学，美国人认为日本学者比中国学者的研究做得更好。所以，如果想在美国研究中国，无论如何也必须学好日语，必须阅读日本人写的东西。"❸

---

❶ 姜建强：《你所不知道的日本》，http://blog.sina.com.cn/s/blog_40257aae0102yl6f.html
❷ 金克木：《关于〈菊与刀〉》，https://www.douban.com/group/topic/92110428/
❸ 参见唐辛子：《中国人"变形"的日本研究热》，https://chuansongme.com/n/403248121451

可能鲜有人知,电影《王朝的女人》《英雄》《十面埋伏》《宋家皇朝》中的服装设计,竟出自一位日本老太太——和田惠美。她在近半个世纪的职业生涯中,几乎有一半时间在研究中国古装。张艺谋曾经拜访和田惠美,看到家中藏书很是惊讶:"你这里中国古代服饰的资料比中国设计师的还要多。"和田惠美说:"我都是从书上研究中国古代服饰,这些书都是从巴黎、阿姆斯特丹、柏林一本本淘回来的,它们的价值在于,能站在另一个立场和角度来解析中国古代的传统服饰。"❶

反过来看,对于日本的《源氏物语》《平家物语》《万叶集》《枕草子》《古事记》《日本书纪》《徒然草》《芭蕉全句集》等文化经典,我们又有几种译本呢?对于圣德太子、源义经、足利尊氏、织田信长、丰臣秀吉、德川家康、吉田松阴、明治天皇、福泽谕吉、西乡隆盛等日本历史文化名人,我们又有谁为其写过传记呢?尼采在《人性的,太人性的》一书中曾言:"上帝把健忘作为看门人安置在人类尊严之庙的门槛上。"不能以为一个战败过的国家,它的历史就是无关紧要的;不要以为,一个侵略过我们的民族,它的文化就不值得书写。日本人事无巨细地研究中国,中国人缘何不能以同样的方式来研究日本?

中国对于日本,固然不必仰视,但起码应该抛弃那种莫名的优越感,与日本能够互相平视。事实上,现代中国对于现代日本,在文化上早已失去昔日俯视的优势。借用日本歌人(1155—1216)鸭长明在《方丈记》的开首之语:"河水滔滔不绝,但已经不是原来的河水。"即便你真想战胜它,首先需要的,便是"知己知彼"。百年前,曾留学日本的军事家蔡锷说:"中国要

---

❶ 吴丹:《张艺谋都惊讶,这位80岁的日本服装设计师如此了解中国》,https://www.yicai.com/news/5207028.html

想实现现代化,必须迈过日本这道坎儿。"❶ 今天,中国仍然被挡在这道坎儿的前头。无论你是政治领袖还是企业家,也无论你是军人还是平民,认识日本、了解日本、研究日本,都是中国人的一种生存必修课。

三

2013年之秋,笔者初到日本访学。行走在日本,正如许多旅人都曾看到过的,这里有干净的街道、整洁的店铺,如水洗般青翠的树叶,还有古朴的"唐朝风貌"……的确,就像100年前民国留学生所感叹的:"日本政治之善、学校之备、风俗之美、人心之一,令人印象深刻!"当然,这里也会有排队长龙,但却是安静而有间隙的。还有一个惊奇的发现:原来"倭国"并非遍地"倭人"。调查数据显示,"二战"时日本男性的平均身高是158厘米,因此有"东洋矮子"的诨名。但是,从1950年到2010年的60年间,日本人的平均身高增长了12厘米,其中成年男性的平均身高达到170厘米,女性的平均身高达到了160厘米。究其根由,日本在明治维新时代,就已经把提升国民素质、增进国民体质作为一项基本国策。据说,日本在甲午战争时期,贵为天皇之尊,为筹备军费,一天竟然只吃一餐,但小学生每天的一杯牛奶、一个鸡蛋,则是必须要保证的。在日本人看来,正是这些孩子,肩负着日本的未来。1945年日本投降后,生活物资极其匮乏,中央政府的部长都是骑自行车上班。即便如此,日本政府依然做出决定:给每一位中小学生提供免费的营养午餐。这一决定不仅拯救了无数孩子的生命,也使得战后日本年轻一代产生了极大的活力,推动日本迅速完成战后的复兴。

日本资源极度贫乏,土地只有六分之一是可耕地,人口却高达1亿多,

---

❶ 参见戴旭:《日本始终在专研中国:可你认识日本吗?》,《中国经营报》,2015年9月28日。

85%的能源资源依赖进口，且自然灾害频发。然而，正是这样一个资源贫乏、灾害多端的国家，自19世纪中叶明治维新以来，竟然在短短几十年之内迅速崛起，超越中国、俄国，一跃成为东亚第一强国。二战结束后，日本人更是在一片废墟中重新崛起，到1973年成为仅次于美国的世界第二号经济强国，而且是真正的国富民强：贫富悬殊小，号称有一亿"中产"，几乎可谓全民皆"中产"。从自然条件上来看，日本的国土面积只有中国的二十五分之一，人口只有中国的十五分之一，而其经济发展到这个程度，可谓登峰造极。虽然日本的经济总量近年为中国所略微超越，但就经济发展的质量及创新程度而言，依然存在天壤之别。可以说，中国人现在的许多梦想，其实日本人几十年前就实现了：法治国家、廉洁政府；世界第一的良好治安；医疗健康世界第一；老人长寿世界第一，等等。因此之故，在日本这里，不仅依稀可以看到中国的过去，也许更能指引中国的未来。

研究二战后日本这段奇迹般的发展历程，不难发现：日本发达的制造业构成了其经济的重要支撑，产品创新饮誉世界——世界上第一个三角插头，第一艘航空母舰，第一张CD、DVD、蓝光光盘，第一台电子计算机，第一只石英手表，第一台笔记本电脑，第一台录像机，第一台液晶电视，等等，都是日本制造的。"日本制造"的品质更是有口皆碑。许多消费者都有这样的印象，凡是在日本本土生产的东西，一定是物有所值，用不着担惊受怕的。笔者在东京街头曾买过两个保温杯，一个是虎牌，一个是象牌，使用多年无缺憾。

"日本制造"究竟何故引人青睐？只有走近日本，你才会深切地体察到，一个与我们的日常印象大为迥异的日本。基于此，笔者申报了本校亚洲研究中心的研究课题，并有了2018年的第二次访日。这一次，笔者走访了诸多日本大小企业，最终写就了《"日本制造"的文化密码》这本书。

关于"日本制造"的研究，自然是一个跨学科话语，涉及历史学、经济学、管理学、文化学、哲学等。故此，本书试图对"日本制造"进行一次综合性描绘。本书的第一、二章在追溯日本文明发展史的基础上，概述了"日本制造"的发展历程及其基本特质；第三、四章则从日本人的精神特质、管理艺术，以及整个社会管理体制、竞争战略等多个层面，力图全面揭示日本制造得以享誉世界的深层"文化基因"；第五章主要围绕日本制造在当下所遭遇到的挑战和困境及其相关争论，对日本制造业的当下变革及其前景做出阐述；第六章则是基于当下"中国制造"的种种问题，谈及如何以邻为鉴，取长补短，以期让"中国制造"真正屹立于世界民族之林。

在一次中日网民的"对战"中，有位日本人这样写道："不管你们怎么破口大骂，我很高兴你没有骂我们懒惰，没有骂我们不认真，没有骂我们贫穷，没有骂我们窝里斗。我们不是因为骂人而崛起的！"[1]因此，对于日本，我们需要做的，便是抛却"妄自尊大"，躬身自省，深入学习，以唤醒国人之创造精神，做到知耻而后勇，奋发且有为。

彭新武

2018年9月30日于中国人民大学人文楼

---

[1] 参见张宏杰：《我们真正了解日本吗》，《环球时报》，2006年4月5日第11版。

目 录

第一章 日出扶桑：追赶文明的脚步 …………………… 1
 一、文明之初 ……………………………………… 2
 二、脱亚入欧 ……………………………………… 16
 三、明治维新 ……………………………………… 40

第二章 "日本制造"的崛起 …………………………… 57
 一、走出"废墟" ………………………………… 58
 二、日本品质革命 ………………………………… 72
 三、顾客至上 ……………………………………… 92

第三章 "可怕"的日本人 ……………………………… 105
 一、匠人精神 ……………………………………… 106
 二、武士道 ………………………………………… 119
 三、企业家情怀 …………………………………… 129
 四、国民教育及社会秩序 ………………………… 143

第四章 技术、管理与战略 …………………………… 157
 一、技术与创新 …………………………………… 158
 二、生产与管理 …………………………………… 171

三、财团与政府 …………………………………… 187

　　四、国际化战略 …………………………………… 200

第五章　危机、反省与重塑 …………………………………213

　　一、失去的二十年 ………………………………… 214

　　二、低调的"忍者" ………………………………… 225

　　三、战略的重塑 …………………………………… 249

第六章　以邻为鉴："日本制造"的启示 ……………………265

　　一、"中国制造"：野蛮增长的隐忧 ……………… 266

　　二、中国：向日本学习什么 ……………………… 276

参考文献 …………………………………………………………286

后　记 ……………………………………………………………306

第一章 日出扶桑：追赶文明的脚步

日本国土只有区区37.8万平方公里，相当于中国的一个四川省，故常被国人呼为"蕞尔小国"。然而，日本虽小却不弱，在世界近代史上，它先后打败过中国和俄罗斯这样的大国。它在第二次世界大战中战败后在经济上又迅速崛起，曾连续四十多年在经济总量上一直雄居世界第二，也是当今亚洲地区唯一的发达国家。日本制造的产品更是风靡世界，甚至在整个世界经济的产业链上，几乎都有日本的影子。在历史上，日本先后学习东方文明、西方文明，然后又成功地实现了超越，在这个星球上可谓独树一帜。让我们走进真实的历史，了解一下这个谜一样的国度。

一、文明之初

在历史上，日本确实曾经是中国的学生，即使在今天，日本人也没有掩盖对中华传统文化的痴迷与垂青。中华文化的优秀基因事实上也早已融入日本民族文化中，成为其不可分割的一部分。难能可贵的是，对中华文明的采撷，日本人并不拘泥于中华本色而故步自封，而更善于在此基础上进行创造，去粗取精，推陈出新，由此而渐趋形成了自己的文化特色。

1. 山与海的交织

对于日本的研究，1946年美国人类学家鲁思·本尼迪克特的《菊与刀》一书的出版，被誉为"现代日本学的开端"，其研究结论曾直接被用于战后美国对日政策。从《菊与刀》一书中，我们读到的日本人形象是极端矛盾对立、分裂的人格：日本文化充满了悖论，日本文化具有井然有序的社会等级制度，但社会又认可无序状态的存在；日本人生性好斗又非常温和；坚决忠贞又易于食言叛变；他们在乎社会规范的约束又会放荡不羁，注重自己外在形象又会毫无顾忌；既自傲自大又自卑自怜；既能完好地保持自己的传统又易于接受外来文化。没有一种文化能像日本文化那样充满了矛盾而这些矛盾又共生并存在同一种文化中。❶

这段被广泛应用的精辟之论，也确实彰显出日本民族的极端复杂性。不过，"菊与刀"的阐释未免局限于文化因素。在日本文化中，不仅菊与刀，还有山与海。在所有关于人类文明的理论中，"地理决定论"可以说是最为流行的一种诠释，尽管它屡遭批评，但是在人类文明之初，自然因素在人类生活中占据绝对地位的历史条件下，地理决定论依然是一种十分重要而有效的解释方式。

从地理上看，大海环抱中的日本，宛如汪洋中一片脆弱的树叶，孤寂与惶惑如影随形。日本75%的国土都覆盖着山地丘陵，盆地、平原只在山间和沿海零散分布。由于平原面积狭促，人类的城镇也不得不建在火山脚下，危险随时可能降临，这一切使得古代日本人产生了对神秘莫测的大自然的强烈崇拜。而生活在群山之中的日本人，与流水、密林、万物和谐相处，他们认为身边的自然就是美，无论是枯藤老树，长满青苔的石头，草深林密，草稀花疏，都可以在一草一木中把握四季变化之微妙。日本历史学家林屋辰三郎（1914—1998）说："古代日本人的思想，基本上是来自自然。正如人们认为草木会说话一样，过去可以在林木中发现精灵。"❷（图1-1）

与此同时，资源匮乏，地震、海啸、台风等灾害频发，促使日本人从小就养成一种特有的危机、忧患意识，也塑造了日本人孤寂、内敛的岛国性

---

❶［美］露丝·本尼迪克特：《菊与刀》，上海三联书店，2007年版，第3页。
❷ https://www.sohu.com/a/137360397_376239

格，激发出日本人对世事无常的感慨。日本诗人原石鼎写道："山谷明月光，流萤皆彷徨。"公元 14 世纪的随笔集《徒然草》中也曾言："如果化野的朝露不会消失，鸟部山头的青烟一直弥漫在天空，将是何等的索然无味！正因为这世上一切都是无常的，所以才格外美好。"这种无常之美在日语中被称为"物哀"，最具象的体现便是对樱花的喜爱。樱花熬过酷暑寒冬，在春天放肆地绽放，却在短短一个星期的花期内瞬间零落，极尽绚烂。故而，在日本人眼中，美不只存在于创造，也存在于毁灭，生与死由此实现了统一。

图 1-1　日本大阪城天守阁景色❶

与以血缘关系为纽带形成的中国家族式群居生活不同，日本列岛狭长、封闭的地理特性和日本人孤立的、封闭的"岛国意识"，使各个区域的人们在古代形成了非血缘式的协作群体。有这样一则笑话：有一座客轮即将沉没，船长命乘客跳海求生。他对美国人说："跳下去，你就是英雄。"于是，美国人跳下去了。他对意大利人说："跳下去，你会赢得女人青睐。"意大利人也

---

❶ 资料来源：作者。

毫不犹豫地跳了下去。他对德国人说："按规则，你应该跳下去。"德国人二话没说跳了下去。最后，船长对日本人说："大家都跳了。"于是，日本人就跳了下去。这则善意调侃，侧面凸显了日本国民在行为选择上的趋同倾向，即集团主义。❶

而当村落地域的封闭性被打开之后，就逐步形成了以强者为中心的区域性集团和全国性集团。典型的，如群雄并起的战国时代在统一之后，便形成以将军为中心的武士集团。武士集团内部是一种等级森严的纵向集权结构，上级对下级具有绝对的支配权。当这样的纵向结构与对天皇的崇拜结合起来时，全日本就会形成一个以天皇为中心的最大纵向集团——国家。在这个以天皇权威为中心的大家长模式中，每个成员团结协作，形成了家业集团与国家集团的一致性意识，也使得日本人极易产生整个民族的一致行为。

群山挤压了日本人的生存空间，影响日本人的第二大因素便显得极为重要——海。日本国土被海洋完全包围，不与任何国家的陆地相连。大海如此广阔、富饶，对日本人而言，学会在海洋中生存就变得极为关键。

日本浮世绘——神奈川冲浪里❷（图1-2），画面远方矗立着富士山，而前景是翻卷的巨浪，船上的日本人团结合作、逆境求生。其中一条船几乎被淹没、只露出两个人头，而其他两条船也在飘摇中坚持。这幅作品将影响日本的两大关键元素，"山"与"海"完美地统一在一起。山代表着灾难频发、世事无常却依然深爱的家园，是日本文化中的内核。海则代表着困难重重，但前景无限的远方，是日本文化的外壳与延伸。只有冲向海洋，才能寻得光明的前景。这幅作品似乎也成为日本文明发展进程的最佳诠释。

---

❶ 参见陈安：《日本艺术与价值观》，http://www.360doc.com/content/19/0928/15/35641324_863711976.shtml

❷ "神奈川冲"意指神奈川外海，"浪里"即为巨浪之中。

图 1-2　葛饰北斋的木版画：神奈川冲浪里 ❶

2. 采撷中华

历史地看，在世界各国文明中，中华文明可谓独树一帜，成为古代农业文明的典范。在先秦之际，经过思想层面的百家争鸣，儒家思想成为中国传统社会的主导型意识形态，相应地，儒家的伦理价值也日渐规范着人们的社会生活。中华文化在发展过程中，也曾受外来文化尤其是印度佛教的影响，而产生中国化的佛教——禅宗。在具体的器物文化层面，则有农具、武器、纺织、陶瓷、汉字、书法、绘画、茶道，等等，别具一格。就这样，中华文明以泱泱大国的姿态，长期影响着周边国家。尤其是中国周边的朝鲜、日本等国，长期以来，一直围绕着中华帝国而运转，无可选择地成为中国文化的学习者。

史载，中国最早称日本为"倭"，《山海经·海内北经》说："盖国在钜燕南、倭北、倭属燕。"这是关于倭国的最早文字记录。班固在《汉书·地理志》中记载："乐浪海中有倭人，分为百国，以岁时来献见云。"《后汉书·东

---

❶ 资料来源：https://upload.wikimedia.org/wikipedia/commons/thumb/a/a5/Tsunami_by_hokusai_19th_century.jpg/1280px-Tsunami_by_hokusai_19th_century.jpg

夷传》还记载，汉光武帝建武中元二年（公元57年），"倭奴国奉贡朝贺，使人自称大夫，倭国之极南界也。光武赐以印绶"❶。而记述最为翔实的当属陈寿的《三国志》："倭人在带方东南大海之中，依山岛为国邑。旧百余国，汉时有朝见者，今使译所通三十国。从郡至倭，循海岸水行，历韩国，乍南乍东，到其北岸狗邪韩国，七千余里，始度一海，千余里至对马国。"

公元5世纪，日本逐渐从部落割据状态发展成统一的大和国。公元7世纪初，日本的圣德太子在致隋炀帝的国书中写道："日出处天子致日落处天子"，这就是日本国名的雏形。圣德太子是日本一位很有治国才能的传奇人物，他确立了"冠位十二阶"，又制定"宪法十七条"，将日本从原始野蛮带进了文明开化。《新唐书·日本传》中记载：咸亨元年（670年），倭国遣使入唐，此时倭国已"稍习夏言，恶倭名，更号日本。使者自言，因近日出，以为名。"这意味着"日本"作为正式国名的正式确立，其后沿用至今。此外，"扶桑""东瀛"也是日本国名的别称。

在政治体制上，与中国王朝频繁更替不同，日本从古代起没有改换朝代，一直是天皇制度的"万世一系"：所有天皇都来自同一家族，从来没有出现过王朝更迭，并一直流传至今，成为世界历史上流传最长的君主制度。

公元645年，日本孝德天皇（587—654）在参酌日本旧习的基础上，通过仿照唐朝官制，颁布《改新之诏》，全面进行政治体制改革，包括"废除世袭氏姓制""设立中央集权机构""废除皇室和贵族土地所有制及部民制""实行班田收授法""建立租庸调制"及整顿交通、军事制度等，史称"大化改新"——这是日本建立统一的中央集权国家的开始。

公元10—11世纪，日本国内武士势力日渐发展，建立起日本独特的幕

---

❶ 1784年，日本九州北部博多湾口的志贺岛发现铸有"汉委奴国王"的金印一方，足可证明。

府政权。幕府一词原指出征时将军的府署，后又指以将军为首的中央政权。日本最早的幕府始于1192年源赖朝（1147—1199）建立的镰仓幕府（今东京附近）。自此，日本进入幕府时代。从镰仓幕府建立之日起，至日本明治维新时期"倒幕"之前，日本先后经历了镰仓幕府、室町幕府、明智幕府、德川幕府❶的演变，历时近七百年之久。

在幕府时代，以将军为首的幕府与以天皇为首的朝廷是并存的，将军虽然并不太理会天皇的意愿，但都承认自己是由天皇册封的，并挟天皇"以令诸侯"。幕府政权的最基本特征就是御家人制，"御"是敬称，"家人"可以理解为家臣。幕府将军（征夷大将军）与御家人结成主仆关系，而维系这种主仆关系的纽带则是"御恩"与"奉公"。"御恩"的主要内容有：幕府承认御家人原有领地的所有权和支配权；赐予御家人新的领地；调节各国之间的纠纷，保护各国的正当权益不受侵害；向朝廷推荐、赐予御家人官职。而御家人对于将军"御恩"的回报，就是"奉公"，主要内容有：战时服从幕府指挥，承担军役；各国轮番承担皇宫、幕府警卫的任务；向幕府课税，承担皇宫、幕府、院和神社的修葺费用等。在御家人制体系中，获得幕府将军承认的各国国主尽管在名义上是将军的奴仆，但是除了领受"御恩"和承担"奉公"之外，各国完全独立，既不受幕府的干涉也不受朝廷的干涉，而是自行统治本国的人民，国主也是代代世袭，不过，继承人要获得幕府的认可。

在文化上，日本从大化改新起开始大规模接受以儒学为尊的汉文化。这从历代天皇的诏书中略见一斑，如"君以民为本""此益朕政教民于不德""天津日嗣之御位，天所授赐"等。在儒学影响下，朝廷奖励孝道。凡世代孝顺的家庭，便豁免租调，表彰乡里，称作"义家"。在《赋役令》中也规定，

---

❶ 因定都在江户，即今天的东京，故又称江户幕府。

凡孝子顺孙、义夫节妇，要向太政官申报，在乡里进行表扬，并豁免徭役，等等。

这种对汉文化的吸收是一个长期的历史过程。尤其自公元 7 世纪初至 9 世纪末这段时期里，日本先后向唐朝派出十几次遣唐使团，其次数之多、规模之大、时间之久、内容之丰富，堪称中日文化交流史上的一次壮举（图 1-3）。其中的著名人物如吉备真备，他在唐留学 17 年，回国后曾官至右大臣。还有阿倍仲麻吕，他 19 岁入唐留学，改名晁衡，他精通汉学，与大诗人李白、王维等交往甚密。753 年，阿倍仲麻吕回国，讹传他在途中遇难。李白曾作《哭晁卿衡》哀悼："日本晁卿辞帝都，征帆一片绕蓬壶。明月不归沉碧海，白云愁色满苍梧。"在日本大批留学生来中国的同时，也有不少中国学者、高僧到日本去传播中国文化。譬如，8 世纪中叶，年逾花甲、双目失明的中国高僧鉴真及其弟子，历尽周折，东渡日本，带去了佛教各宗经典和汉学文化知识。对此，日本人曾称赞道："禅光耀百倍，戒月照千乡"。

图 1-3 遣唐使交流时期修建的日本东大寺❶

---

❶ 资料来源：作者。

佛教传入日本之前，日本人信仰的是从原始宗教逐渐演化而来的神道教，和很多原始宗教一样，这种宗教以自然崇拜和祖先崇拜为主要内容。圣德太子摄政时期（593—621），佛教在全国各地迅速发展，并逐渐取代神道教而成为官方宗教，成为日本人精神生活的基调。在这种多元宗教并存的情势下，原先的神道教通过吸收某些佛教教义和儒学的伦理道德观念，也逐渐形成一种多神信仰的宗教体系。在这一宗教体系中，天皇被宣扬为天照大神的后裔，据"神敕"实行世袭统治；天照大神属下的诸神则是日本人的祖先。在神道教的笼罩下，日本也因此被称为"神国"，祭祀场所则被称为"神社"或"神宫"。

总体来看，日本当时的文化意识形态是本土的神道与外来的佛教和儒学的融合。其中，神道教由于保留了诸多原始宗教残余，且没有系统的经典和完备的宗教组织，故而无力与佛教竞争，长期处于依附地位，从而形成"佛主神从"的意识形态格局，神道教所奉之神被解释为佛教的保护神。随着12世纪武士集团的崛起，来自宋朝的禅宗成为武士阶层的主要文化偏好。到了江户幕府时期，佛教衰落，德川政权在由武统到文治的转型中，独尊儒术，把朱子学作为官学，有时甚至视其他思想为异学，是"谋反之学""蛇蝎之学"；在这一时期，神道教也吸收中国理学学说，强调忠皇忠君，鼓吹建立以神道教为统治思想的国家次序。明治维新后，为巩固皇权，新政府以神社和神道作为国家神道，提倡"神皇一体""祭政一致"，神道教空前发展，成为天皇统治的重要思想武器。

3. 传承与创造

可以说，在日本历史上，由于中国文化的熏陶无所不在，对中华文化的信奉也因此成为日本人一种恒定的心理情结。唯其如此，传统的日本人便常常自认为是中国文化的传承者。史载，当年南宋王朝由于被蒙古征服，南宋君臣最后在崖山集体蹈海。为此,日本举国戴孝,认为中华正统文化已灭,唯有日本延续了中华文化之传承。不过,日本人对中华文明的采撷,并不拘泥于中华本色而故步自封,而是渐趋形成了自己的特色。

就语言而论,日本原本有语言而无文字,日本语音中80%左右是汉语的变音。而汉字的输入和传播,现有最早的文字记载为:公元248年,王仁从百济东渡日本,献论语十卷及千字文一卷,汉字逐渐成为当时日本唯一的正式文字。至8世纪中叶,日本人在使用汉字记事的基础上,开始用汉字楷书的偏字造成片假名,又用汉字草书的偏旁造为平假名,作为注汉字音及标注日本语音之用,并用之创造了和歌集《万叶集》。此后,日本绝大多数书籍都采用日本文字(假名)记述。不过,汉字仍然常常与日本的假名混合使用。第二次世界大战以后,美国建议日本废除汉字,使用日语罗马字,但日本人罕见地拒接了美国意志,认为"汉字是日本国家的文化根本,必须与天皇制度一起保留"。当时,日本政府颁布《当用汉字表》,字数共1850个。1981年,日本政府又颁布《常用汉字表》,字数增至1945个。2010年,日本文化审议会汇总了新常用汉字表的最终方案,共收录了2136个字。就这样,日本成了除中国之外世界上唯一一个保留汉字的国家。在京都清水寺,每逢新年都有一个仪式:用一个汉字总结新一年运势,然后请清水寺住持现场书写。不过,需要注意的是,日本很多词虽与中国汉字写法相同,但意思千差万别。

公元754年,鉴真和尚曾经将王羲之、王献之的书法真迹带到日本,从而造成了"二王"书法在日本的广泛流行。17世纪中叶,中国高僧隐元东渡日本,传入苏东坡、文徵明等人的墨迹。到了清末,清朝公使馆官员、金石学家杨守敬携带六朝碑帖赴日,日本人又兴起了临摹、学习六朝北魏拓本的热潮。经过千百年的演变和发展,日本立足于自身的文化特征和书写习惯,逐渐形成了独具特色的"书道"。如今,书道已融入日本的大众生活,并且在人数、规模、普及程度、装裱质量等方面都不逊于中国。日本书法家在创作中不仅强调以传统为基础，将自己的个性注入创作中，更将汉字书写的艺术升华到宗教和信仰的高度，成了颇具神圣感的"道"。日本人的这种书道追求在松尾芭蕉（1644—1694）的话语中得到最为明确的表达："乾坤的变化，乃是风雅的种子。此念一生，布衣简衫，清风明月，也足够风雅；若无此念，坐拥满屋珍异，也是物累。"❶ 当代日本的书道教育，实际上是国语和美术的教育，即通过汉字的书写而学习国语，同时将书道作为美术教育的一部分，提高学习者对汉字审美的理解，进而强化书道的社会实用性。如今的日本中小学校，从小学三年级开始一直至初中毕业的六年时间里，都开设书法课程。

在诸多的日本"特色文化"中，更为别具一格的，还有日本的茶道。史载，公元805年，从中国留学归来的最澄（767—822）曾经带回茶籽，最初在大阪日吉神社旁边种植，使这里成为最古老的日本茶园。最初，日本品茶之风在皇室、上层贵族阶层之间非常流行，注重的是对进口茶与茶具等的彼此炫耀，类似于上流社会的社交活动。到了镰仓时代，茶道开始向平民阶层蔓延。到了室町时代，茶道理论家村田珠光（1423—1502）通过将禅宗思想引入茶道，宣扬"佛法存于茶汤"，从而完成了茶与禅、民间茶与贵族茶的结合。珠光在京都建了珠光庵，将茶室修建成四张半榻榻米大，外形是非常简单的草庵。这种草庵茶室的入口非常小，所有饮茶的客人，都要跪行而入。这体现出佛学的"众生平等"。茶道讲究的是禅学的"本来无一物"，不注重景致。室外的茶庭通常只有松树，微风吹过的时候，松枝轻轻摇晃会加深室内的宁静感。室内则设有壁龛、挂轴、花瓶、茶花，以及茶事所需要的道具（图1-4）。相传，珠光曾获得一幅来自宋朝禅宗巨匠的墨宝，将其悬挂于茶室，凡是到来之人都要向其致敬，这就是"禅茶一味"的由来。珠光

---

❶ 参见《日本书道教育：身体与心灵的契合》，《光明日报》，2017年6月21日。

认为，黑色陶器颜色暗淡，拥有简朴、寂静的美丽，使用这样的茶具，情真意切地待客，既有品茶的乐趣，对道德情操养成和锻炼也大有用处。

图1-4 日本茶室的常规布置❶

村田珠光之后，又出现了一位茶道理论大师武野绍鸥（1502—1555），他则是将歌道引入茶道，并简化了茶事的过程。而武野绍鸥的徒弟千利休（1522—1592）通过倡导淡泊寻常，强调用心体会茶道的高深意境，从而使茶道日渐摆脱物质的羁绊。他用打鱼的竹篓来做花瓶，竹子稍稍加工后做花器，追求自然、简朴、枯寂、流逝的美。千利休用"和敬清寂"四字囊括了日本传统茶道的精神理念，从而成为日本的正统茶道。"和敬"是指人与人之间的和睦相处用心交流，万万不能妄自尊大；"清寂"指的是冷静严肃、淡然、悠闲的审美观点。一处陋室，简单的茅草屋，小到只能弯腰才可进入的门，是对当时权贵地位的一种温柔反抗——任何人，只要进入茶室，就要忘掉身份，不分等级与卑贱，平等相待。❷"和敬清寂"的茶道美学传承至

---

❶ 资料来源：作者。
❷ 参见李红：《和敬清寂茶禅一味——论日本茶道》《河南大学学报》（哲学社会科学版）2013年第3期。

今，在于茶道并不曲高和寡，而是渗透于大众之中，通过茶道去领悟生活的美学，实现自己的人生修行。因此才会有"农夫懂得插花之趣，山野之人懂得欣赏山水之妙"。❶ 人们只有通过不停地反问自己的内心，才能最终令尘埃无沾染之处。这正体现出了"勿使染尘埃"和"本来无一物"之禅境。

"一期一会"这四个字出自江户时期的茶人井伊直弼（1815—1860），它的意思是，与人也好，与事也罢，与物也罢，彼此一生只见一次，不会有第二次重逢。怀着这样的心境，去遇见世间万事万物，珍惜每一刻的时光，以真心对待彼此。茶事也是这样，邀请什么样的客人，在什么样的季节，就要制作什么样的茶，摆出什么样的器具，烹饪什么样的茶食，因为当下的时光流逝之后，下一次就完全不一样了。

如今，茶道彰显了大和民族对大自然和生活的热爱，它将日常生活行为与宗教、哲学、伦理和美学熔为一炉，成为一门综合性的文化艺术活动，且伴随其强大的文化自信而独树一帜。它与中国茶文化有渊源，但并无血缘。这就像日本的樱花：樱花也是源于中国的，但樱花能成为日本的象征，并不是因为日本人千百年来持之以恒大量种植源自中国的樱花种子，而是因为日本人研制开发出了与中国的野生樱花不同的新品种"染井吉野樱"——江户末期的日本园艺师通过将野生的大岛樱与江户彼岸樱进行杂交培植，栽培出可通过嫁接与插枝来反复克隆的全新樱花品种"染井吉野"，由此，人们才终于能在短短十来天的花期之内，看到樱花排山倒海地绽放和坠落的撼人景象。

除了文字、书道和茶道之外，日本文化中还有别具一格的庭院艺术，这明显也受到了中国园林艺术的影响。日本庭园既整洁又不觉雕琢穿凿，犹如一幅木色山水画般的古雅、淳朴和稚拙，处处体现出日本人那天然去雕饰之

---

❶ 参见唐辛子：《日本茶道正是"去中国化"的结果》，https://cul.qq.com/a/20160125/046581.htm

极致境界的"细工",让人叹为观止。更衬以远景近水,一见之下,似还原了人的纯朴心性,使人产生一种悠长曼妙、不绝如缕的冥思与沉静。日本庭院中那些象征着山岩、岛屿的石头,不同于苏州园林用石的那种求瘦、皱、漏、透、峭等,而是力求气势浑厚、自然天成,讲求随意组合,处处透着质朴、简约的天然景象。这寥寥数笔的古朴中所蕴涵着的深远的枯山水寓意,给人一种"一沙一世界""数石天下见"的深旷之感,恰如松尾芭蕉的俳句所表达的:"寺庭幽静深,渗入岩石是蝉鸣。"(图1-5)

图1-5 日本的公园一角 ❶

可能鲜有人追究"Japan"(日本)的本源隐喻。"China"(中国)指代瓷器之意,而"Japan"则指代漆器。漆器的工艺源自中国,辗转经过日本大量外销至西方,日本也就成了"漆器"的代名词。在日本,你不用刻意追寻漆器的存在,它无时无刻地装点着你的生活,除了空气与水,其余皆可涂漆。从盛放节日料理的重箱,到轻巧的喜多方风铃,漆器将兼具实用和艺术性的美学理念表现得可谓丝丝入扣。

---

❶ 资料来源:作者。

此外，日本还有很多生活习俗都受到了中华文化的显著影响，并有所创造。譬如，和服就是仿照中国隋唐服式和吴服改制的，所以在日本也被称为"吴服"和"唐衣"。还如，明朝末年的武术大师陈元赟将中国的传统武术传到日本，这成为风行现代世界的日本柔道之先河。据传，剑道、空手道也是由五百年前的古老格斗术和中国传入日本的拳法糅合而成的。❶日本还有一种传统戏剧叫作能乐，据说也起源于中国汉代的散乐之化装剧，并逐步发展成为今天的日本能乐。日本能乐《白乐天》《东方朔》《杨贵妃》《项羽》等中国题材剧目，至今仍占日本能剧的半壁江山。

二、脱亚入欧

如果只有"山"的内核而无"海"的外伸，日本将长期处于世界的边缘、默默无闻。接纳大海，正是日本的转折点。在西方文明强势崛起和资本主义在全世界急速扩张、渗透的历史情势下，日本的一代代精英们，没有抱残守缺，而是顺应历史趋势，华丽转身，全面拥抱西方文明，并由此成功实现了从传统社会形态向现代社会形态的历史转型。

1. 黑船事件

16 世纪始，随着资本主义的崛起和世界新航路的开辟，西方文明开始向东亚渗透。1543 年，三位葡萄牙人在日本南部的种子岛登陆，他们带来了一样改变日本战国时代进程的东西，就是火绳枪（铁炮）。接着，天主教接踵而至，在日本发展之快，甚至有些地方诸侯也皈依了天主教。

日本最初对这种"异端"的排斥，比起当初的中国人，可谓有过之而无不及。丰臣秀吉时期，日本政府曾对国内的基督教徒进行过残酷镇压，仅在

---

❶ 参见谷晨：《日本空手道的起源与发展演变》，《体育文化导刊》，2003 年第 3 期。

长崎就有三万多名教徒被杀害。自公元1633年至1636年,由于害怕西方枪炮,同时也担心宣传"上帝面前人人平等"的天主教的涌入,会威胁和动摇其封建统治,德川幕府曾颁布了四道"锁国令"(比中国的"锁国令"还早十多年),主要内容为:所有日本船只禁止出海离境;海外日本人归国者一律处死;严禁基督教,发现传教士立即逮捕;南蛮人在日本所生之子女全部处死,等等。当时,日本人在码头的地面上画上耶稣或圣母像,要求到日本来做生意的西洋人都要用脚踩过它们才能上岸,以此来防止基督教徒进入日本。公元1644年,日本国内的最后一位耶稣会传教士被逮捕并被处以极刑,标志着日本彻底走向禁教和锁国的时代。

不过,德川幕府时代,日本表面上继续实行闭关锁国政策,但内部享有较高社会地位的职业世袭武士,依然与荷兰、西班牙、葡萄牙的航海士及商人们有着广泛的接触,对海外的风吹草动也非常敏感。日本的"锁国令"还有一个例外——特许日本人与中国人、荷兰人在长崎附近的种子岛通商,并允许荷兰人在种子岛长期生活居住。日本人正是通过这些商人而一直密切关注外界的一举一动。当时的幕府这样规定:凡是在长崎做生意的外国商人都必须向日本当局报告海外的各种消息,这种报告称作"风说书",其中来自中国商人的称作"唐风说书",来自荷兰商人的叫作"和兰风说书"。日本人向这些商人详细询问一切海外的新鲜事,大到各国的风土人情,小到各地的奇闻逸事,可谓事无巨细、无不涉猎。正是在这一过程中,日本人从荷兰人那里,大量获得西方资本主义文化和近代科学技术知识,这在当时被称为"兰学"。长崎也因此成为日本人了解世界的窗口和培养通晓先进科学知识和社会制度人才的摇篮,从而为此后日本的"明治维新"播下了种子。

在中国经过鸦片战争、国门大开之后,日本就开始进入西方列强的视野中。在这一进程中,沙俄一马当先。早在18世纪初叶,沙俄就开始向千岛群岛扩张势力，酿成了延续至今的日本北方领土问题。之后，英国也多次投石问路，但都未成功。

在当时的西方列强中，真正叩开日本大门的是美国。1853年，美国第十三任总统米勒德·菲尔莫尔（Millard Fillmore，1800—1874）派遣东印度舰队司令官马休·卡尔布莱斯·佩里（Matthew Calbraith Perry，1794—1858）率领舰队闯入日本浦贺港，要求开港通商。结果浦贺当局拒不受理美国总统国书。由于美国军舰船身漆成黑色并冒着黑烟，故而日本人把佩里舰队的叩关通称为"黑船事件"（图1-6）。1854年1月，佩里又率舰7艘再次开进浦贺湾，以武力胁迫，才使得幕府签订了《日美亲善条约》，通称《日美神奈川条约》，翌年2月交换批准手续后正式生效。条约规定：日本对美开放下田、箱馆两港，并允许美国在两港设驻日领事；供应美国船只水、燃料、粮食及其他必需品，价格由日方规定；日本须救护并优待美国遇难船只；给予美国最惠国待遇等。这样，下田港就成了美国开辟横渡太平洋航线的中继站，箱馆变成了美国在北太平洋捕鲸船的一个基地。

图1-6 日本人复制的黑船 ❶

---

❶ 资料来源：作者。

《日美亲善条约》签订后,美国派遣了第一任驻日使节哈里斯,以进一步推进与日本缔结通商条约。哈里斯在中国宁波担任过代理领事,并曾将不平等条约强加给泰国,是一个具有殖民侵略经验的"东方通"。时逢中国遭遇第二次鸦片战争,他不失时机,对幕府软硬兼施,以武力相威胁,最终于1858年6月19日让日本签下了《日美友好通商条约》(亦称《江户条约》),迫使日本走出了开国的第一步。之后,荷、俄、英、法等国均援引美国先例,陆续胁迫幕府签订了类似的通商条约,史称《安政五国条约》。至此,在与西方列强"亲善""友好"的名义下,日本沦为半殖民地,德川幕府的锁国体制彻底崩溃。

2. 吉田松阴

1854年,就在佩里再次率领美国舰队抵达日本之际,出现了一个非常具有戏剧性的场面。这就是日本人吉田松阴与其弟子金子重辅的"偷渡"事件。

在日本近代历史上,长州藩(现在的山口县)出身的武士吉田松阴(1830—1859)(图1-7)是一位先知先觉式的人物。他幼怀大志,曾壮游天下。鸦片战争结束不久,中国著名知识分子魏源编译撰写了介绍世界各国情况的巨著《海国图志》,提出"师夷长技以制夷"的主张。这本书虽然在中国无人赏识,但传到日本却极受欢迎,被称为"天下武夫必读之书"。吉田松阴的老师佐久间象山(1811—1864),十分推崇魏源的著作,主张学习西方先进科学技术,加强海防。佐久间象山得知佩里将于1854年重返江户的消息后,建议吉田松阴设法跟随佩里的舰队离开日本,直接接触西方知识,武装自己。

"日本制造"的文化密码

图1-7 吉田松阴 ❶

1854年4月,佩里的"密西西比"号舰船在下田港检修。一天下午,舰长助理J.W.斯普尔丁在岸上散步,吉田松阴和他的弟子金子重辅朝这位舰长走过去,慢条斯理地一边挪步,一边假装在看舰长衣衫上的表链。走近后,突然把一封信塞进J.W.斯普尔丁的背心里。信中写道:

> 我们从书上读到和传闻中听说一些关于欧美的风俗和教育情况,多年来,我们一直渴望潜出海外,以周游五大洲。
>
> 一个跛脚的人看到其他人走路,他也会渴望走路。但是当一个步行的人看到一个骑马的人时,他又该如何满足自己的愿望呢?……现在,我们看到你以闪电的速度劈风斩浪,不远万里奔行在五大洲之间,难道不能将此比作跛脚汉找到了走路的方法,步行者寻求到了骑马的方式吗?

就在信件得到回复之前,一天夜里,迫不及待的吉田松阴和他的弟子

---

❶ 资料来源:日本国立国会图书馆。

趁着夜色，摇着小船向美舰靠拢。不想中途橹柱损坏，于是吉田松阴解下腰带将橹系在左右舷上，勉强前行，后来腰带也断了，他们只能脱下外裤，将橹绑紧继续前行。好不容易靠近了"密西西比号"，但美国船员不许他们上船。哀求无果之后，他们只能划向旁边的"朴哈坦号"，二人费尽力气终于来到了该船的绳梯之下，可是美国船员不但不许其上船，还用木棒击打小船。吉田松阴孤注一掷，不顾波高浪急，奋力跃上了绳梯，强行闯入了舱内。

后来，佩里在向美国国会提交的远征报告中如此记载这一事件：

> 他们直率地坦白，他们的目的是希望我们能带他们去美国，以实现周游世界、增长见识的愿望。……他们很有教养，能够流畅而工整地书写汉文，待人接物也礼貌干练。提督得知他们的目的后答复，他个人也很想带几个日本人到美国去，但遗憾的是不能这样做。……对于提督的答复，两人非常惊慌，声称如果回到陆地上他们一定会被砍头的，恳求允许他们留在船上。这个请求当场被干脆但又礼貌地拒绝了。他们还进行了长时间的对话，两人用尽各种理由为能够得到支持而辩解，希望诉诸美国人的人道之心。最终，一艘小艇从军舰上吊下来，两人被送回陆地。两人冷静地稍示抗拒后，慨叹着自己的命运，悄然下了舱门。

原来日本禁止本国国民擅自出国，违禁者判死罪。即使在美国人眼中这两人是无辜的，可按照日本法律他们就是罪犯。第二天，佩里通过幕府的翻译得知两人安全上岸并被官府逮捕的消息。他在报告书中记述了当时的感受：

这件事情很有深意，它显示了两位有教养的日本人的强烈求知欲，他们为增长见识敢于无视国家的严法，敢于赌上性命。日本人无疑是求知欲旺盛的国民，他们应该会欢迎能够增长道德和知识能力的机会。这两位运气不佳，但他们的行动可以认为是该国国民的特质，没有什么比这件事情更能体现该国国民的强烈好奇心了。他们的行动之所以受阻，只不过是因为极其严苛的法律和保证不违法的严密监视体系在起作用。从日本人的这种特性，可以推断这个有趣的国家未来蕴含着怎样的可能性啊，或许应该说，它是多么有希望啊。❶

以《金银岛》《化身博士》闻名的英国小说家罗伯特·路易斯·史蒂文孙（1850—1894）感动于吉田松阴的事迹，于1880年写成短篇小说《吉田寅次郎》。在这篇小说中，史蒂文孙对于松阴在危机中表现出来的爱国心和出类拔萃的行动能力，以及即使多次失败也决不放弃的精神倍加称赞：

> 这和梭罗所主张的"只要鼓起勇气去行动，即使结果是悲剧，那这种失败与成功也没什么不同"是一致的。我们毫不怀疑，吉田对未来抱有热切的梦想。即便事情的发展与预想相反，明知无法达成目标，那也没关系，那只会成为一个增添自己勇气的理由，以便更加努力地实现下一个目标。

---

❶ 参见马国川：《吉田松阴：一位先知先觉者的偷渡梦》，https://www.jiemian.com/article/857941.html

第一章 日出扶桑：追赶文明的脚步

这是一个日本英雄的故事，他给了我生活前行的力量。❶

马克斯·韦伯有这样一句名言："观念创造出的'世界图景'，时常像扳道夫一样决定着由利益驱动的行为的发展方向。"在许多国家向现代化转型的过程中，先知先觉的知识分子都发挥着"历史扳道夫"的作用。在这个意义上，或许在1854年的那个深夜，从吉田松阴潜入美国军舰的那一刻起，中日两国不同的现代化命运就已注定。

在被囚禁后的第二年，金子重辅在狱中死去。吉田松阴虽被允许出狱，但在家软禁，他继承了叔父开办的私塾"松下村塾"（图1-8），教授附近的少年，并开始著书立说。

图1-8 松下村塾❷

在政治主张上，吉田松阴不同意幕府凌驾万民、僭越皇权而统治天下的状况，认为国家应受天皇支配，并力倡"尊王攘夷"、防御外侮。他还提出"草莽崛起论"，主张依靠"豪农豪商"、浪人（没落武士）和下级武士，利

---

❶ 参见马国川：《吉田松阴：一位先知先觉者的偷渡梦》，https://www.jiemian.com/article/857941.html
❷ 资料来源：作者。

用乡野大众，武力推翻幕府。正是这一思想，为后来的倒幕维新运动提供了重要指导。

吉田松阴深受儒学影响，具有强烈的"皇国史观"和民族扩张思想，主张"垦虾夷，收琉球，取朝鲜，拉满洲，压支那，临印度"。后来日本军国主义的发展轨迹，可以说几乎完全按照吉田松阴设计的这"六步舞曲"亦步亦趋。

1858年，吉田松阴因为反对《日美修好通商条约》缔结并策划暗杀幕府要员而被长州藩当局再次逮捕，并被引渡给江户幕府，于1859年被处以死罪，享年29岁。这一事件激起了反对幕府的浪潮。故而，吉田松阴被史学家喻为明治维新的精神领袖及理论奠基者，他的弟子中有许多成为明治维新中的功臣名将。

虽然松阴的一些思想中带有军国主义的原始痕迹，但不可否认的是他那种在逆境中不屈不挠的奋斗精神和培养人才的伟大功绩。梁启超称赞道，吉田松阴是一个"失败的英雄"，"败于今而成于后，败于己而成于人"。❶

3. 倒幕开国

黑船事件不仅惊醒了德川幕府二百余年的锁国美梦，也开启了日本"王政复古"的端倪。

日本开港后，由于关税权为外人操纵，资本主义国家的工业品大批向日本倾销，日本的农产品等原料则源源不断地流往海外。1860—1867年间，日本对外贸易输出量增加2.5倍，输入量却增加了13倍。伴随大量贸易逆差的产生，日本成了西方列强的商品倾销市场和原料供应地，民族工业的发展受到严重阻碍。此外，由于条约认可洋银在日本自由流通，西方商人和使馆人员就利用日本金银比价远低于国际牌价，用墨西哥银元套购日本黄金，攫

---

❶ 梁启超：《男儿志兮天下事——梁启超励志文选》，中华联合出版社2014年版，第14页。

取巨利。就这样，开港贸易仅半年，日本黄金外流达100万两。再加上幕府改铸劣质货币，大量发行不兑换纸币，导致日本发生了较大的通货膨胀，整个经济陷入一片混乱。

经济的破坏，造成了人民生活的恶化，导致农民起义剧增，城市贫民暴动的次数也显著增加。与此同时，在商品经济的冲击下，本属幕藩体制的特权阶级下级武士也逐步没落，而新兴的社会阶层——富农豪商开始形成。长州（今山口县）、萨摩（今鹿儿岛县）、土佐（今高知县）、肥前（今佐贺县和长崎县）等西南部强藩在历史上与幕府矛盾较深，接受海外影响较早，输入近代科学技术和拔擢中下级武士都比较积极。在内外矛盾日益加剧的情形下，这些强藩大名与幕府的矛盾进一步深化，他们反对专制，要求参与幕政。

本来，天皇在德川幕府时期是不准参与政治的，但面对强横的西洋炮舰，束手无策的幕府竟破天荒地向天皇及诸大名征询对策，企图借助天皇的"神威"来摆脱困境。于是，天皇及其朝臣、大名及其家臣纷纷举起了救国的旗帜，趁机跃上政治舞台。在这一过程中，出身豪农豪商的志士和下级武士中的革新势力联合西南强藩和皇室公卿，提出"尊王攘夷"的口号，即尊奉天皇，赶走外国侵略者，并刺杀与西方势力相勾结的幕府当权者，袭击在日本的西方国家商人和外交官，进攻西方列强船只，等等。

在内外交困下，幕府被迫于1863年6月宣布"攘夷"。随之发生了美、法军舰进攻下关，英国舰队进攻萨摩藩的事件，攘夷运动最终失败。之后，一些眼界开阔的改革派志士通过对世界形势的深入了解，逐渐认识到日本与西方的差距所在，领悟到只有推翻落后的幕府统治，学习西方富国强兵之路，才能使日本摆脱被列强奴役的命运，否则也会像大清国一样陷入外祸内乱的境地！由此，改革派逐渐摒弃了盲目排外的思想，将斗争目标由"尊王攘夷"演变成"倒幕开国"。

1865年春,吉田松阴的学生、长州藩尊攘派领袖高杉晋作(1839—1867)(图1-9)和木户孝允(1833—1877)(原名桂小五郎)(图1-10)打出倒幕维新的大旗,迅速扩大实力,成为日本资产阶级和倒幕的主要力量,倒幕运动蓬勃发展。

在这一过程中,坂本龙马(1835—1867)(图1-11)居功至伟。坂本龙马原本抱有强烈的攘夷思想,故而他曾把开国论的先驱胜海舟(1823—1899)作为行刺目标,但被说服,反而成为胜海舟的忠诚弟子。胜海舟刻苦学习兰学,在佩里叩关后,他向幕府提出海防建议书而得重用,长时间担任海军讲习所的教员监督、军舰练习所的教授等要职,并一度出访美国。胜海舟使龙马认识到,不开国并发展经济、强大国力,亦无以抵御列强。在胜海舟思想的影响下,1864年,龙马在长崎龟山创立了商社"社中",也就是后来声名显赫的"海援队"。"海援队"不仅是商务贸易组织,也是尊王志士们的总联络站和情报站。龙马正是反复奔走,利用"海援队",最终促成了长州和萨摩、土佐和长州的同盟。

图1-9 高杉晋作　　图1-10 木户孝允　　图1-11 坂本龙马❶

---

❶ 图1-9~图1-11资料来源:日本国立国会图书馆。

不久，坂本龙马提出"大政奉还"构想，即将国家权力由幕府移交天皇。之后，后藤象二郎透过前土佐藩主山内容堂向第15代幕府大将军德川庆喜提劝。这一行动得到了即位不久的天皇睦仁（即明治天皇，1867—1912）（图1-12）和广大群众的支持。1867年11月8日，睦仁天皇下达讨幕密敕。1868年1月3日，睦仁天皇发布《王政复古大号令》，废除幕府统治。在强大压力下，德川庆喜奏请"奉还大政"。然而，德川庆喜不甘心失败，逃往大阪，集结兵力，待机反扑。在京都附近的伏见、鸟羽一带，倒幕军与政府军展开了决战，取得了决定性胜利，迫使德川庆喜于1868年5月3日交出江户城，从而彻底结束了延续700多年的幕府统治。

图1-12 日本明治天皇 ❶

倒幕派以"尊王攘夷"为旗帜，在推翻了"媚外"幕府的统治之后，迅即建立了新政府。1868年10月23日，日本新政府改年号为"明治"，定都江户，并改称为东京。"明治"二字取自中国《易经·说卦篇》中"圣人南

---

❶ 资料来源：日本国立国会图书馆。

面听天下,向明而治"。维新元勋们明白:日本想要有发展,必须对外开放。故而,明治新政府成立后,"攘夷"口号也随之消失,并实行了更为彻底的对外开放政策。为此,明治天皇颁布了《五条誓文》,大致内容是:稳定大名、公卿,便于建立以天皇为首的中央集权国家;强调上下一心,发展资本主义经济政治;废除等级制度,使公卿和武家同心,庶民(以豪商豪民为主的地主资产阶级和百姓)也"各遂其志",各安其业;放弃攘夷口号,要与外国交往;学习西方的科技文化,以振兴国基。

从实际举措来看,1871年,明治政府发出了"废藩置县"的命令,于1888年将全国并为3府43县,完全剥夺了封建藩主所保留的对藩领的控制权,消除了长期的封建割据,实现了中央集权在政治上的统一。在国民"万事决于公论"的呼吁下,明治天皇决定于1885年实行立宪,建立了内阁制度,并于1889年正式颁布宪法,1890年召开了首届国会。在社会体制方面,明治政府还废除传统时代的"士、农、工、商"身份制度,将皇室亲缘关系者改称为"皇族",过去的公卿诸侯等贵族改称为"华族",幕府的幕僚、大名的门客等改为"士族",其他从事农工商职业者和贱民一律称为"平民",实现了形式上的"四民"平等,各等级间允许相互交往,但仍存在等级之分;为减轻因"版籍奉还"而连带的财政负担,政府通过公债补偿形式,逐步收回华族和士族的封建俸禄;此外,还颁布了《武士废刀令》及《户籍法》,等等。

在明治天皇掌握政权之后,日本内阁的大多数阁员均出身于长州藩和萨摩藩。被称为"明治维新三杰"的木户孝允与大久保利通(1830—1878)(图1-13)、西乡隆盛(1828—1877)(图1-14)等人掌握了政权。从此,日本揭开了近代史的新篇章。

图 1-13　大久保利通　　图 1-14　西乡隆盛 ❶

4. 福泽谕吉

日本在明治维新之前，幕府就曾向美国与欧洲派遣了七个使团。这些使节团，先后在美国与欧洲多次参观世界博览会。

1860年，前往美国的日本第一个使节团的到来，还曾在当地引起一阵惊动。这是美国人第一次看到日本人列队走在纽约街头。美国著名诗人沃尔特·惠特曼为此还特意写了一首诗，名为《百老汇大街上一支壮观的行列》：

> 这时我也站起身来，
> 回答着，
> 走下人行道，
> 卷进人群里，
> 同他们一起注视着。
> 容貌壮丽的曼哈顿哟！
> 我的美利坚伙伴哟！

---

❶ 图1-13、图1-14资料来源：日本国立国会图书馆。

"日本制造"的文化密码

> 毕竟，东方人向我们走来，
>
> 向我们，我的城市。
>
> 这儿我们的大理石和钢铁的高髻美人们在两旁罗列着，
>
> 让人们在这当中的空间行走，
>
> 今天，我们地球对面的人来了。

在所有这些使节团中，最值得一提的，是1871年的岩仓使节团。这个团由明治政府右大臣（相当于首相）岩仓具视（1825—1883）（图1-15）率领，年龄最大的就是岩仓具视，时年46岁，最年轻的才22岁，平均年龄仅30岁。副大使伊藤博文❶（1841—1909）（图1-16）当年作为日本明治工业部部长，只有30岁。这个使团有近50名政府高级官员，占了当时高级官员的近一半。

图1-15 岩仓具视　　图1-16 伊藤博文❷

与一些名为考察、实为公费旅游的考察团不同，日本人的考察团是真正

---

❶ 伊藤博文后来因为主导制定明治宪法而被称为明治宪法之父，并担任过首任内阁总理大臣，共四次组阁。中日甲午战争就是他在任内阁总理大臣时发动的。

❷ 图1-15、图1-16资料来源：日本国立国会图书馆。

的学习团。他们内部分工合作明确,责任到人,分别去欧美国家的监狱、警察局、学校、法庭、议会、博物馆、铸币厂、商会、造船厂、纺织厂、制糖厂等地参观访问,争分夺秒,马不停蹄。根据当时使团的日记,我们可以看到这个民族的精英具有怎样的学习精神:

> 火车一到,我们刚把行李卸在旅馆,行程就开始了。白天我们从一地转向另一地,观看会去皮的机器和轰鸣的机车。我们站在钢铁呛人的气息中,周围烟雾蒸腾,身上落满了煤烟和尘土。黄昏时分回到旅馆,几乎还没有来得及脱掉脏衣服,晚宴的时间又逼近了。宴会上我们不得不保持威仪。如果受邀去剧院,我们不得不睁大眼睛,竖起耳朵,注意舞台上上演的剧情。所有这一切使我们筋疲力尽。夜晚我们刚就寝天就亮了,派过来的卫队就要带我们去参观工厂。

岩仓使节团原打算只在美国学习7个月就回国,但是,他们感觉了解得不够细致,因此,又延长了一年整,直到1873年才结束美国之行,然后去欧洲又是一年多时间。这个使节团总共在欧美学习考察两年零七个月时间。这个使节团给日本带来了两个问题:第一,西方国家是怎样达到如此文明水平的?为什么欧美国家会有如此的财富、力量与文化成就?第二,日本怎样才能够像西方一样成为现代化国家?使节团副团长木户孝允致信国内,承认自己以前对西方文化的认识严重不足,劝告日本人:"日本现在的文明不是真正的文明,我们现在的开化也不是真正的开化。"在这些日本精英人士看来,日本走现代化之路是不可避免的必然之路,任何企图逆转的人都是注定要失败的。

当时的美国总统格兰特、英国女王维多利亚、法国总统齐鲁、普鲁士(德国)皇帝威廉二世、俄国皇帝亚历山大二世等都曾会见过日本时节团。

特别是普鲁士的铁血宰相俾斯麦还特别为日本使节团举办了宴会,并在宴会上详细讲述了普鲁士从一个弱小国家跃进成为新兴强国的经验,日本人听后惊叹:"原来富国强兵的秘诀就是这样。"此后,日本确定了向德国学习、走德国式的军国主义道路的建国方针——这也成为日本后来对外侵略的远因。

当时的日本使节团认识到,欧美文明的中心是英国,标志在巴黎,从巴黎出发越往东走,就越远离现代文明,越浅陋。日本只有打开国门,大量引进国外的产业、技术、知识与人才,才能不断缩小日本与欧美国家的差距。在这些要素中,日本的政治改革与工业化是问题的核心。而要实现这些目标,就必须在人的精神价值层面对日本国民有较大的变革,就必须大兴现代教育。由此,"求知识于世界",学习西方,成为日本精英阶层的共识。❶一些杰出人士开始了思想启蒙,日本国内掀起了一场全民学习西方的热潮。

在这场全民学习西方的热潮中,最为著名的,便是被视为日本现代化启蒙导师、被誉为"日本的伏尔泰"的福泽谕吉(1835—1901)。西乡隆盛、大久保利通等日本政治家推动的是对日本国家制度的改变,而福泽谕吉是思想家,他改变的是日本的世道人心。福泽谕吉对日本人心的最成功改造,是令近代日本人由"人身依附之心"集体转向"独立之心"。

1860年,出身平民的福泽谕吉作为使团中的随行翻译乘船访问美国。两年后,他再次随团远赴欧洲,周游了法、英、荷、俄、葡等国。由于听说外国食宿不便,他们随船带了几百箱大米和几十个铁丝灯笼。可到了巴黎一看,他们住的旅馆是五层楼,无数汽灯将室内外照得亮如白昼,饭厅里摆满了山珍海味……福泽谕吉由此深刻认识到资本主义的发达,痛感在日本普及西学的重要。❷

---

❶ 参见许锡良:《今天,我们地球对面的人来了》,https://chuansongme.com/n/831701852939
❷ 参见李怀录:《近代中国为何没有"脱亚入欧"——兼与近代日本比较》,《山东科技大学学报》2007年第12期。

第一章 日出扶桑：追赶文明的脚步

回国后，福泽谕吉建立了日本第一家学习西方文明的"洋私塾"，开创了日本的"文明启蒙教育"。学堂名字叫作"庆应义塾"——这就是后来著名的庆应义塾大学（图1-17）的前身，与早稻田大学一起，称为当代日本的"私学双雄"。在福泽谕吉的影响下，一批独立知识精英、新日本人脱颖而出。福泽谕吉认为，教育对日本的未来起着决定性的作用。教育可以提高民智，培养国民在学习、工作、生活等各个方面的能力，使日本国民达到物质、精神两方面的独立，从而改变日本国弱民愚的社会现状，更好地实现日本现代化。❶

图1-17 庆应义塾大学三田校区东门 ❷

福泽谕吉以"人与人平等"为切入点，宣扬"人心解放"和"人欲解放"的自由精神。他高度赞扬马丁路德的宗教改革，认为它解开了人们精神上的

---

❶ 参见朱政、王小丁：《教育面向未来——重读福泽谕吉〈劝学篇〉》，《南阳理工学院学报》2013年3月。
❷ 资料来源：作者。

枷锁，使人的心灵和思想得到了解放。而对于儒学，福泽谕吉指出，三纲五常的关系模式并不是人性中固有的、普世的。孔子学说虽然代代相传，但为他所处的时代和社会经验局限，永远只能基于治与被治的模式上，并非放之四海的真理。在西洋所谓"Refinement"，即陶冶人心，使之进于文雅这一方面，儒学的功德的确不小。不过，它只是在古时有贡献，时至今日已经不起作用了。❶福泽谕吉指出，一个国家在物质层面上学习西方文明并不难，难的是其精神内核：自由、平等、博爱的"文明的精神"。1872年，福泽谕吉在《劝学篇》中宣称："天不生人上之人，也不生人下之人"，这就是说天生的人一律平等，不是生来就有贵贱上下之别的。❷在等级森严的日本社会，这话无异于平地惊雷，给封建桎梏下的大多数日本人带来无比的振奋。受此影响，很多有识之士也选择放弃科举和儒教名位的追求，把子弟送到他的"家塾"教育，学习符合世界标准的经世致用之道。

福泽谕吉认为，一个国家所以能够独立，那是由于国民具有"独立之心"，人人想做官的思想是孔子儒学教育的贻害，所谓"青云之志"乃是祖先遗传下来的"官场迷信"❸。福泽谕吉希望通过教育建立文明独立的国家。他认为，如果大家不分贵贱上下，都爱好这些学问，并有所体会，而后士农工商各尽其分，各自经营家业，则个人可以独立，一家可以独立，国家也就可以独立了。❹如果国人没有独立的精神，国家独立的权利还是不能伸张。其理由有三：第一，没有独立精神的人，就不会深切地关怀国事。如果人人没有独立之心，专想依赖他人，那么全国就都是些依赖他人的人，没有人来负责。❺儒家导致了教育培养出一代又一代没有思考的国民。智者以才德来统治这些

---

❶［日］福泽谕吉：《文明论概略》，北京编译社译，商务印书馆，2017年版第157页。
❷［日］福泽谕吉：《劝学篇》，商务印书馆，2017年版第2页。
❸［日］福泽谕吉：《福泽谕吉自传》，马斌译，商务印书馆，1980年版第246页。
❹［日］福泽谕吉：《劝学篇》，群力译，商务印书馆，2017年版第3页。
❺［日］福泽谕吉：《劝学篇》，群力译，商务印书馆，2017年版第15页。

人民，他们恩威并用，指示方向，人民也不知不觉地服从上面的命令，自然就用不着操心，只要依从主人就行，结果对于国家一定是漠不关心。第二，在国内得不到独立地位的人，也不能在接触外人时保持独立的权利。没有独立精神的人，一定依赖别人；依赖别人的人一定怕人；怕人的人一定阿谀谄媚人。怕人和谄媚人逐渐成了习惯，他的脸皮就同铁一样厚。对于可耻的事也不知羞耻，应当与人讲理的时候也不敢讲理，见人只知道屈服。❶官吏有意使人民陷于无知无识，一味恭顺，并以此为得计。这些胆小的人们，一旦遇到那些大胆和剽悍的外国人，是没有理由不胆战心惊的。这就是在国内不能独立的人对外也不能独立的明证。❷第三，没有独立精神的人会仗势做坏事。人民若无独立精神，虽然便于管理，却不能因此而疏忽大意，因为灾祸往往出于意外。国民独立精神愈少，卖国之祸即随之增大。以上三点都是由于人民没有独立精神而产生的灾祸。生当今世，只要有爱国心，则无论官民都应该首先谋求自身的独立，行有余力，再帮助他人独立。总之，政府与其束缚人民而独自操心国事，实不如解放人民而与人民同甘共苦。❸

广义地说，学问有无形的，也有有形的，如心学、神学、理学等是无形的学问，天文、地理、物理、化学等是有形的学问。它们都能使人扩大知识见闻的领域，辨明事物的道理和懂得做人的本分。❹福泽谕吉认为，"从古至今千百年来，我国的文明有神、儒、佛教的功德，不能抹杀这一点，相反还应大加赞赏。但不能否认它们对近代的文明进步没有起什么作用，其软弱无力也是众所周知的事实。"❺福泽谕吉特别重视学习实际有用的科学，尤其推崇学习物理学。他主张封建主义的儒学和国学应让位给资本主义的"实学"，

---

❶［日］福泽谕吉：《劝学篇》，群力译，商务印书馆，2017年版第17页。
❷［日］福泽谕吉：《劝学篇》，群力译，商务印书馆，2017年版第18页。
❸［日］福泽谕吉：《劝学篇》，群力译，商务印书馆，2017年版第18—19页。
❹［日］福泽谕吉：《劝学篇》，群力译，商务印书馆，2017年版第8页。
❺［日］福泽谕吉：《福泽谕吉教育论著选》，王桂主译，人民教育出版社，2005年版第47页。

应当把远离实际的学问视为次要的，而专心致志地学习对人的日常生活有用的实际学问……他认为，实用科学是指西洋文化，但洋学不等于实学。洋学是当时最先进的科学，是日本进行文明开化所急需的实用科学。❶福泽谕吉还特别强调开发人的智力。他认为，学校的根本宗旨不在于所谓"教育"，而在于能力的发育。❷而且按人心发育的自然规律，人的能力并不是单一的，有记忆的能力、推理的能力、想象的能力。这些能力各发挥其固有的作用，互不侵犯，又不为其他所侵犯，能保持平衡的发展。这就叫作完全的人心。❸福泽谕吉认为人的一生都要受教育。幼儿时期在家受父母的教育，进入学校后接受教师的教育，走上社会后接受社会教育，他非常重视家庭环境的影响及幼儿时期习惯的形成。他认为习惯的力量强于教育的力量，家风的好坏直接影响孩子各种习惯的形成。❹他认为社会是增长知识、培养道德的大学校，较学校教育更为重要。他说，无论什么样的学制，无论采用哪种教学原则，都会使学生片面发展。因此，他很重视社会教育对人的发展作用。❺

　　福泽谕吉终其一生都致力于弘扬西方文明，介绍西方政治制度以及相应的价值观，其核心思想就是"脱亚入欧"。他在1883年发表的《脱亚论》中宣称："为今天考虑，我国不能再盲目等待邻国达成文明开化，共同振兴亚细亚。莫如与其脱离关系而与西洋文明共进退，……同他们打交道用不着特别客气，完全可效法西洋人的方式来处理。与恶友亲近不免会染上坏名声。我们日本人要在思想上谢绝东方的恶友。"❻由于当时中国和日本、朝鲜同样

---

❶ [日]福泽谕吉：《福泽谕吉教育论著选》，王桂主译，人民教育出版社，2005年版第20页。
❷ [日]福泽谕吉：《福泽谕吉教育论著选》，王桂主译，人民教育出版社，2005年版第86页。
❸ [日]福泽谕吉：《福泽谕吉教育论著选》，王桂主译，人民教育出版社，2005年版第87页。
❹ [日]福泽谕吉：《福泽谕吉教育论著选》，王桂主译，人民教育出版社，2005年版第25页。
❺ [日]福泽谕吉：《福泽谕吉教育论著选》，王桂主译，人民教育出版社，2005年版第27页。
❻ [日]福泽谕吉：《脱亚论》，转引自远山茂树《福泽谕吉》，中国社会科学出版社，1990年版第228页。

被西洋列强侵略，都面临亡国灭族的危险，因此中日韩三国在"抵抗"西洋侵略方面有共同的利益。在这个背景下，1863年，日本当时著名的政治家和思想家胜海舟提出了"亚洲同盟论"。他认为应向亚洲各国说明亚洲同盟的紧迫意义，使"亚洲觉醒"，抗击西方侵略。由日本、中国、朝鲜结成三国同盟，加强海军力量，唯有联合抵抗才能抵御西方侵略。由此，日本社会开始出现了"兴亚"思潮，众多知识分子开始考虑亚洲联盟的意义及可行性。❶

针对"兴亚论"，福泽谕吉反驳说：中国和朝鲜都想把自己置身于西洋文明之外，对西洋文明采取被动的抗拒态度，保持自己的独特文明，这种抗拒不可能成功，因为西洋文明具有像"麻疹"那样的传染性，对抗拒的结果就是被西洋列强瓜分。中国和朝鲜号称礼仪之国，实则"道德堕地，残忍无耻"，"难持独立之身"，死守陈规旧套，不思改进，所以日本不应该对中国和朝鲜的醒觉抱有希望（当然他也指出如果中国和朝鲜国内出现有识之士，进行大刀阔斧的改革维新，将另当别论），应拒绝与中国和朝鲜这样的"恶邻"继续交往，而与欧洲的文明国家交往。为此，福泽谕吉严厉地批评当时日本的"国家体制教育系统"——儒教主义的弊端。他认为，中华儒家教育虚饰外表，留恋陈规旧习之情，忽视"真理和事实"，"宛如一个连道德都到了毫无廉耻的地步，却还傲然不知自省的人"。❷日本与中华儒教文化这种思想上的"断奶"，导致了在物质世界可见层面上与"中国故土"的强烈分离。

19世纪上半叶，由于实行闭关锁国政策，亚洲国家大多没有经历过产业革命。后来，在资本主义国家的侵略和经济的冲击下，亚洲国家在与西方国家对抗的同时，走向封建社会的衰落时期。❸而原来很贫穷、很落后的日本

---

❶ 姚怡然：《近代日本脱亚思想刍议》，《齐齐哈尔大学学报》（哲学社会科学版），2017年9月。
❷ 参见［日］福泽谕吉：《脱亚论》，日本《时事新报》1885年3月16日。
❸ 赵春子：《浅析福泽谕吉〈脱亚论〉的形成》，《东疆学刊》，2009年7月。

小国，却通过教育的成功，成为今天的世界大国和世界强国。

福泽从历史上分析比较了日本文明和西洋文明，断定日本落后，西洋先进，日本应该向西方学习，以便急起直追，迎头赶上。❶他早岁游历欧美，受近代科学和西方资产阶级自由民主思想的影响很深，回国以后，他极力介绍西方国家的状况，传播自由平等之说，以倡导民权，促进"文明开化"，并鼓励日本人学习科学，兴办企业，发扬独立自主的精神，以争取日本民族的独立。❷

《脱亚论》发表后引起全国的震荡，他本人遭遇到守旧派人士如潮水一般的攻击，但他以顽强的态度，坚持自己"学术自由和独立的精神"，认为学者就是要做一只"雁奴"，就是大雁群休息时候的哨兵，随时发出警告的声音。大家都可以睡，但是雁奴不能睡，必须警觉外界的一切危险。❸由于福泽谕吉的社会影响力，政府多次招请他入阁，但是他坚持拒绝进入仕途，坚持了一生的"平民身份"，捍卫他的学术独立和自由精神，避免他的教育立场受到官场和政府的牵制。他指出，人人想做官的弊端——那种情况有如苍蝇麇集在腐食上一样。人人都认为不依赖政府就没有发迹的机会，因而就毫无自身独立的想法。福泽谕吉认为，一个国家所以能够独立，那是由于国民具有独立之心。如果人人都想做官、举国上下都是老一套的十足官气，那么国家无论如何都不能强盛。❹

福泽谕吉的"弃汉从洋"和"独立"思想，成了日本近代化道路上的指路明灯。近代日本正是秉承他的思想，发展出"和魂洋才"的国家发展理念，

---

❶ [日]福泽谕吉：《文明论概略》，商务印书馆，2017年版第2页。
❷ [日]福泽谕吉：《文明论概略》，北京编译社译，商务印书馆，2017年版第1页。
❸ 张清一：《日本文化｜〈脱亚论〉改变了日本的命运》，https://www.sohu.com/a/139574163_527145，2017年5月。
❹ 参见[日]福泽谕吉：《福泽谕吉自传》，马斌译，商务印书馆，1980年，第245—246页。

从而让日本彻底摆脱"孔儒的羁绊",大步向现代文明国家迈进。和魂,即日本人的"共同感觉",是建立在"和"的基础之上的。"和"首先是日本的特指,例如"和服""和歌";其次可理解为推崇"和"的意思。日本自古就有"万物有灵"思想,认为一切生命、物体都是平等的。所以,当"和"的精神随汉字传入日本后,很快就被日本人接受并推崇备至,进而利用日语谐音,将"和"代替"倭",作为自己国家的称号。"和魂"也称"大和魂""日本魂",实际上是某种原始神道信仰的变换发展和不断延伸,其中大量吸收了中国文化的儒家思想和禅宗的理念。1886年,日本明治维新,开始了资本主义进程。以日本化了的以中国儒家文化为核心的"和魂"与以欧美的先进技术为内容的"洋才"相结合,构成了日本近代文化的重要基础,成为日本近代企业发展的指导思想。

一百年来,日本主流舆论奉福泽谕吉为"日本近代最重要的启蒙思想家",普遍认为福泽谕吉对明治维新的贡献,相当于亚当·斯密加上约翰·洛克对英国的贡献。如今,他的头像被印在日元最高面额1万日元的正面,供世人永久敬仰(图1-18)。

图1-18 一万日元上的福泽谕吉肖像 ❶

---

❶资料来源:作者。

三、明治维新

事实上，日本明治政府正是以"脱亚入欧"的思想为其发展方针，使日本迅速走上了追赶西方工业文明的资本主义道路，并一跃而跻身为"东方世界唯一强国"。然而，日本军国主义的蔓延，虽让日本"大国梦"产生了几乎能够"梦想成真"的实感，但最终却付出了沉重的代价。

1. 工业化道路

如果说"大化改新"是以中国化为最高理想的话，那么，"明治维新"就是以西洋化为最高理想的典范。在位四十五年的明治天皇，在其统治期间，建立了天皇制专制政权。此时，西方列强正集中力量侵略中国，而日本则避西方之锋锐，潜心发展资本主义。

明治天皇以西方先进资本主义为榜样，励精图治，实施了富国强兵、殖产兴业和文明开化三大政策。富国强兵的具体举措，就是改革军警制度，创办军火工业，实行征兵制，建立新式军队和警察制度。殖产兴业则是指引进西方先进技术、设备和管理方法，大力扶植资本主义的发展。文明开化，就是学习西方文明，发展现代教育，提高国民知识水平，培养现代化人才。[1] 为此，日本设立文部省，颁布教育改革法令，改变了德川时代以儒学为主的教育内容，转而重视科学技术教育，并大力提倡教育机会均等，实现了"士人教育"向"国民教育"的重大转变。明治政府尤其注重高等教育，于1877年建立了东京大学，设法、理、文、医四个学部。此外，亦选派留学生到英、美、法、德等先进国家留学。随着留洋知识分子吸收并引介西方文化与典章制度进入日本，"文明开化"的风潮逐渐形成。

---

[1] 参见吴高帅：《浅析明治维新到大正初期日本文化模式变迁》，《黑龙江史志》，2013年第10期。

1868年明治维新后，日本的工业化开始起步。维新三杰之一的大久保利通作为内务卿，逐渐控制了明治政府的实权。大久保以大隈重信（1838—1922）（图1-19）和伊藤博文为左右手，建立了完整的独裁体系，人称"东洋俾斯麦"，在此期间日本的很多重大政策的制定和推行都和他有关。大久保利通发现，日本与英国都属于面积小、资源少的岛国，二者在地理条件上颇为相似，故而认为，日本应像英国那样大抓海运和工业。为此，大久保利通以英国为目标，着手创建资本主义，努力推行"殖产兴业"政策。1868—1885年间，明治政府用于殖产兴业的资金，约占财政支出的五分之一。

图1-19 大隈重信 ❶

1870年，日本"工部省"成立，接着在1873年又成立"内务省"，开办官营工厂，还设立了一些示范工厂以推动工业化的进程；撤销工商业界的行会制度和垄断组织，推动工商业的发展；高度重视矿山开发和铁路建设，强调煤和铁是制造业兴盛的动力；建立了一批以军工、矿山、铁路、航运为重点的国营企业。

---

❶ 资料来源：日本国立国会图书馆。

对于经济发展所需要的先进技术、设备和人才问题，明治政府通过从欧美先进国家引进，并派出留学人员，从而迅速提高了本国的工农业生产水平。东京大学初建时，39 名教授中，外籍教授占 27 名。当时东京大学的经费占文部省总经费的 40.9%，而外籍教授的工资就占了三分之一左右，有的外籍教授的工资竟超过政府大臣薪金的五成以上。1870 年，明治政府制定了《海外留学规则》，决定以后由东京大学严格遴选优秀学生出国，从而培养了日本近代化急需的大批优秀人才。此后，日本逐年解聘外国专家，至 1889 年基本全部解聘，从而基本实现了科技教育的自立。

为了在资金有限的条件下发展经济，大久保利通调整殖产兴业政策开始前以发展重工业为主的模式，以传统产业为基础，以农牧业、轻工业和海运为中心，推行经济建设。在发展过程中，日本主要是利用外国专利和技术来进行模仿性生产，始终把对引进技术的消化和本土化作为引进技术的最终目标。从明治维新开始，日本从中国引进传统丝绸生产技术，然后结合西方技术进行创新改良，从而在出口市场获得先机。中日《马关条约》之后，日本在中国开设棉纺织厂，依托中国广大的消费市场，日本企业赚得盆满钵满。日本的钢铁、军舰等重工业也是如此。以三菱的长崎造船厂为例，它和中国的江南制造局是同领域的企业，都借鉴了西方的生产技术、管理经验。但不同的是，中国的江南造船厂从江南制造局独立之后，技术方面依然由两个英国人主导，而日本企业在 20 世纪之前就尽可能把外国的技术人员辞退了，即使保留，外国技术人员也不掌握企业大权。在甲午战争（1894—1895 年）前后，日本纺织等轻工业部门开始迅速发展，日本也由此完成了"第一次工业革命"。

西风劲吹之下，日本社会面貌日新月异，从服饰到饮食，一切都向西方看齐。日本人以前从来不吃牛肉，但如今牛肉火锅店顾客盈门，人们在里面大啖牛肉,喝着葡萄酒,用蹩脚的英语谈着时事,认为这是最时尚的表现。洋服在当时成为一种时髦,人人以拥有一套西装为荣,甚至于化妆品不起个外国名就不能畅销,等等,不一而足。清末著名诗人黄遵宪看到日本在明治维新中的这些新变化,在其《日本杂事诗》中曾感慨道:

玉墙旧国纪维新,
万法随风倏转轮。
杼轴虽空衣服粲,
东人赢得似西人。

可以说,以当时日本人的视野,中国人确是无法相比的。中国虽然早于日本接触西方,但中国人的洋务运动所持的主导思想仍然是"中学为体,西学为用",搞洋务的目的,只是立足于坚船利炮,并且用这些坚船利炮保护大清江山与落后的专制制度,以及儒家文明。直到洋务运动破产后,才勉为其难地进行戊戌变法,结果却失败了。再后来受了八国联军的攻打后,才在1901年实行了有限的"新政"。其实,在明治维新之前,日本人的生活状态并不比中国人好,他们缺衣少食,愚昧而自大;甚至连当年作威作福的武士老爷们,也经常吃不饱饭。中国北方喂马的荞麦,在日本便是作为主食的,炖牛蒡(一种很像白萝卜的菜)这样的菜已经是大户人家待客的佳肴。明治维新唤醒了整个大和民族,这个一度弱小得不值一提的民族,被西方的坚船大炮彻底唤醒,萌发出闻名于世界的远大志向,走上了富国强兵的道路。而其中的重要原因,就在于日本之善于学习。中国先进时,日本学中国;西方先进时,日本学西方。如黄仁宇在《资本主义与二十一世纪》中所言:日本人"短小精悍,长于模仿,勇于进取"。而中国人则一如既往的保守、守旧，在整个中国近代史进程中，中国人一直怀着一种"仇外"心态抗拒西方文明。由此，日本与中国渐行渐远，甚至渐成分庭抗礼之态势。❶

在日俄战争（1904—1905年）结束后的十多年间，日本又紧紧追随世界发展潮流，进行了"以重工业为中心的电力产业革命"，即"第二次工业革命"，由此，钢铁、造船、煤炭等重化工业部门开始迅速发展。1910年以后，工业产值开始超过农业，农村资本流向工商业。到了二三十年代，日本经济呈现二元化，即重工业迅速发展，开始超越轻工业。在此期间，日本内阁还提出了经济军事化的政策。之后，日本历届内阁疯狂扩张军事支出。由此，日本与军工有关的重工业、化工业得到膨胀化的发展，迅速占据了全部工业产值的一半，日本的军事力量和装备水平也由此大大提高。

到了第二次战界大战期间，日本工业化的程度已远超当时的中国。日军的装备基本上都能国产，而且有些兵器的性能甚至达到了世界先进水平。在当时，日本的造船、航空工业都具有世界一流的水平，海军的总体实力仅次于美国，而与英国不相上下。1922年，日本还造出了世界上第一艘航空母舰——"凤翔"号，造出了世界上最大的战列舰"大和"号、"武藏"号、世界上最大的航空母舰"信浓"号。"大和"号舰上的460毫米舰炮是当时世界上口径和威力最大的火炮，航空母舰上搭载的零式战斗机（图1-20）则是第二次世界大战初期日本军的主力战斗机，以转弯半径小、速度快、航程短等特点压倒美军战斗机。这种战斗机由三菱重工设计，并由三菱重工与中岛飞机株式会社两家共同生产。宫崎骏的动画片《起风了》，讲的便是零式战斗机的发展历程。

---

❶ 参见黄仁宇：《资本主义与二十一世纪》，生活·读书·新知三联书店，2004年版，第六章。

图1-20 "二战"时期的日本零式战斗机 ❶

日本明治维新，作为一场全盘西化与现代化改革运动，历时不到半个世纪，却走过了西方资本主义国家用了二百年时间才完成的近代化过程。日本在经济上完成了"脱亚入欧"，从此成为亚洲第一个走上工业化道路的国家。在整个世界近代史上，还没有其他任何国家能像日本人那样迅速和成功地在西方的威胁面前做出机敏的反应，通过专心致志地学习西方，而跻身于世界强国之列。第一次世界大战后，日本作为新兴的资本主义国家，更是与英、法、美等新老帝国主义国家共同参与了巴黎和会和华盛顿会议等著名国际会议，这等于是在政治上实现了"脱亚入欧"。

2. 财阀的崛起

日本工业资本家的崛起，离不开国家的扶植。这些工业资本家正由于与藩阀、官僚之间的密切关系，故而成为名副其实的"官商"。1880年，明治政府由于过重的财政负担曾经引起财政危机，颁布了"官业下放令"，把一

---

❶ 资料来源：http://5b0988e595225.cdn.sohucs.com/images/20190827/4df771c02a649358a455a04e9bdf8d5.jpeg

批国营企业和矿山私营化,廉价出售给与政府有密切联系的、享有特权的大资本家(即所谓政商),以优厚的保护政策鼓励华族、地主、商人及上层士族投资经营银行、铁路及其他企业。如三菱、三井、住友、大仓、古河等,它们分别在航运、煤矿、金融、制丝、纺织等部门获得了经营特权,逐渐形成了以财阀为核心的近代化工业体系。这些工业资本构成了日本近代资本主义的核心。

日本国内市场狭小,只有借助于政府去开拓国外市场,而开拓海外市场则势必要加强军备,由此日本的整个经济结构表现出围绕军事工业而展开的特征,出现了"官商结合""军财抱合"的现象,这种军阀、官僚、财阀三位一体的特殊结构,成为推动日本垄断资本主义发展的主要力量,在日本发动对外侵略的过程中发挥过巨大的作用。可以说,日本此后推动侵略战争和殖民,都与背后的财阀利益有着直接的关联。在此其中,最为著名的当推三井、三菱、住友、安田四大财阀。

三井财阀的创始人三井八郎兵卫高利(1622—1694)(图1-21),于1673年在江户(今东京)和京都开办绸缎庄,兼营钱庄。在日本明治政权与德川幕府的争斗中,三井家族曾资助天皇政府。1876年,三井家族得到明治政府的照顾把持了金融业,开办了日本的第一家私人银行——三井银行,接着又开办起三井物产公司。此后,财团不断扩大产业领域,进入了纺织业、采矿业和机械制造业等行业。在第一次世界大战时,三井财团看准时势,在军需品发展上大发横财,成为日本最大的垄断资本集团。二战期间,三井银行兼并了日本第一银行,更名为帝国银行,其经营实力居财阀银行首位。

图1-21 三井八郎兵卫高利肖像❶

三菱财阀起步于从事海上运输的三菱商会，创始人岩崎弥太郎（1835—1885）（图1-22）在1877年爆发的士族叛乱中，旗帜鲜明地站在了政府军一边，受到了天皇朝廷的嘉奖和授勋。但随着内阁中三菱支持者大久保利通被暗杀和大隈重信的失势，三菱遭到顿挫，从此，"不参与政治"成为三菱的一条经营原则。尽管如此，在明治中后期，跟更加注重"盈利"的三井财团比较起来，三菱经营理念的中心仍然有着浓厚的国家主义色彩。当时三菱对于造船业的投资，更多的是从推动日本民族造船工业的角度来考虑，而不是出于企业业务扩张的考量。1916年，岩崎小弥太（1879—1945）出任三菱社长，更明确地以国家主义作为三菱发展的最高理念："为社会和国家完成生产任务是我们职务的第一要义，为获取正当利益而努力，是我们职业的

---

❶ 资料来源：日本国立国会图书馆。

第二要义，但是，为了第二要义而牺牲第一要义，是绝对不允许的。"❶ 在19世纪30年代，三菱公司更加推进重工业化、军事化的进展，无论是原有的造船业、采矿、商业和金融业，还是钢铁、内燃发动机、电动机和化学工业等新近代工业，三菱都保持与日本产业的发展节奏密切同步。此后，随着日本不断发动战争，国内的军工产品需求激增，三菱由此获得了空前的发展。

图1-22 岩崎弥太郎 ❷

住友财团发端于16世纪，当时住友家族是日本官方指定的供铜商，也是全球最大的铜出口商。之后，它在吸收西洋技术不断扩展铜生产量的同时，机械工业、石炭工业、电线制造业、林业等关联事业也相继得以开展，此后，更发展成为以矿工业和金融业为中心的近代财阀。到20世纪初，住友家族已经迅速发展成为日本国第三大金融财阀，20世纪30年代及第二次世界大战期间则成为日本军国主义的主要追随者。

安田财阀的创立者是安田家族。在明治维新时代，安田家族是特权商人。该财阀的最早发迹，始于1863年安田善次郎（1838—1921）（图1-23）

---

❶ 彭韧：《日本制造的国家逻辑：三菱，与日本崛起共生》，http://images.job5156.com/hr/30208.html

❷ 资料来源：日本国立国会图书馆。

在东京开办的"安田屋"钱庄。1879年,又以钱庄为基础创办私营安田银行,并逐步向纺织、建筑、铁路交通等领域扩展。至20世纪30年代初,安田财阀已拥有包括14家银行、12家工商企业以及6家保险公司在内的大型财团。

图1-23 安田善次郎 ❶

除三井、三菱、住友、安田等财阀之外,明治维新时期还存在如大仓、藤田、浅野、涩泽、古河、鸿池等财阀。在"一战"期间崛起的还有久原、铃木、岩井、野村、川崎等。九一八事变后的侵华战争期间,还出现了中岛、森、野口等新财阀。

从上述财阀的发迹史来看,它们大都经历了从政商到财阀的过程。财阀与政府关系极其密切,大都接受政府的扶持和保护,支持政府的内外政策,并派出得力人员参与政府金融部门管理,或者吸收政府官僚加入垄断集团要害部门运营。除了这种政商性之外,财阀还具有如下特征:其一,封闭性。财阀运营的组织核心,是以血缘关系为基础的同族集团,财阀运营决策权被同族集团操纵。其二,家族集权性。家族成员和子孙后代必须遵守的《家宪》《家法》。其三,垄断性。政府高官与政商的相互勾结,难以形成公平的竞争

❶ 资料来源:日本国立国会图书馆。

环境，资产和资本就集中在少数政商的手中，垄断了某种行业，比如，三井号称"金融大王""煤炭大王"和"纺织大王"，三菱为"海运之王"，住友为"军需之王"，古河为"铜矿王"，浅野为"水泥王"，等等。

3. 军国主义的勃兴

明治政府虽然锐意改革，但从国家总体方略上看，则偏重于国家的强盛，由此而遗留的问题是：天皇权力过大，出身藩地的有权有势者长期掌控国政，形成势力庞大的"藩阀政治"体系；土地兼并依然严重，新兴财阀垄断市场经济，等等。这些问题与其后发生的一些社会难题相叠加，最终促使日本走上侵略扩张的道路。

历史地看，日本的民族性格中似乎总有一种永不服输的倾向。日本神话中有许多以小胜大、以弱胜强的故事，比如，从桃子里跳出来的桃太郎，手指尖那么大的一寸法师，五分高的五分次郎，都是凭借自己的机智勇敢，最后战胜了强大的敌人。事实上，日本人一丝不苟地向你学习，正是为了有朝一日超越你，甚至把你吞掉。整个日本民族一直都在梦想着有朝一日，超越自己，战胜中国。早在公元663年，日本就和唐帝国为争夺朝鲜半岛而进行过白江口之战。这次挑战虽然失败，却充分说明了日本人内心的急迫和自负。

中国明朝后期，丰臣秀吉就曾制定了侵略蓝图，即征服朝鲜、占领中国，进而夺取印度。但在1592年和1597年发动了两次侵略朝鲜的战争后，丰臣秀吉的扩张梦想随着其统治的终结而告一段落。不过，他的思想却成为日本近现代战略文化的根源。日本"国学"代表人物本居宣长（1730—1801）在1790年发表的《驭戎概言》一书中曾大赞丰臣秀吉派到朝鲜侵略的日本武士，

认为，应该把中国和朝鲜看作西方蛮族，由君临万国的日本来统治。❶

德川幕府时代，日本再一次谋划征服中国。1823 年，日本"经世家"佐藤信渊（1769—1850），写就《宇内混同秘策》，其要旨在于：大和民族负着统一世界的使命，并提出系统入侵中国的计划，梦想"席卷支那北方，而以南京为皇居"；征收中国后，录用中国人中的人才，再图东南亚、印度；最终，将世界万国"混同"为日本之一区，所谓"全世界悉课为其郡县，万国之君皆可为其臣仆"。❷ 明治维新之后，日本每发动一次侵略战争，军方就把佐藤信渊的书作为军人必读教材而重印散发。

1874 年，日本侵略台湾；1875 年，入侵朝鲜，逼迫朝鲜签订《江华条约》；1879 年，并吞琉球，并将其改为日本的冲绳县。吉田松阴的学生山县狂介（有朋）（1838—1922）（图 1-24）认为，欧洲列强与日本相距遥远，日本中长期假定的敌国应该是近邻清国。日本如不充实军备，国家独立就不能维持，更没有富强可言，从而成为日本军国主义的奠基人。后来，山县有朋成为日本陆军之父，并担任过第三任日本内阁总理大臣。1878 年，山县有朋发布《军人训诫》和《参谋本部条例》，从此，日本在政治、军事、经济、文化思想各领域均确立起军国主义体制。发动甲午战争之前，明治天皇甚至用饿肚皮的方法，给他的文臣武将起"带头作用"。当时到日本去的中国人不少，有人带回了日本天皇牙缝里抠肉来供养海军的见闻，在京城一时成为笑谈，有人甚至说："东洋小夷，毕竟是东洋小夷，这么干，也不怕让人笑话！"❸ 然而，在 1895 年，中日甲午战争最后以大清帝国的惨败而告终。

---

❶ https://www.sohu.com/a/149360467_425345
❷ 参见徐波：《给"支那"加上贬义色彩的始作俑者是谁？》，https://www.sohu.com/a/208284685_469046
❸ https://www.sohu.com/a/298787264_363750？sec=wd

图1-24 日本陆军之父山县有朋 ❶

在军国主义体制中，天皇是"兵马大元帅"，军队是"皇军"，士兵必须一心一意为天皇卖命。统治集团中的骨干多是武士出身者，著名的"维新三杰"大久保利通、西乡隆盛、木户孝允以及垄断日本政权近50年的伊藤博文、山县有朋、松方正义等均为旧武士出身。到大正时代的首相原敬、加藤高明，昭和时代的东条英机、宇垣一成、板垣征四郎等，也都是士族出身。正是这些吉田松阴的徒子徒孙们，构成了推动日本军国主义发展的主要社会力量。

日本之所以走向军国主义，除了军部专权外，当时日本流行的皇道社会主义也起了重要作用。皇道社会主义强调兵农结合、军民一体，以反对财阀和贵族，因为贵族要跟天皇分庭抗礼，财阀有钱了就不把天皇放在眼里，所以他们都不可靠；而下层农民是最拥护天皇的，天皇权力要强化，就应该和最底层的百姓结合起来，而底层老百姓的代表就是日本军队。这种兵农一体、效忠天皇势力的成长，使得日本走上了军部扩张，天皇独断，以举国体制制造虎狼之师的军国主义道路。

---

❶ 资料来源：日本国立国会图书馆。

福泽谕吉晚年也成为一个军国主义者。他鼓动日本的"有为之士"多到中国去闯荡，力主武力侵华。他在《通俗国权论》一文中说："百卷外国公法不敌数门大炮，几册和亲条约不如一筐弹药"，表明了他对武力的崇尚。他反复强调："和外国的战争未必是凶事危事"，在中国的土地上"插上日本的国旗使之飘扬，使日本国人得以满足"。❶在福泽谕吉的逻辑中，"文明"具有绝对的价值，"文明"是衡量一切的标准，而日本是"文明"的代表，不服从日本就是不服从"文明"，因此日本发动的战争是"文明"的战争，而"文明"的战争是绝对正确的和必要的。❷

纵观日本明治维新至日本在第二次世界大战中战败这80多年的历史，不难发现，福泽谕吉的影子无处不在。日本所走的道路大体上就是福泽谕吉所设计的脱亚入欧、以欧洲列强的方式侵略中国等亚洲国家，并在此基础上建立所谓"近代文明国家"的道路。他提出的侵占朝鲜、吞并台湾、占领东北三省并最终将日本国旗插在北京城头的一系列侵略构想，其后辈全都付诸了行动。❸

与福泽谕吉的"脱亚入欧"论一同兴起的，还有"亚洲盟主"论。小寺谦吉（1874—1965）在1916年出版的《大亚细亚主义论》一书，标志着大亚洲主义的正式形成。书中说：日本是黄种人中最强的国家，是东亚的砥柱，"于中国问题，为维持东亚平和计，不能不拯之使免白皙人种之厄，则其欲为黄种之盟主势也"。❹日本统治世界的野心的另一个代名词，是大家更为熟悉的"大东亚共荣圈"论。1938年前后，陆军省的军官们起草了一个"国防

---

❶ 参见王迹.《福泽谕吉的中国观》，《乐山师范学院学报》2010年第2期。
❷ 参见王向远：《作为军国主义侵华理论家的福泽谕吉》，《解放军外国语学院学报》2006年第5期。
❸ 参见王迹：《福泽谕吉的中国观》，《乐山师范学院学报》2010年第2期。
❹ 参见史桂芳：《简论近代日本人中国观的演变及其影响》，《首都师范大学学报》（哲学社会科学版）2007年第8期。

国策案"。其大致内容是:"东亚共荣圈由生存圈、防卫圈、经济圈构成。生存圈指大和民族主体的生存区域,它包括日本本土、满洲国、北支、蒙疆。防卫圈指贝加尔湖以东的西伯利亚、支那本土、缅甸以东的东南亚、爪哇、苏门答腊、东经17度以西的北太平洋海域及其岛屿。经济圈指为维持东亚共荣圈而提供生产资源的区域,即指上述防卫圈及印度、澳大利亚这一范围。"❶第二次世界大战前,石原莞尔(1889—1949)(图1-25)又提出了"世界最终战争论",他认为,日本是东方文明的代表,美国是西方文明的代表,这两个国家所代表的集团"将围绕何者为世界的中心,在不久的将来,挟太平洋进行人类最后的大决战,打一场规模空前的战争",通过这次战争"决定是日本的天皇成为世界的天皇,还是美国总统统治世界"。经过最终战争,世界走向日本领导下的大一统,实现所谓"永久和平",等等。❷

图1-25 石原莞尔 ❸

---

❶ 参见杨军:《中、日与东亚共同体:从历史到现实》,《史学集刊》2005年第5期。
❷ 参见史桂芳:《试论日伪的东亚联盟运动》,《史学月刊》2006第12期。
❸ 资料来源:日本国立国会图书馆。

正是在军国主义的感召下，在第二次世界大战中，日本悍然挑战整个太平洋沿岸的邻居们，同时与美、英、中、苏、法、荷、澳等26个国家作战。在这一过程中，成千上万的日本女孩扬帆南洋，操起为祖国积聚资本的皮肉生涯，为大和民族的崛起输送必需的金币银元；家庭主妇们纷纷离开自己的丈夫儿女，日夜不停地在蒸汽和巨大的噪音中工作，为日本工业的兴起奠定基础；男人们则告别自己的爱人，抱着"作为皇国民应生死一贯扶翼无穷之皇运""一死心坚"的信念，奔赴大东亚战争的第一线。1945年，大和号战舰在冲绳列岛沉没，爆炸时腾起的巨大蘑菇云，连数百海里之外的鹿儿岛都能看见，舰上官兵的亲人们看见这巨大蘑菇云，兴奋不已地互相呼告："他们为天皇玉碎了！"然而，1945年，美军在广岛和长崎投爆了原子弹，并进行了东京大轰炸，终于迫使日本于1945年8月15日宣布无条件投降。日本军国主义的狂想，最终如泡沫般猝然破碎。

第二章 "日本制造"的崛起

在"二战"结束后，日本作为战败国，被以美国为首的国际联盟接管。在这一过程中，占领者对日本进行了国体改造。根据美国驻军统帅麦克阿瑟亲自给日本起草、颁布的新宪法，日本的武装力量被永久解除，日本由天皇制国家变为以天皇为国家象征的议会内阁制国家，并迫使昭和天皇于1946年元旦发表"人间宣言"，承认天皇与平民无异，只是受国民拥戴的国家象征。天皇除继承皇位即摄政资格外，无任何政治特权，主要职责是任命首相，批准法律、政令及条约，召集国会，批准国务大臣的任免，出席礼仪性的外事活动和国家典礼等。日本"亡国"了，然而，日本人随后经过数十年艰苦卓绝的努力，成功实现了经济的腾飞，创造了举世瞩目的"日本制造"的奇迹。

一、走出"废墟"

日本失掉了殖民地，失掉了在国际社会中的地位，没有资源，没有了军事力量。在这种情况下，除了经济立国，日本没有其他道路可走。日本正是在战后"废墟"中，开启了它的经济崛起之路。日本就像科幻电影《终结者》中那个打不死的机器人，被压成碎片之后又慢慢聚拢，再度凝结。

1. 日本复兴计划

经过第二次世界大战，日本明治时代以来苦心建立的工业基础遭到了严重消耗和破坏，所有主要城市和大工厂几乎被炸成一片废墟（图2-1），国民经济完全崩溃。而首当其冲的受害者，则是广大的日本下层民众。相关资料统计，日本在战后一年内就饿死了100来万人。日籍华人张宗植先生在《樱花岛国余话》一书里提到：那时日本的城市居民，纷纷将家里仅存的家具和衣服拿到农村去换米，而妇女们则被迫向驻日美军出卖肉体来换取食物。撰写于20世纪60年代的日本著名小说《一碗阳春面》所讲述的便是在日本战后初期,一位在战争中失去丈夫的妇人独自带着三个孩子的生活故事。每逢新年到来时,这位妇女就到面馆去买一碗面,四个人头碰头地坐在一起分吃。面店伙计同情他们,每次都把碗里的面条装得满满的,尽量让他们吃饱一点……

图2-1 东京大轰炸后地面密布的弹坑 ❶

面对如此困顿的经济局面,时任日本首相的吉田茂(1878—1967)(图2-2)提出了一条"重经济、轻军备"的"卧薪尝胆"路线,该路线确定:政府集中有限的财力物力发展经济,改善人民的生活。在实施这一路线的过程中,日本把原本投入战争的高素质民众,用于和平时期的经济建设,大力发展教育,培养人才。吉田茂一共当了七年(1946—1947,1948—1954)的首相,对于规划日本的发展方向有着关键作用,他擅长跟麦克阿瑟和美国占领军打交道,其外交政策被称为"吉田主义",即日本依靠美国来提供国家安全方面的需求,以集中精力发展经济和建设国家,并积极让日本融入由美国主导的国际经济和政治秩序中。

---

❶ 资料来源:https://p3.pstatp.com/large/31ea000479d94a47c02

图 2-2 吉田茂 ❶

1960年,池田勇人（1899—1965）（图2-3）当选执政的自民党总裁后,在改善民生方面,又进一步启动了为期十年的"国民收入倍增计划",主要目标是:通过十年时间,迅速地把国民生产总值增加一倍,从而谋求实现完全就业,大幅度提高国民的生活水平。该计划在实施过程中要求缩小农业与非农业之间、大企业与中小企业之间、地区相互之间以及收入阶层之间存在的生活上和收入上的差距,以期国民经济和国民生活得到均衡发展。❷

图 2-3 池田勇人 ❸

---

❶ 资料来源:日本国立国会图书馆。
❷ 参见孙潇、罗娜、陈旭:《日本实现现代化的经验及其对中国的启示》,《辽宁教育行政学院学报》2009年11期。
❸ 资料来源:日本国立国会图书馆。

当时日本著名的经济学者中山伊知郎（1898—1980）曾提出，如果将劳动生产率提高一倍以上，资方就没有反对提高工资的理由，因此，可以将收入翻番作为劳资双方的共同目标；而达到目标的方式，就是齐心合力提高生产率。❶ 日本政府在落实国民收入倍增计划时，采纳了中山伊知郎的意见。这势必迫使日本企业放弃粗放式经营，而转变为依靠科技进步的增长方式，即通过加大自主研发的力度，以提高劳动生产率。由此，保护知识产权也被提升到国家战略。知识产权在日本被普遍视为国家核心利益，司法和执法部门也以严格、彻底的司法、执法行动，查处一切侵犯知识产权权益的行为为己任。这一举动促使日本企业大量投资、引进技术并进行再研发，以保证企业提高劳动生产率对技术的需求。

围绕着如何提高劳动生产率，日本政府把"国民收入倍增计划"划分为五个方面：充实社会资本；诱导产业结构向高度化发展；促进贸易和国际经济合作；提高人的能力和振兴科学技术；缓和双重结构和确保社会安定。❷ 为了充分保证这一计划的落实，日本政府在公共计划部分列有详细实施方案，且是必须完成的指令性任务；而对民间部分，则以预测、展望形式制定计划目标，以政府公共行动推动、诱导和促进企业发展。

在国民工资的增长方面，日本政府也采取了大量措施：一方面制定最低工资标准，并规定在企业内部最高工资与最低工资之间的倍数必须严格限制在6~8倍以内；另一方面，企业内工会每年春天所领导的"春斗"，在劳资双方的谈判中发挥了关键性的作用，最终形成了科学的工资决策机制。

可以说，日本复兴计划不仅是日本也是人类历史上的一次伟大创举。

---

❶ 参见杨健潇：《分配正义视角下的"收入倍增计划"——基于"收入倍增计划"的国际比较研究》，《学习与探索》2013年第11期。

❷ https://www.renrendoc.com/p-19335550.html

"日本人是在一片废墟上白手起家的。战后初期,男女工人在铝制饭盒里放两块咸萝卜干,顶着星星疾步赶去上班,成了那个时代难忘的象征……,工厂日夜繁忙,大家节衣缩食。那时日本待遇最高的是教师,教室里坐满了孩子,他们是日本的希望。"❶ 1952 年,盟国结束对日占领。此时,日本差不多已经恢复到战前的生产水平。到了 1967 年,倍增计划的各项目标宣告完成,比预期提前了整整三年。1968 年,日本便以经济大国的面目重新崛起,先后超越法、英、德三国,跻身为仅次于美国和苏联的世界第三大经济强国。

从 1960—1970 年,日本国内生产总值年均增速超过 10%,国民平均收入上涨了两倍多,以蓝领和白领为代表的社会各阶层的收入差距渐渐缩小,日本国民生活和社会文化各项指标飞速提升,彩电、冰箱、洗衣机、吸尘器、微波炉、热水器、立体声音响等生活电器也开始进入寻常百姓家,普及率达到 90% 以上。到了 20 世纪 70 年代初,日本加入 G5、G7 的行列,成为世界主要发达国家的重要一员。到了 20 世纪 90 年代,日本的人均 GDP 更是一跃成为世界首位。故而,在经济层面,20 世纪后半叶被称为"日本的时代"。

日本创造的经济奇迹,除了客观政治、国际社会因素之外,大和民族不甘沉沦的性格特征也是起了很大作用。二战后的日本,有一种哀兵必胜的信念。在当时的日本国民心中,奋发向上、超越以往,是"压抑"在每个人心底的"渴望",为振兴国家竭尽全力是每个人内心中的诉求:"逝去的生命不可辜负,活下来的人要更好地生活。"❷ 这种信念使日本这个重视协同的民族,拼命学习,创造性地制造出大量生活所需的优质产品,极大地提升了国际竞争力。小说《一碗阳春面》的后半部分,便是讲那个寡妇的三个孩子

---

❶ https://www.jinchutou.com/p-19525114.html
❷ http://news.mydrivers.com/1/429/429788.htm

终于都长大成人，考上了大学，找到了工作，也结束了贫困的生活。面店的伙计在欣喜地目睹一个家庭的变化的同时，事实上也充分见证了日本的战后复兴。

2. 制造业的腾飞

对于现代工业文明而言，制造业无疑构成了其核心要素，甚至可以说，一个国家制造业的发达与否，很大程度上反映了该国经济基础的强弱。在日本的经济发展过程中，制造业做出了不可或缺的贡献，发达的制造业成为日本国民经济的主要支柱。

历史地看，纺织产业是战后日本的主要产业，对日本经济的振兴起到了巨大作用。1946年，日本政府提出"重建纺织业三年计划"，将纺织业列为重点贷款对象。1950年，纺织业在制造业中的比重达23.16%，占当年出口总额的48.2%。适逢朝鲜战争，日本承揽了美国的大量军需订货，从而在战争中大发横财。

不过，时隔不久，随着1953年朝鲜战争的结束，美国"军需订货"消失，致使日本轻纺工业产能过剩，大量纺织企业在生死线上挣扎；与此同时，一些东南亚国家、韩国、中国台湾、中国香港等地由于劳动力充足且廉价，各自纺织业取得急速发展，从而构成了对日本的强烈冲击；此外，美国为了保护自己的市场，开始对日本纺织业也有所限制。在这种情势下，一方面，日本的一些纺织业为求生存，转而向化纤领域发展，东丽、帝人（图2-4）等纺织企业纷纷开发高级纤维，开始跻身于世界产业链高端，日本纺织业也由此从劳动密集型转向资本密集型；另一方面，日本开始调整产业结构，工业重心开始向重化工业化转变。当时，由于战后勘探技术和采掘技术进步，东南亚、澳大利亚、中东、南非等地的矿产资源相继被开发，供给量猛增，价格显著下降。困境中的日本抓住机遇，利用原有基础，大力发展重

"日本制造"的文化密码

化工业,很快建立起石油化学、合成纤维、合成橡胶、半导体、家用电器等一大批新兴产业。从1952年到1961年,重化工业在日本制造业中的比重由48.32%上升到60.01%,从而实现了产业结构的重化工业化。日本造船技术原本就很发达,能够生产各种规格和要求的船舶。1956年,日本成为名列世界第一的造船大国。

图2-4 帝人公司东京总部❶

在日本产业结构的转换中,金属工业的发展也毫不逊色。金属工业以钢铁制造为核心,是建筑、汽车、船舶、电气机械等诸多工业领域中不可缺少的材料。1964年,日本的粗钢产量就已经超过西德,成为世界上仅次于美、苏的第三大钢铁生产国。尤其在特种钢的生产技术上,日本在世界上更是名列前茅。

---

❶ 资料来源:作者。

日本在重化工业化阶段停留的时间也不长。这是由于重化工业的发展需要大量耗费能源和资源，并使得环境恶化日趋严重，再加上日本与美欧的贸易摩擦日趋频繁，故而，日本发展重化工业的根基非常脆弱。到了20世纪70年代，世界范围内先后发生了两次石油危机，石油价格上升，这对以进口原料进行生产的日本工业造成了巨大影响。日本产品成本由此大幅度上升，在国际上失去了竞争力，日本经济一下子由高速增长转为1974年的负增长。

即便如此，日本却以石油危机为契机，迅速提出"技术立国"（1975—1990年）的新战略，力求不断实现技术突破与革新，大规模生产世界最精细又不失价格优势的产品。❶ 由此，日本制造业开始了又一次结构调整，工业化发展的重点从基础材料型产业向汽车、机械、电子等加工组装型产业转移，并着力开发和普及节能环保技术，向知识技术集约型产业结构转变，出口商品结构的重心也从纺织品、陶瓷器等向钢铁、汽车、船舶等转移。1970年起，日本汽车产业取代了钢铁产业，成为日本的第一大产业（图2-5）。1971年，日本生产的电视机占到了世界总产量的27.3%。进入20世纪80年代，当美欧等发达国家仍在石油危机中挣扎之时，日本生产的节能型家电开始风靡世界，省油型的日本轿车大举进攻美国市场。1981年，日本生产的轿车和商用汽车的生产量甚至超过了美国，达到了世界总产量的25.2%和45.1%，位居世界第一。❷ 机床显示着一个国家的加工技术水平和工业发达程度，日本的机床大部分采用数控装置，技术优良。1982年，日本机床年产量达到世界第一位。1983年，日本机械工业出口（包括了汽车、半导体、计算机、原动机等）超过美国居世界第一。由此，日本也成为名副其实的"世界工厂"。

---

❶ 参见江涌：《"世界工厂"面临痛苦蜕变》，《世界知识》2010年8期。
❷ 参见李刚、苗亮、干钢：《日本装备制造业发展及对浙江的启示》，《浙江经济》2011年7期。

图 2-5　日产汽车 ❶

随着日本制造业的发展，日本实际人均国内生产总值也在快速上升。按汇率折算，1955 年为 1612 美元；1965 年为 3106 美元；1987 年达 19841 美元，首次超过美国。而制造业的发展也创造出多种多样的就业岗位，促使大量劳动力从农村流向城市，加快了日本城市化的进程。1955—1960 年间，日本兴盛的制造业所吸收的劳动力人口，甚至占据了新增的非农就业人口总数的 44.4%。与欧洲发达国家失业率动辄超过两位数形成鲜明对照的是，在 1947—1994 年近半个世纪里，日本失业率一直维持在 3% 以下的低水平。

随着产业结构的不断提升，日本形成了门类齐全的产业体系和强大的工业生产能力：一头进口矿石、原料；另一头出口电子产品、照相机、摄像机、汽车等高档消费品。由于技术革新的成功，日本的相机、手表和时钟这些精密仪器行业，瞬间成为站在了世界舞台前列的成功者。譬如，由理研光学工业公司制造的 "RICOHFLEX Ⅲ型" 的低价相机的上市，迎来了照相机的鼎

---

❶ 资料来源：作者。

盛时期，确立了相机作为一种面向大众的耐用消费品的地位。1967年，日本相机的出口量超过了西德，居世界首位。佳能公司率先把电子技术使用到了单反相机上，开创了相机的新时代。1969年，诹访精工舍在世界上首次将用石英控制的钟表（石英晶体谐振器）式电子表商品化，钟表业迎来了石英表时代。1980年，日本手表的产量先后超越瑞士、西德，成为世界头号钟表大国（图2-6）。随着相机、手表和时钟等产业的发展，日本的精密机械产业开始向办公机器及精密测量机器等多元化方向发展。精密仪器制造商将光学技术、精密加工组装技术和电子技术这三大技术融于一体，从单一的相机制造商逐渐转变成一个以记录图像、影像和通信为中心的综合制造商。

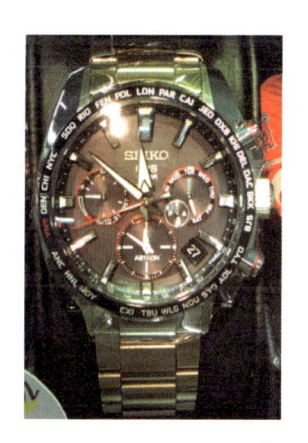

图2-6 日产精工手表 ❶

日本工业品出口的不断扩大和生产技术的提升，使日本公司得以降低单位成本，更快地积累生产经验，改进与外国公司竞争的地位，也使日本经济易于逐步淘汰效益低的部门，从而促进经济增长和劳动生产率的提高。随着技术的进步和劳动生产率的提升，日本的对外经济贸易开始从对进口原材料

---

❶ 资料来源：作者。

进行加工制成产品出口，转向利用日本高水平制造技术的产品出口。正是在进口与出口之间绵长的加工链上，日本企业通过深加工、精加工，提高了产品的附加价值率。

可以说，在世界经济中一枝独秀的不是美国，而是日本。由此，"日本第一"声名鹊起，"日本制造"誉满全球，众多日本国际知名企业成为各国竞相研究、学习和模仿的对象。纵观20世纪70年代后半期至80年代，在纺织、钢铁、造船、家电、汽车和半导体等制造领域，美国完全输给了日本。日本也一跃成为仅次于美国的世界第二大经济体。正如日本评论家界屋太一所说："明治维新以来，日本最初学德国、接着学美国，到了80年代日本达到了德、美等任何国家都未能达到的高度工业化水平。"❶

日本制造业的发展势头令美国开始感到紧张。哈佛大学教授傅高义写了一本书《日本第一》，感慨日本的国土面积小，工业原料资源有限，而且人口稠密、多自然灾害，这样一个国家却能在短短的一百多年中，取得如此成绩！他甚至断言，日本将超越美国成为世界第一强国。❷这样的说法，一度让欧美世界惶惶不安，也为后来日本与美国的贸易摩擦、日本经济的持续低迷埋下了伏笔。

3. 工业集群

日本工业在战后的迅速崛起，导致形成了规模巨大的工业地带，其中，最为主要的有京滨、中京、阪神三大工业地带。具体而言，京滨工业地带机械工业发达，出版、印刷业繁荣，川崎和横滨有很多石油精炼所。中京工业地带主要以机械工业为主，特别是汽车工业发达，陶瓷等制窑业也主要集中在该地带。阪神工业地带金属工业发达，纺织工业比率较高。此外，日本还

---

❶ 参见郁雨：《"日本制造"的演变轨迹》，《今日浙江》2003年第2期。
❷ https://gongkong.ofweek.com/2015-11/ART-310021-8420-29031934_5.html

有北九州工业地带、关东内陆工业区、京叶工业区、鹿岛临海工业区、东海工业区、北陆工业区、濑户内工业区等。

这些日本工业集群可大体划分为如下四种主要类型：第一，大城市圈加工型工业集群。其特征在于加工型中小企业在大城市内的高密度布局。集群内企业主要从事专业化加工业务或机械设备的开发生产，它们的交易订单范围包括当地集群内中小企业、外地大型企业等。如东京的大田区和大阪的东大阪市。第二，龙头企业带动型工业集群。一般地处郊外地区或非大城市圈，以某个大型企业为龙头，逐渐形成集群。如以日立制作所为龙头的日立市和以丰田汽车公司为龙头的丰田市。第三，马歇尔型，又称为专业化产地型，相当于中国广东的专业镇。这种类型集群地处非大城市圈，依靠中小企业的区域内分工结构，生产某几种或单种消费产品。这类集群历史悠久，约30％的集群从江户时代起就从事相关行业生产。如福井县鲭江市的眼镜框架制造业、爱媛县今治市的毛巾制造业等。第四，引进型工业集群。这种类型地处经济比较落后的地区，依靠税收制度的优惠和当地生产投入成本较为廉价的优势而形成，大多数企业迁到此类地区是因为国内其他地区的生产成本压力的上升，如东北地区的岩手县和九州地区的熊本县。

日本从工业革命开始到战后的一段很长时间，以三菱重工、川崎重工等为代表的"重大粗厚工业"一直统治着日本的产业界。到了20世纪70年代，以丰田、索尼为代表的"轻小细薄"企业开始成为日本的代表性企业，也开启了战后日本制造业的黄金时代。

在讨论"Made in Japan"的时候，人们很自然地把眼光集中到丰田、本田、索尼、松下这些有名的代表日本制造金字塔尖的大企业身上。其实，支撑这些大企业的，乃是各自背后数以万计的各怀"一技之长"和拥有能工巧匠的中小企业——它们真正构成了日本制造强国的关键塔基。这些中小企业为大企业提供高技术零部件、原材料、中间产品、机械装备，或提供为试制新商品所需的复杂加工服务。不少企业在某种中间产品的世界市场上占很大比例甚至首位，因为擅长制造独家产品而被称为"only one"（仅此一家）企业。因此，日本制造业的真正实力，表面上看是三菱、丰田这样的大企业作为支撑，实际上来自数千家在单项技术上默默钻研的小企业，正如著名管理学家赫尔曼·西蒙在研究德国类似的中小企业时所言的"隐形冠军"。这些小企业数十年如一日，只生产一种产品，专攻一门技术，磨炼一项工艺。正是在一个领域长时间的专注，才使得它们成为各自领域中的佼佼者。

据统计，日本全国约有450万个中小企业，占日本企业总数的99%，雇佣的劳动人口占全部雇佣数的70%。按照日本的相关规定："中小企业"一般是指雇佣人数在300人以下的企业。不过，从现实情况来看，除了与丰田汽车公司相关联的那些企业之外，能够达到这个员工数量的中小企业并不多，也就是说，日本很多中小企业的人数，常常远远小于300人这个数字。然而，正是这些大量存在的中小制造企业与其支撑的大企业之间，构成一个金字塔式的"企业梯队"。处于金字塔顶端的，则是一个有强大产品开发能力和销售能力的大企业（通常是产业链最下游，直接面对最终客户）。而那些为这种大企业提供零件的中小企业，便成为这些大企业的"第一次供应商"；"第一次供应商"下又有一批"第二次供应商"，如此类推。就最具代表性的丰田汽车公司而言，其下面的供应商就多达1000多家。

不过，话说回来，这些上、下游企业之间的关系，并不单纯是订货和提供所需产品和劳务的关系，恰恰相反，这些小企业往往具有较高的工艺水平和研发能力，并经常能够参与到大企业的产品规划和设计之中。由此，围绕着某一个大企业，就会形成一个完整产业链上的企业集群。这些企业之间保持长期的合作，并互相帮助对方进行改善和提升，从而保证知识在一个更大的体系中不断地积累、流通和传承。

在这些中小企业中，为苹果iPhone提供零部件的村田制作所（图2-7）、TDK、阿尔卑斯电气等堪称代表，其中，村田制作所尽管在消费者中的知名度并不高，但它是陶瓷电容器领域的世界霸主，它所生产的SAW滤波器、无线LAN模块、积层陶瓷电容器、高频部件等都被广泛使用在iPhone和其他高端手机上。而TDK则主要为手机厂商提供高频部件、电池、滤波器，阿尔卑斯电器为iPhone提供镜头光学防抖组件，索尼则提供摄像头与电池，夏普与JDI提供屏幕，等等。这些零部件的精密度很高，技术很难被模仿。在许多大企业日益失去增长引擎的今天，它们则日益成为"日本制造"的核心。

图2-7 村田制作所东京分公司 ❶

---

❶ 资料来源：作者。

二、日本品质革命

从世界范围内看,二战后世界经济的一个重要现象,便是两个主要战败国——德国和日本的重新崛起。在工业发展的初期,日本主要是向欧洲尤其是德国学习;二战后,随着美国日渐成为世界的文化、科技中心,日本则逐渐转向主要向美国学习。德国制造注重精密制造,长于工业设计。美国制造强调规模化生产,高效率制造,看重成本控制。而日本各取所长,并在大批量生产时的质量控制、成本控制方面独树一帜。

1."他山之石"

日本国土狭小,资源有限,只能在内涵的发展方面下足功夫,追求一种"小而精、小而强"的模式。日本之所以能够发展成为超级经济强国,同它的优质产品是密不可分的。

不过,在此之前的"二战"前后,标着"Made in Japan"的商品,在世界市场上主要限于地摊货,难登大雅之堂,是价廉质劣的代名词。时人评价说:"他们出口的玩具玩不了多久就会出现质量问题;他们出口的灯具寿命短得让人无法接受。"❶

这些冷峻的现实使日本企业界深深地意识到,日本产品但凡想进军国际市场,那么这种产品质量的恶劣口碑,便成为其最大的障碍。为此,"二战"结束不久,日本政府就把振兴质量确立为国家战略之一,提倡学习国外尤其美国的先进质量管理经验和方法。自1949年起,日本政府开始推行"产业合理化计划",于1952年颁布了《企业合理化促进法》,广泛深入地推行产业合理化和企业合理化,提升产业素质和企业管理水平。

---

❶ https://m.sohu.com/a/135155538_607547/

产品的质量问题其实本身并不新奇，在人类早期的制造实践中，就有一种在产品上作标记的习俗，以使人们将产品质量和制造者联系起来。在资本主义大工业时期，美国钢铁大王安德鲁·卡耐基（Andrew Carnegie，1835—1919）就深刻认识到了产品质量对于企业成功的重要性。他说："即使在竞争最为激烈的那些日子，当时每一件事情似乎都成了价格问题，企业成功的分级仍然在于产品质量，这是最重要的因素……"❶。不过，早期的质量管理，一般只是被简单地等同于质量检验，即以专门的质量检验机构负责对产品进行检验，挑出不合格的产品。问题在于，这种事后检验的方式，不能预防废品、次品的产生和避免损失。随着大规模生产的到来，关于大批量产品的质量控制，开始成为一个突出问题。一些统计学家开始将统计方法用于产品质量的控制。美国贝尔研究所工程师沃尔特·休哈特（Walter Andrew Shewhart，1891—1967）便是这一领域的先行者。他于1924年提出用数理统计方法进行质量管理，发表著名的"控制图法"，以规定任何工人的任务中随机变异的可接受范围，查明是什么原因导致了不可接受的变异，并加以纠正。这一方法的施用，使得质量管理实现了从被动的"事后把关"到"积极预防"的转变，质量也由此成为一个技术性的专门领域。❷

日本科学技术联盟（JUSE）从1949年开始设立由企业、大学和政府人员构成的质量管理研究小组，并定期开办"质量管理基础课程"将小组的成果传达给产业界。至20世纪90年代中期举办约90期，约3万人参与学习，这些人成为日本企业质量管理活动的主力军。

美国著名统计学家、物理学博士爱德华兹·戴明（W. Edwards Deming）

---

❶ 安德鲁·卡耐基：《成功的本质：钢铁大王安德鲁·卡耐基自传》，江苏文艺出版社，2012年版，第75页。
❷ 参见彭新武：《西方管理思想史》，机械工业出版社，2018年版，第115页。

(图2-8)曾经与休哈特共同致力于研究提升质量效率的技巧,在第二次世界大战期间将统计质量控制方法应用于美国的军工生产并获得了成功。不过,戴明的质量管理理论在当时的美国并没有受到充分的重视,却极大促进了战后日本的经济发展。1950—1965年期间,戴明先后五次受JUSE邀请去日本讲学,受到日本政府和企业界的普遍欢迎,并引发了"日本品质革命",成为"转动日本质量飞轮的人"。在JUSE的宣传和推动下,日本掀起了质量管理的热潮,定于每年的十一月为"质量管理月"。而戴明捐出了讲义费设立了"戴明奖",这一奖项迄今仍是深受日本企业重视的最高质量荣誉。

图2-8 爱德华兹·戴明(右)与日本同行的合影 ❶

1950年,戴明曾告诫日本工业界:"不要复制美国模式,只要运用统计分析,建立质量管理机制,五年之后,你们产品的质量将超过美国。"❷从事后来看,日本政府和企业家们实际上只用了四年时间就做到了这一点。到了

---

❶ 资料来源:https://encrypted-tbn0.gstatic.com/images？q=tbn%3AANd9GcQot7DUyiVX2gdGcB7WBJGs6GCDjNAsjc85a5CWhooGFHRipI_D

❷ 参见赵涛、高林:《发现戴明》,北京工业大学出版社,2002年版,"引论"第9页。

20世纪60年代，日本的经济开始腾飞；70年代，日本的产品质量追上了西方世界，日本企业开始大举进入西方市场。80年代，日本工业超越美国而称雄于世界。为此，戴明被尊称为"日本经济奇迹之父""质量之神"。

在朝鲜战争（1950—1953年）期间，日本人负责生产联合国军所需的军用物资，这不但让日本人见识到了美国人对产品质量的高标准，也一下子提升了日本的工业实力。20世纪60年代初，善于学习的日本人对来源于美国的质量管理方法进行了发展创新，将质量管理的概念拓展为全公司质量管理（CWQC），它的特征显而易见：一方面覆盖范围从市场调查到售后服务非常广；另一方面是全员参与。在管理活动开展过程中，这种独创的管理体系突出了三个特点：重视教育和培训；进行"方针管理"；注重内部审核或者"质量管理诊断"。众所周知，这些方法甚至术语被1987年颁布的ISO质量管理体系标准吸收后向全世界推广。

与戴明一样，另一位质量问题研究专家约瑟夫·朱兰（图2-9）也多次去过日本，对日本经济复兴和质量革命产生了巨大的影响。朱兰在实践中体会到，日本人对质量问题很认真，把质量看成工作的一部分而不是孤立的活动，他们的态度和行为已经形成一种文化，也许这就是日本成功的主要原因。而在西方，企业关注的是那些财务状况的度量指标，而不是质量改进。朱兰在理论上最突出的贡献，就是在1951年出版的《质量控制手册》中提出的质量改进的"三部曲"：①质量计划：任何活动都离不开顾客、中间商和供应商，而每个员工既是供应商也是顾客，从而确保员工能够参与质量管理，使员工目标与公司目标一致，把目光锁定在终端顾客上。②质量控制：指用计划——实施——检查——评价循环来监控企业内部的生产运行，包括确定控制什么，建立测量单位，确立绩效标准，并弥合实际绩效和设定目标之间的差距，以确保产出质量最优化。③质量改进：质量改进不仅涉及产品质量，还包括诸如企业中供应部门、调度部门的工作质量等,更为重要的是,质量改进"永无止境"。❶朱兰提出的质量策划路线图,形成了一个完整的管理体系,即通过自上而下的绩效改进与自下而上的创新相结合的方法,通过测量、改进和监督,保证质量与公司目标一致。

图2-9 约瑟夫·朱兰 ❷

朱兰还依据大量的实际调查和统计分析,依据19世纪意大利经济学家维尔弗里多·帕累托(Vilfredo Pareto)提出的所谓帕累托原则(80%的财富是由20%的人所支配),创造性地提出质量学的"帕累托原理":只有20%的质量问题来自基层操作人员,而80%是由于管理层的错误所引起的;同时,80%的质量问题是在20%的环节中产生的,所以要关注"关键的少数"。究其原因,责任还在领导,因此,高层主管必须积极地参与到质量改进活动中去。朱兰进一步指出,要想真正弄明白质量问题产生的缘由,就必须仔细考察产品计划、产品开发等所组成的跨职能业务过程是如何设计和发生变化

---

❶ [美]约瑟夫·M.朱兰、约瑟夫·A.德费欧主编:《朱兰质量手册:通向卓越绩效的全面指南》(第6版),中国人民大学出版社,2014年版,第83页。

❷ 资料来源:http://2.bp.blogspot.com/_vylDG73mxoQ/Sd2zZ6JXJOI/AAAAAM/jB-LqgA7nSw/s1600/Juran1.jpg

的。由于历史的原因，管理当局的方向、目标和考核通常被部署在以职能专业化为特征的等级制构造中，却没有谁对整个过程负责。事实上，很多问题都源自部门要求与整个过程的要求之间的冲突。因此，朱兰指出，管理者必须树立起一种过程的观点，并提出了衡量过程质量的三个尺度：效果（产出是否满足顾客需要）、效率（能否以最小成本实现效果）和适应性（面对诸多变化能否保持效果和效率）。❶1999年，朱兰在《质量控制手册》（1951）的基础上，汇集一批质量管理领域的世界级顶尖专家参与撰写，出版《朱兰质量手册》一书，堪称质量管理领域的集成之作。

随着管理实践的推进，质量管理逐渐被提升到经营管理的层次，越来越多的管理者开始认识到，"管理的质量"与"对质量的管理"同等重要。于是，人们开始使用"大质量"（big Q）这一术语来突出对于所有组织过程的质量的管理："意指组织范围内的卓越绩效，它渗透到管理组织所涉及的方方面面，而不再只是一个狭义的工程学上的或只是限于产品方面的专门用语。"与此相对的"小质量"（little Q）则主要是指针对制造质量的管理。

20世纪60年代，美国通用电气公司工程师阿曼德·V.费根鲍姆（图2-10）在戴明和朱兰等人的理论基础上，进一步提出"全面质量管理"的概念（Total Quality Management，TQM）："为了能够在最经济的水平上、在充分满足用户要求的条件下进行市场研究、设计、生产和服务，把企业内各部门形成质量、维持质量和提高质量的活动融为一体的一种有效体系。"❷

---

❶ ［美］约瑟夫·M.朱兰、约瑟夫·A.德费欧主编：《朱兰质量手册：通向卓越绩效的全面指南》（第6版），中国人民大学出版社，2014年版，第188页。
❷ 参见［美］詹姆斯·R.埃文斯、威廉·M.林赛：《质量管理与质量控制》（第7版），中国人民大学出版社，2010年版，第14页。

"日本制造"的文化密码

图2-10 阿曼德·V.费根鲍姆 ❶

"全面质量管理"的重点在于"全面"二字,就是要求把质量管理从供应商开始一直贯彻到顾客这一全过程。因此,与其说TQM是质量管理,不如说它是以质量为中心的、通过顾客满意和本组织及社会受益而达到长期成功的管理途径。TQM的理念促使人们认识到,质量管理不再是企业中少数质量管理和检验人员的事,而是需要企业的所有部门、各类人员,在研制、设计、生产、使用的各个阶段,从上到下都要为提高及保证产品的质量而努力。因此,组织人员需要有"全面质量"的意识而避免本位"质量"意识,以保证"全面质量"的提高。经过30多年的实践和发展,TQM如今已成为一种指导企业经营活动的管理理念,并在世界范围内得到广泛的应用。相应的,质量管理的概念已经远远超出了最初的制造业范围,而已渗透到医疗、教育、非营利组织、政府部门等领域。

与戴明、朱兰同被称为"质量管理教父"的菲力普·克劳士比(Philip Crosby,1926—2001)(图2-11)是一位商业传奇人物。他从商界的底层——检查员起步,一步步干到国际电话电报公司(ITT)副总裁。克劳士比的质量

---

❶ 资料来源:http://4.bp.blogspot.com/-z4irAJlBsDw/UF9ogIbJLJI/AAAAAAAAAEM/7HQqM5Hv Tbc/s1600/feigenbaum%5B1%5D.jpg

理念的精髓体现在"质量管理定律"中：①质量就是符合要求，而不是"好"。克劳士比对企业经营者把"良品率"作为产品质量标准提出异议——假设生产某产品需要15道工序，每道工序的良品率都达到99%，这看起来似乎不错，但通过15道工序，将99%乘上15次，结果最终合格只有86%了。对质量的检查与评估只是一种事后弥补，如果能够预防，就不会出现质量问题。换言之，预防产生质量，而检验不能产生质量。②质量问题根源于各个职能部门，而非仅仅是质量部门的责任。③不需要什么质量经济，"第一次就把事情做对"，就可避免浪费在补救上的诸多"成本"。④只要做到质量的"零缺陷"，自然就不需要企业再花钱来提高质量。这意味着全神贯注于预防缺陷，而非找出缺陷来修补，等等。❶

图 2-11 菲力普·克劳士比 ❷

日本的许多企业正是"零缺陷"观念的成功实践者和受益者。1965 年 5 月，日本电器公司首先在日本开展了零缺陷管理，称为零缺陷运动。从一个

---

❶ 参见［美］詹姆斯·R. 埃文斯、威廉·M. 林赛：《质量管理与质量控制》（第 7 版），中国人民大学出版社，2010 年版，第 72 页。
❷ 资料来源：https://encrypted-tbn0.gstatic.com/images？q=tbn%3AANd9GcTWoiMTIiYAzHMDmaw7Ux61ROuYrQIvEq1AFSc9eREcoGiuYRaV

理想化的角度讲，"零缺陷"的产品根本不需要售后服务，故而是质量管理的最高境界。

日本沿着质量革命的路线继续前行。20世纪70年代的两次石油危机，促使日本利用日渐成熟的质量体系开展节能活动，包括生产过程中的节能和开发节能产品。在节能环保方面，日本堪称当今全世界的模范。根据2012年研究报告，日本单位GDP一次能源消费仅为美国的1/1.9，欧洲的1/1.7，中国的1/7.2，俄罗斯的1/16.3，世界平均水平的1/3.1。在节能汽车方面，据专家测算，消耗一升原油只能使汽油汽车行驶20公里，然而，用一升原油所发出的电量却可能使电动汽车行驶60公里以上。换言之，电动汽车的燃料效率是汽油汽车的3倍以上。如果全世界的汽车都升级为电动汽车，可望大大节约能源，还可减少二氧化碳的排放量。正是看到了汽车发展行业的这一重要趋势，丰田公司先入为主，抢先占领先机，其研发的混合动力车自1997年8月首次发售以来，至2015年的18年间累计销量突破800万辆。❶

20世纪80年代，欧洲在经济发展上落后于日本，以德国为首的欧洲国家全盘照搬日本成熟的经验，加强质量管理。同样，日本质量管理运动的成功，让美国人开始注意到"美国制造"和"日本制造"在质量上的差异。1980年6月24日，戴明在80岁之际，受邀参加美国NBC电视采访节目"日本能，为什么我们不能"，他才最终被美国大众所熟悉。戴明在1982年出版的《质量、生产力与竞争地位》一书中指出，美国工业界在国际市场竞争力急剧下降的重要原因在于，企业高级经营者不谙经营之道，不能为公司的长远发展制定规则，也无法阻止企业在国际市场上竞争力下降的趋势，而唯有转变美国管理的风格，才能遏制这种衰退的趋势。他在该书中归纳出"管理目标十四要点"，作为拯救美国工业危机的良方。具体内容如下：

---

❶ 参见冯昭奎：《工匠精神日本制造业发展的动力》，《青海科技》2016年11期。

（1）要把改进产品和服务作为恒久的目的。传统质量控制（QC）的理念是一种静态管理，实际上，质量管理是一种有组织、有计划地持续改进和不断满足市场、用户需求的动态过程。在新经济时代，企业若要求生存，就必须以品质作为最终目标。这需要处理好"今日问题"与"明日问题"的关系。"今日问题"包括产品质量的维护、产量的控制，以及预算、雇佣、利润、销售、服务、公共关系、预测等；"明日问题"包括创新、将资源投入研究及教育、经常提高产品与服务的设计等，以克服短期行为。

（2）随时吸收新哲学、新方法，以应付日益发展的趋势。以往人们认为生产高质量的产品会导致成本加大，事实上，正好相反，品质提高会导致更低的成本，因为当产品或服务的品质不断提升时，顾客也会愈来愈多，生产力或利润率也必定会随之提高。

（3）质量不是来源于检验，而来源于改进生产过程。质量意味着一次成功而不需要返工，因而应采用事前预防的方法，以降低次品的发生率。

（4）不再以价格作为采购的单一考虑准则。价格只是相对于质量才有意义。一种物料最好向同一供应商采购，并建立长期互信关系。

（5）生产系统和服务系统的改变不是一劳永逸的事情，要持续不断地进行。

（6）建立在职培训制度。工作人员的技能直接影响着产品质量，管理者必须要对员工进行岗位培训，使员工自觉把工作要求当作自己的本分。

（7）建立领导风格。管理不是监督而是领导，领导人应帮助员工并为员工未来的成败负责。

（8）排除员工的恐惧感，使员工更有效率地工作。

（9）整体的最优需要各部门通力合作，应拆除部门间的藩篱。

（10）避免向员工喊口号、贴海报或定目标，应为员工多提供实现目标的方法和手段。

（11）企业以数字化目标要求员工，或设定生产配额标准，会使生产成本加倍。同时，常常把焦点放在数量而非质量上，使人们为了完成定额指标往往不顾质量而进行粗制滥造，因而，企业应取消工作标准及数量化的定额，把顾客对产品的满意程度和持续购买当成最重要的品质指标。

（12）消除员工成就感的障碍。年度考级或评定等级、按时计酬，往往会成为管理者、工人享受这种权利的障碍，应致力于消除这种障碍。

（13）鼓励每个人的自我教育与提高。

（14）全员参与。公司的所有成员都应该参与到质量改进中，主要的参与形式有：①分享决策权。②代表参与，如工作委员会和董事会代表。③质量圈，即由一组员工和监管者组成的共同承担责任的一个工作群体。④员工股份所有制方案，使员工将自己利益与公司利益联系在一起。❶

正是以如上十四项管理要点为核心，戴明建立起了一套科学的质量管理理论、方法。其中，最著名的就是 PDCA 循环管理法（所谓"戴明环"），即把企业管理分为计划（Plan）、执行（Do）、检查（Check）、处理（Action）的不断循环过程，并以整个组织的力量来进行推动。前一个循环结束，随即转入下一个循环，从而使企业的产品质量不断提高。

随着戴明思想在实践上的成功应用，福特、通用、西方电气公司、摩托罗拉等著名企业纷纷聘请他担任顾问，采用他的质量管理方法……质量管理终于成为美国人竞相追逐的目标。这一改变不仅使濒临破产边缘的美国传统经济在 20 世纪 90 年代开始重新焕发生机，并为今天美国不断的技术突破和迅速崛起的新经济奠定了坚实的基础。

---

❶［美］戴明：《转危为安》，天下远见出版公司，1997 年版，第 30—83 页。

2. 见微知著

日本人做事情，善于从细微之处着眼。在一般人看来可能是无足轻重的细节问题，日本人却是不能轻易放过的。他们觉得，哪怕只是细节上有问题的产品，一旦流出工厂，那就是失误，是耻辱，是对顾客的不负责任。

松下幸之助（图2-12）曾经提出一个著名的质量公式：1%=100%。言下之意，一个企业生产了1%的次品，对于购买这件次品的用户来说，就是100%的次品。在松下公司，在质量问题上，没有任何商量的余地。松下幸之助在一次对新员工进行培训时说："我们生产的电器配件是关乎人命的。你每一天的工作都要记录在案，而其保存期限大约是15年。如果生产的不良产品流出厂外，到了用户手上出了任何问题，我们所要赔偿的绝不仅仅是一个配件的价值，而是整个产品的价值。如果是汽车配件，使用方查出问题并明确责任后，向我们索赔的将是一整辆汽车；如果客户使用时因我们的配件质量问题造成人身事故和财产损失，还要追究我们的刑事责任！"❶

图2-12 松下幸之助荣登《时代周刊》封面人物❷

---

❶ http://www.docin.com/p-476585065.html
❷ 资料来源：https://konosuke-matsushita.com/column/assets_c/2018/04/TIME-thumb-400x527-10039.png

正是对于这种在我们看来微不足道的细节的执着追求，培育出了日本各行业从业者的骄傲和职业之道。在生活中，我们看到，一个小小的马桶盖，能加温，能冲洗，能热风吹干；睡裤会留好换皮筋的口，换皮筋时无须剪开后再缝上；饮料瓶的标签留下虚线或在接缝处留下一个张开的小角，方便垃圾分类时撕下来……类似这些小细节可谓不胜枚举。❶

日本人对于产品的较真，还体现在对假冒伪劣产品的严格监督和严厉惩处上。一个企业一旦被发现制造假货、劣货，顿时会成为媒体报道的热门话题，企业形象会大打折扣，严重的甚至会身败名裂，破产关门，从而促使企业必须精益求精，严把质量关。

有这样一个例子：A公司的车载事业部是专门生产汽车电子零部件的工厂，虽然大部分工作由机器人完成，但也有人工组装车间。在这个人工车间里，熟练的技术工人对一些最精密的零部件进行组装和检查，所以对环境卫生有着极高的要求：除每天下班后必须打扫卫生外，早上及中午开始工作前都要抽出五分钟时间，以各小组为单位仔细清扫。其目的一是防止灰尘混入产品，二是防止零部件掉在地上浑然不觉而误以为已组装到产品中。有一天，一位检查员检查完一箱制品后，按规定要将这些制品成箱地从一个较高的工作台搬到另一个略低的工作台上，但由于一只手没有抓紧，造成箱子脱落。一箱共装五盒，每盒二十个，当时是上面三盒基本上都散落了，下面的两盒虽然保持了原样，但在落下时也受到一定程度的震动。检查人员请示班长怎么处理，答复是：全部废弃！这还不算完，因为这次事故，相关人员立即开会决定：放弃将检查完毕的零部件成箱地从较高工作台向较低工作台进行搬运的方法，改为将未完成的成箱零部件直接放在低工作台上，然后从箱

---

❶ 蓝建中：《从马桶盖看"匠人精神"》，《农机质量与监督》2015年4期。

子里一盒一盒地取出制品，放回高工作台上仔细进行检查（这是因为，在高工作台上检查员工可以直起腰来，长时间工作不会太累），检查完毕后再一盒一盒地放回到低工作台的箱子里。这样一来，即使偶有失手的时候，最多也只是造成一盒零部件的损失，风险就大大降低了。

　　日本制造能在全世界形成这样一个较高的地位，关键的一点是：日本企业不仅牢固树立了"质量至上、精益求精"的理念，而且通过尽可能"合理"的管理与控制手法将这种理念落到实处。在质量管理和控制方面，日本企业首先推崇的就是一个好习惯——即所谓"5S"的做法："整理、整顿、清扫、清洁、教养"。这五个词的日语发音按罗马字母拼时都是以S开头（SEIRI, SEITON, SEISOU, SEIKETSU, SHITSUKE）的，所以得名"5S"。5S的做法看起来都是细枝末节，但正所谓"一屋不扫，何以扫天下"，它所体现的是"从大处着眼，从小处入手"的精神。

　　精细的制度保证了员工行动日趋"合理"。不过，在全体员工中树立起"质量至上"的理念以后，又该怎样将这种理念落实到行动中呢？也就是说，又该怎样在产品生产过程的每一个细节上体现"合理化"的原则呢？日本企业靠的是高度精细的制度化管理，使员工的所有行动都无限趋近"合理化"。比如，日本企业非常彻底地实行手册化管理，要求工人一定要将操作手册摆在面前，在进行任何操作前一定要先看一下手册，并且要形成习惯。一般来说，入厂五年之内的员工，在操作设备时一定要参照手册，这是义务。只有具备五年以上经验并已熟练掌握了操作技能的员工才不被课以这种义务。即便早已习惯了参照手册的老员工，也经常带着操作手册随时翻阅。日本员工的觉悟是：自满的时候，就是危险的时候，就是出现不良产品可能性最大的时候。再是老手，也必须要有一种"初学者"的心理状态，要不厌其烦地看操作规程。

　　按照手册操作，似乎给人一种"照本宣科"或者"墨守成规"的印象，但日本企业也并不是那样机械的。如果你认为还有更好的做法，那么完全可以随时提出来，接受生产现场操作员和管理者定期进行的综合评价，如果确实更好的话，就会以你提出来的新做法代替原来的旧做法，并印发新的操作手册。在这一点上，日本企业从来都是从善如流的。就像互联网上的"维基百科"一样，日本企业的操作手册也是一个开放的系统，其目的是实现产品生产的规范化、标准化和方法的最优化，但并不是一成不变的。

日本企业活动的许多环节都高度体现着手册化管理的思想。比如，对生产设备经常进行点检，就是质量管理的一个非常重要的环节。在日本企业里，每天都要进行两次设备点检，分别称为"始业点检"和"终业点检"。在每次点检时，工人们分别将事先准备好的优良产品和不良产品——放入设备或机器，用"现象再现"的方法来观察机器运作是否正常以及有无异常的声音或动作。除了每天的例行点检外，每一个新品种上线开始生产的时候也要进行"始业点检"；而在该品种的生产告一段落即将下线的时候，也要进行"终业点检"。设备点检也必须严格按手册记载的"点检作业顺序"进行，要一边对照一边点检，还要将结果详细登录在点检表上，点检的员工还要加盖自己的私人印章，以示对点检作业负责。此外，他们对于设备的精度也很看重，所以对一些带有测量功能的工具进行定期检查，看精度是不是符合要求。在检查精度时，对同一种设备要求三个人分别测量，而且每个人都要测量三次。

这种按部就班的方式，似乎体现出一种机械式的冷静，但事实上，许多日本企业的管理者和普通员工，并不把生产设备看成一些冷冰冰的机器，而是将它们视为有生命、有感情的对象。他们常说，善待设备和善待人是一样的，你付出多少就有多少回报。所以，日本企业里的设备都特别"健康长寿"，这主要跟企业员工经常进行细心的点检、保养和维护是分不开的。把机器设备都拟人化了，实际上是员工对自己的工作非常投入，倾注了很大的热情，所以原本机械的事也变得充满"诗意"和"人情味儿"了。

3.品牌的力量

与质量问题密切相关的一个词语，便是品牌。英文中的"品牌"（brand）一词源于古挪威词汇"brandr"，意思是"烙印"，原指烙在动物身上以区分其所有权的标记。随着商品经济的发展，它逐渐被应用到商品领域，成为区别不同商家的标志。美国市场营销协会（American Marketing Association，AMA）对品牌所下的定义是："品牌是一个名称、专有名词、标记、符号，或设计，或是上述元素的组合，用于识别一个销售者或某销售商群体的商品或服务，并且使它们与竞争者的商品和服务区分开来。"❶

在产品日益同质化的今天，品牌日渐成为营销活动的重要依托、手段，成为企业竞争力的象征。美国著名广告研究专家莱利·莱特（Larry Light）有一句名言："拥有市场比拥有工厂更为重要，而拥有市场的唯一途径就是拥有占有统治地位的品牌。"❷ 随着品牌观念的流行，在消费者的心中，品牌不仅代表产品质量，更代表的是一种生活方式，一种身份，一种时尚。譬如说，就法国的香水品牌而言，其经营的不仅仅是香水，更是法兰西民族的那种浪漫精神，一种美的梦想。由此，品牌经营已经成为企业发展的不二法则。而那些具有成功品牌的企业，也凭借其品牌的溢出效应而不断进行品牌扩张。

在第二次世界大战之后，处在美国和欧洲这两个强大阵营的夹缝中求生存、谋发展的日本，仅仅经过短短的30年，却奇迹般地树立起了"日本制造"这一国家品牌。"日本制造"可谓工艺精美、品质优良、货真价实……

---

❶［美］凯文·莱恩·凯勒：《战略品牌管理》，中国人民大学出版社，2009年版，第3—4页。
❷ 参见李晓青、周勇：《中外企业品牌管理研究综述》，《商业研究》，2005年第21期。

举例来说，中国人虽然发明了造纸，在此后漫长的岁月中也有所发展，但更多地还是以实用为上，纸张的质量似不尽如人意。而日本的报纸和各种包装用纸，可谓精美之至，令人赏心悦目。比如，用于日本和式拉门、屏风、隔扇、灯笼等上面的各种染色纸、花纹纸等，都是由吸湿性和透气性良好的结实的橘木加工而成的；由表面细腻光滑的黄香制出的和纸，则多被用于书等印刷品，也是世界上质量最好的日币用纸；雁皮纸以其细密、结实的特性，则成了保存时间长的印刷品的首选；质地绵韧、纹理美观的麻纸，则是日本作画的专宠，等等。1945年，麦克阿瑟看到日本代表在受降书上签完字后的精美签字用纸——大名鼎鼎的本宫城县白石和纸，曾经说过一句非常经典的话："希望这份条约就像这张纸一样，千年不变。"❶

索尼公司（图2-13）的创始人盛田昭夫（1921—1999）创建品牌的故事一直为人所称颂。1953年，盛田昭夫第一次去美国时满腹疑虑：一个小小的日本公司在这样一个巨大的国家里是否有生存的机会？接着他去了德国，参观了大众、奔驰以及西门子，战后德国的强健也使他倍感沮丧。后来到了荷兰参观飞利浦公司，他惊奇地发现这个闻名世界的大企业集团总部，竟然设在古镇艾恩德霍枫。飞利浦启发了他：公司地点不重要，建立一个国际知名品牌至关重要。据与盛田昭夫一道创业的井深大后来回忆：他在索尼最值得骄傲的事情，就是单枪三束彩色显像管的诞生。他们成立公司之初就已经确定公司文化的精髓："组建公司的目的是创造理想的工作场所，自由、充满活力与快乐，在这里，富于献身精神的工程师们将能使自己的技能技巧得到最大限度的实现。"❷

---

❶ https://www.wukong.com/answer/6517052244725072135/
❷ 参见邓正红：《"员工快乐"是激发企业活力的源泉》，《中国高新区》2011年7期。

图 2-13 索尼公司 ❶

当年，美国某公司一次性订购 10 万台袖珍半导体收音机，条件是必须换上该公司的商标，但盛田昭夫忍痛拒绝了这笔大生意，而坚持采用自己的商标。正是这一坚持，使得索尼公司在美国商场销售的产品业务不断发展，其信用度也愈来愈高，并成为在美国上市的第一家日本公司。随着源源不断的音响设备、电视机、录像机、激光唱机等消费类电子产品的涌现，"索尼"终于成为消费类电子产品的世界著名品牌。❷

索尼的故事所展现的不只是气节和志向，更是对"日本制造"刻骨铭心的追求。索尼的故事说明，离开了商业公司创业者和经营者的理想和意志，就不可能有日本制造今天的辉煌。而品牌所体现的正是产品的质量和保证。索尼的专业广播电视电影节目制作、播出、放映设备，之所以能够成为行业首选的标杆产品，就是由于其产品设计的先进性和高性能。对于用户而言，无论是摄像机、录像机、监视器还是切换台，无论是昂贵的高端产品还是几万元的手持专业摄录机，机身上那"SONY"四个字母，就代表精心的产

---

❶ 资料来源：作者。
❷ 曹琳、孙日瑶：《"日本制造"转型的品牌经济学分析》，《石家庄经济学院学报》2010 年 10 期。

品设计和高品质的制造工艺。苹果之父乔布斯（1955—2011）多次公开承认自己是索尼的铁粉："我爱索尼，它太帅了，我们渴望成为索尼一样伟大的公司！"

"索尼"通过开创消费类电子产品这一新品类，成为电子消费产品的代言或象征；而"丰田"则通过花冠轿车所开辟的小型轿车，成为经济型轿车这个新品类的代言。正是这两个企业品牌，改变了人们对"日本制造"的认知。日本前首相中曾根康弘（1982—1987）曾不无自豪地说："在国际交往中，索尼是我的左脸，丰田是我的右脸。"❶（图2-14）

图2-14 1983年中曾根康弘（右三）在美国参加七国集团峰会 ❷

随着索尼、丰田等一大批企业品牌和产品品牌信用的提高，"日本制造"这一产地品牌的信用也逐渐提升，最终使"日本制造"从代表"低质廉价"转变为"高品质"的象征，日本品牌成为商业世界一道亮丽的风景线，如索尼、松下、日产、本田、佳能、雅马哈、优衣库、资生堂等，无不饮誉

---

❶ http://hailang777.bokee.com/335021111.html
❷ 资料来源：https://upload.wikimedia.org/wikipedia/commons/5/5a/G-7_Summit_1983.jpg

全球，行销世界。在改革开放后的中国人心目中，"日本制造"代表的就是令人放心的高品质。20世纪80年代末90年代初，常能听到这样的话："我家的日本彩电看了快十年，还好好的，刚买的国产彩电不到一年就送去修理了。"时至今日，在消费者心目中，"日本制造"依旧是"品质值得信赖"的代名词。即使在今天中国已经成了公认的"世界工厂"，日本市场上已到处充满了中国的制品，但遗憾的是，我们的产品一般只是以价廉取胜。一架美能达相机，外形完全一致，只是因为下面的产地分别标明"made in Japan"和"made in China"，价格就完全不同。

近年来，由于受整体经济大环境的影响，确实有不少日本制造企业昔日风光不再，走向下坡路，但总体上，世界市场对"日本质量"的信任并未动摇。在经济放缓的现实下，日本制造凭着过硬的质量，依然稳居全球制造业领域的头把交椅。故此，"中国人爆买日本"的新闻如今依然不断涌现。中国人到底有多喜欢"日本制造"？在一篇《中国中产阶层振兴了"日本制造"》的文章中就有这么一段描述：现年32岁的北京教师AQ说，日本许多产品的设计迎合亚洲人的品味。AQ家里有许多日本产品，例如松下电器产业公司生产的电冰箱，以及大金工业株式会社生产的空调。AQ说，这些日本家电做工精良，质量都很好，很多年了都还在用。她还是资生堂化妆品的粉丝，她为婴儿期的女儿使用的，则是日本大王制纸生产的Goon纸尿裤。"日本制造"就像一个中档品牌，给追求更好生活的中国中产者以精细、高质量之感。❶

"日本制造"充分证明："人无肤色地域智商高下之分，只要你愿意努力，就可以做到世界最好。"❷

---

❶ https://chuansongme.com/n/2521278751615
❷ https://www.hongze.net/thread-1065004-1-1.html

三、顾客至上

"日本制造"的成功,除了质量,还在于顾客至上的经营理念,人性化的设计与服务,以及美之追求。美到极致,便是艺术。所有这些,都构成了"日本制造"的优良特质。

1. 先义后利

从19世纪后期至第二次世界大战前,世界处于短缺经济时代。此时的企业是生产型企业,由于数量上的供不应求,因而是一种典型的卖方市场。与这种短缺经济相应的,是一种产品推销观。企业只是生产和提供产品,通常是坐等消费者前来购买,而消费者几乎没有选择余地。在这种状况下,人们更多的是关心产品的生产和价格。随着20世纪50年代的经济复苏,产品开始由"短缺"转向"过剩",消费市场成为买方市场(被称为"金色的50年代")。美国福特T型车开创了汽车的大众消费,拉开了消费造就市场的历史序幕。在这种情况下,产品的数量不再是强调的重点,公司开始重视营销功能和顾客。这标志着营销管理时代的开始。

早在1946年,美国著名管理学家德鲁克(1909—2005)在《公司的概念》一书中,就强调了消费者研究的重要性,认为,要让公众理解到公司的问题,公司首先必须理解公众的问题,"从消费者的角度看待他们自身和他们的工作"。❶ 在1954年出版的《管理的实践》一书中,德鲁克进一步明确把顾客放在中心位置上,提出"顾客是企业的基石"观点,并认为这是"决定企业成败的最重要的问题"。❷ 德鲁克的观点为营销管理的研究开启了方

---

❶ [美]彼得·德鲁克:《公司的概念》,机械工业出版社,2009年版,第73页。
❷ [美]彼得·德鲁克:《管理的实践》,机械工业出版社,2008年版,第38页。

向——满足顾客的需求成为企业营销活动的逻辑起点和归宿。正是受德鲁克思想的影响，1960年，美国哈佛商学院教授西奥多·列维特（Theodore Levitt）提出了一个里程碑式的观点：大多数企业强调的是卖方需求，忽视了顾客需求，使营销成了"后娘养的孩子"——这就是所谓"营销短视症"。列维特坚信，"没有贫瘠的市场，只有贫瘠的想象力"，人们之所以认为差异化困难，主要原因就在于没能充分理解客户的预期。❶列维特强调的"以客户为导向"，将营销引入一个顾客导向的时代。在这样的时代风潮中，谁的神经末梢灵敏，谁能够对顾客的细微变化做出最恰当的反应，谁就是胜利者。作为这一时代的流行口号，所谓"为顾客着想"，便意味着公司根据顾客的兴趣变化而变革公司的顾客服务。

而成就"日本制造"这一品牌的，就是其始终坚持的消费者立场。许多日本企业一直追求完美，追求顾客满意和服务至上，即便是在盛极一时的大生产大消费时代，他们也都专心地、精心地制作每一件产品，保证每一件产品的质量，努力让消费者满意。他们认为，企业想要实现长期持续的经营，就必须"重视社会信用"，即便顾客群体单一，也要重视自己的产品和服务质量。如果你去日本众多的博物馆参观，哪怕只有你一个顾客，讲解员也会一如既往地为你进行解说，丝毫不嫌麻烦。

这种"先义后利"的原则，不仅是经营理念，更是一种信仰。"须思客立则己立"，对于个人，企业亦是如此。在日本，家电产品和照相机等只要表面稍微有些伤痕，立刻就被作为二级品而降低价值。即便是在性能和质量上对使用没有任何的影响，但是如果就那样拿去市场上销售，立刻会遭到消费者的投诉。为了通过目光严厉的消费者这一关，日本的工业产品从早期阶

---

❶ Theodore Levitt, "Marketing myopia," Harvard Business Review, （July-August 1960）, pp. 45—56.

段就拥有了最高品级的品质。

在历史上，顾客通常直接前往匠人的作坊购买产品。在这种情况下，匠人自然有机会能够与买家当面探讨产品的使用体验、意见并有针对性地对产品做出相应的改进。到了大规模工业生产时代，这种独特的用户体验便消失了。然而，富含匠心的日本职人所创造出的产品，依然温暖而又蕴含人情味。日本的产品研发部门在设计产品时，更多是站在消费者的角度用心考虑问题，思考着如何最大限度地为其提供便利并解决其实际需求，而非盲目考虑如何提升产品性能，拓展产品功能。制造工人在制作产品时，也常常带着感情去进行产品的"创造"。他们会反复琢磨如何改进工序以提升产品的外观触感，或站在使用者的角度为产品提出实际改进措施。著名的消费电子巨头索尼公司在研发产品时，就不随大流而盲目提升电子产品的性能和屏幕尺寸，而是深挖消费者需求，将人性化与高精尖科技有机融合，从而创造出既有时代特征，又富人情味儿的产品。❶

正是基于客户至上的理念，日本企业的员工大都能够自觉站在客户的立场来处理问题，对产品倾注更多的细心，对客户倾注更多的耐心，从而提供更为优质的产品和服务。譬如，在日本很受欢迎的午餐夹馅包，一天的销售额就是1亿日元，虽然包装简单，却充气充得鼓鼓的。这样一来，包装成本和运输成本都会大大提高，看起来都是缺点，那为什么午餐夹馅包的包装要设计成充气的呢？根据面包公司的调查，早通勤时间购买午餐包的人最多，很多人购买后匆匆塞进包里就去坐车，为了防止午餐包被包内的其他东西挤扁，就将其设计成充气包装。

---

❶ 葛晓畅、葛树荣：《"工匠精神"与日本制造业》，《企业文明》2016年7期。

2. 人性化服务

众所周知，在日本生活是很方便的，这里有24小时的便利店（图2-15），星罗棋布的电车地铁，奇思妙想的百元店，礼貌周到的服务员……日本人没有职业的尊卑区别，他们不认为服务员就是卑贱的职业，而是认为，成功的服务一次别人和写好一篇稿子、做好一个项目是一样的。

图2-15 24小时便利店 ❶

大家可能没有注意过，日本的自动贩卖机侧面，有它所在地的标注。如果有突发事件，你想要报警或者打火警电话时，很可能周围没有标志性建筑，你也并不知道自己的具体位置。这时，你只要跑向大街都有且异常显眼的自动贩卖机，你就立刻知道自己的准确位置了。

去过温泉旅馆的朋友，对于桌子上的小点心多少都会有点印象——这可是所有温泉旅馆的标配，因为温泉旅馆的工作人员观察到，很多远道而来的客人都是早晨开车从家出发，下午到达旅馆。为了消除疲惫感，他们大多会在晚餐前先泡一下温泉。可是空腹泡温泉，会使血糖降低，更感疲惫。为此，温泉旅馆都会事先在桌上摆好小甜点，作为能量补给。

---

❶ 资料来源：作者。

日本的医院规定，移动床的行进方向必须是患者"脚在前，头在后"，这是为什么呢？除了可以使病人看到前面情况，减少内心不安以外，更重要的原因是，和"头在前，脚在后"比起来，这样做会使后方的医护人员距离病人的脸更近，病人的脸色、表情等变化都可以第一时间察觉到。

在日本高速公路的指示牌上，通常有小洞。这又是为什么呢？这是因为，在一天中的某些时段，因受逆光影响，高速公路指示牌很容易看不清。如果有小洞的话，即使逆光，也不受影响。但是，有小洞的话，指示牌自身的强度就会下降。据说，开发这种小洞指示牌的公司，为了设计出既有小洞又不影响自身强度的指示牌，耗时整整五年。

很少有人注意到，在日本，大部分圆珠笔的笔帽上是有小洞的。这是因为小孩子好奇心旺盛，误吞笔帽的事情时有发生。美国曾出现过孩子因误吞笔帽窒息而死的事故。日本虽然没有发生过，但防患于未然，故而才做出了这种设计。这样一来，即使小孩子误吞笔帽，因为有小洞，空气也可以流通。

日本的厕所文化，可能更会令世界各地的人惊奇不已：在日本，女卫一般叫化妆室，都配有化妆镜，还有专门针对女性的装置——音姬。音姬是日本人发明使用的一种可以发出流水的声音，用于遮掩如厕声音的电子装置（图2—16）。用音姬"掩人耳目"，原因是日本女性如厕时，很在意别人听到自己的声音。化妆区还设有桌椅围绕绿植，供女性坐着化妆照镜子。儿童厕所通常会和大人用的分开，可以节省排队的时间，同时对孩子来说厕所的尺寸与自己相符合，更方便使用。有的厕所内还设计了孩子们最喜欢的动物和树，孩子们还能在厕所里玩耍。针对年龄大一些的孩子，厕所内还设有桌台，因为有些学生喜欢随身携带电脑，这样方便学生们放电脑。现在大部分国家的公用厕所，有换尿布台，但少有换衣台。换衣台是日本厕所的设计进化，不仅孩子，大人也能使用。

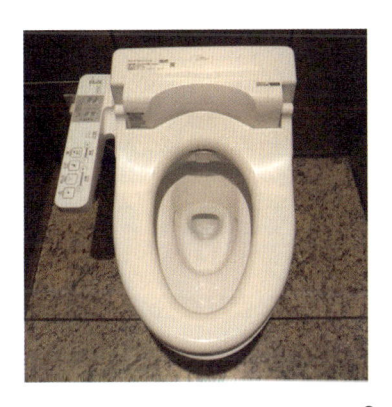

图 2-16　日本厕所马桶上的控制器❶

相比中国电商热火朝天而实体店受到冷落的场面，日本的实体店依然生意红火。例如，在大阪比较繁华的商业区，像大阪城、心斋桥、难波、天神桥、梅田等，一到节假日，便人满为患，店面生意火爆，更不用说购物天堂东京了。为什么日本的实体商业能抵挡得住电商经济的冲击呢？日本的商场都拥有十分人性化的服务体验。以东京为例，东京的百货商店位置集中，因此安排一天专门用于"购物血拼"是最合适的方案。故此，大部分商场从上午 10 点或 11 点开始营业，晚上 8 至 10 点闭店。东京百货店也提供消费换取积分的优惠，上午购物的积分可以在商场顶层"大食代"换取免费午餐，节省一笔不小的开支。和国内大部分商场要求积分达到一定额度方能换购商品不同，东京商场的积分可以直接冲抵现金消费，还可以即刻换购饮料和餐食。此外，代客泊车取车、提行李、推婴儿车、为轮椅顾客启用专门电梯等免费服务，都是日本百货店必不可少的配套项目。当然，日本百货店最靠谱的一点，还是品牌众多，绝无次品、假货。日本商家对商品质量把关很严，如果你在大商场买到残次品，不但会得到大额补偿，经理还得亲自上门道歉。❷

---

❶ 资料来源：作者。
❷《日本商场的细节服务》，《城市开发》2015 年 8 期。

在日本北海道，有一个名为"上白龙站"的车站，是北海道旅客铁道（JR北海道）石北本线上的一个站。这个车站，三年来，每天都只有一位乘客。由于地处偏乡，三年前当地人口外移，导致搭乘的旅客锐减，车站营运年年亏损。为此，日本铁路局决定关闭该车站。但是，当他们发现还有一位女高中生原田华奈，每天必须搭乘这班列车去上学时，他们便做了一个暖心的决定——保留该车站。该站每天只有两班车，停站时刻是原田华奈的上、下学时间。每天早上，原田华奈在这里乘车去上学，傍晚时分又回到这里。三年来，她是这个站台唯一的乘客。待到原田华奈高中毕业了，"上白龙站"也完成了它的使命。这是发生在日本的一个真实故事。有句话是这么说的：社会对待弱者的态度，便是衡量社会文明程度的标尺。我们在衡量一个社会的文明程度时，就得看这个社会在对待"弱者"时，是否做到了"以人为本"，是否有足够的人性关怀。（图2-17）

图2-17 日本电车 ❶

3. 美之追求

日本风景优美，人们亲近自然，认为"美的事物"是无垢的、神圣的，

---

❶ 资料来源：作者。

人们也因此对美产生了无限的热爱与追求：产品质量如是，生活质量如是，空气质量、卫生环境都如是，讲究诚信更是做到极致。

正是基于对这种无垢之美的认识，日本匠人们从不满意于现状，而是每日努力钻研，如何使自己的手艺更加熟练，如何设计出更好的产品，以创造出更加完美的作品。❶由此产生了质量优良、外表美观、体验良好的"日本制造"，实现了产品功能的人性化、最佳化和感官极致美的有机结合。例如，日本的浮世绘（图2–18），往往采用平面且强烈的装饰性及色彩塑造形体，捕捉真实的感受，其简约、淡雅、实用、唯美等性情被日本人所喜爱。❷19世纪日本浮世绘风靡全欧洲，艺术大师如毕加索、凡·高、莫奈都以能收藏一幅浮世绘真迹为时髦。

图2–18 日本浮世绘《宽政三美人》，喜多川歌麿绘❸

在精神层面，日本人与禅有一种天然的亲近。禅不仅与艺术形式，如音

---

❶ 葛晓畅、葛树荣：《"工匠精神"与日本制造业》，《企业文明》2016年7期。
❷ 黄颖杰：《日本设计精神与现代西方设计》，《文学教育》2013年6期。
❸ 资料来源：https://upload.wikimedia.org/wikipedia/commons/thumb/4/4b/Utamaro1.jpg/800px-Utamaro1.jpg

乐、茶道、文学等联系在一起，也与精神医疗、日常生活等直接相关。禅试图突破文化、语言、文字等人造原则，剥离出生动的自然的原则，剥离出鲜活的生命原则，所谓"青青翠竹，尽是法身；郁郁黄花，无非般若"，"变山海大地为真我，变真我为山河大地"。❶ 在日本的茶室，仅仅安放一枝花，便能让茶客去想象整个春天；或者仅放置一碗清水，却隐喻出整个春日的湖面。相传，茶道祖师千利休更是极尽"废品"之能事，在市面上一文不值的朝鲜茶碗，因废品、次品、下品之独一无二为美，从而扫却浮华，回归喝茶时淡泊宁静的心。日本的枯山水庭院更是将"简素"发挥到极致。有时，整个庭院仅仅用一池白沙和中间放置的数颗石头来呈现。在日本人的信仰中，海洋是他们的精神原乡，白沙便是海洋的象征，错落排列在白沙中的石头，人们把它想象成岛屿。于是，在仅仅数十平方米的枯山水庭院里，看到的却是整个浩瀚的海洋，简洁又难以观其全貌，极尽人们驰骋想象……（图2-19）

图2-19 日本的公园 ❷

在西方工业产品刚刚进入日本的20世纪50年代，日本设计师竭尽所

---

❶ 参见吴言生：《禅宗哲学象征》，中华书局2002年版，"序言"。
❷ 资料来源：作者。

能，几乎把欧洲所有产品的功能和造型都移植到了日本。在这一过程中，日本文化经历了双重压迫带来的阵痛：一是产业化替代了传统的手工化，机械化的批量生产方式使匠人纷纷丢失了饭碗；二是全盘西化排挤和吞噬着民族传统文化，使匠人和传统手工艺逐渐失去了传承和生存的环境，面临消亡的危险。日本的工业设计界由此开始对传统文化进行自觉的反思。

在20世纪20年代，日本著名民艺理论家、美学家柳宗悦（1889—1961）等人发起民艺运动，旨在保护日本民族文化，向公众推广质朴的本土民艺之美。按照柳宗悦的美学理念，只有当美发自自然，当美与人交融，当美成为生活的一部分，才最适合人类生活。为此，他提倡"用之美"，即在日常生活的使用中，发挥器物的美和内在价值。他说："正是朴实无华的器皿，才蕴藏着令人惊异的美。"❶（图2-20）

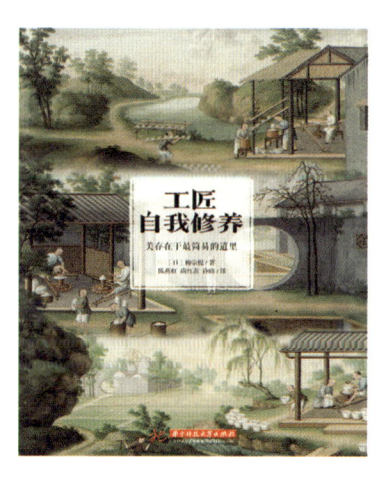

图2-20 柳宗悦代表作《工匠自我修养》中译本封面照 ❷

---

❶ 参见安军红：《基于柳宗悦工艺思想的美之目标研究》，《美与时代（上）》2018年3期。
❷ 资料来源：http://cover.read.duokan.com/mfsv2/download/fdsc3/p01BOyNDO7xg/hLEacxscuaKpNl.jpg！1

而要想使器皿呈现朴实无华，工匠在制作时应该是无欲的，仅是为了实用，而不是要成名成家。一个工匠如果只一味迎合别人，就会事与愿违，也不会成为优秀的工匠。因为，如果工匠的表现欲太强，就会使作品表现出不自然，甚至矫揉造作；而只有沉浸于磨炼自己，对其他事情视而不见，进入无我的世界，才会创作出毫无矫饰、朴实无华的珍品。正如柳宗悦在《工艺之美》一书中所言："工艺之美是健康之美，不能有逆反之情、炫耀之心和自我之念。好的器物，当具谦逊之美，诚实之德，和坚固之质……美术是越接近理想就越美，工艺是越接近现实就越美。日复一日的相处，产生不能分割的情感。"❶这一思想对日本民用品工业的设计理念具有深远意义，使得"毫无矫饰"成为日本日用品的一个特点。民艺运动正是在禅的引导下，发现日常用品的美，创作日常用品的美，拓展禅意生活，帮助人们安心地活在当下，面向未来。

这种从禅者的角度发现日常美的意念，在日本连绵至今，产生了简素、不迎合、不均整、自然、幽玄、脱俗、静寂等美学理念。蕴含日式审美的现代设计作品，将这种日本传统美学的特质表现得淋漓尽致，充分展示了优雅、简洁、对称、做工精巧以及对功能的清晰表达等日本传统的美学特质。譬如，日本知名品牌"无印良品"，它具有极简的包装，使用环保的白纸，朴素淡雅，从不使用吸引人注意力的色调或者夸张的装饰，仅是黑白灰的不同饱和度与透明度的呈现，以及温和的原木棕或者植物绿，便会体现出一种"东方特色"：器物如匠人沉淀，器物即平常之心。正如德国人在《日本的美的再发现》中所说的："至纯的简素代表着日本精神。越是简素，就越需要有复杂的磨炼；越是天然去雕饰，就越需要精细地雕饰，使雕饰不露雕饰之痕迹。"❷

---

❶ http://www.360doc.cn/article/11263728_492000796.html
❷ http://bbs.tianya.cn/post-lookout-841082-1.shtml

柳宗悦提出的民艺五大原则（实用，材料，技术，量产，物美价廉），深深地影响了他的儿子柳宗理（1915—2011）。柳宗理认为，生活的美学是从器物开始，因此他设计了许多厨房器具，受到世界各地的欢迎和喜爱。其中，不锈钢水壶（图2-21）是柳宗理厨房用品系列中的第一件设计，第一眼看它感觉没什么不同，但当你拿起来时就会感觉大不一样。这款水壶用的不锈钢超级结实耐用；水壶底部面积较大，让烧开水的时间变得更快；注水口的弧形部分是手工焊接的，制作难度极高；壶把手也是经过反复设计，只要稍微动一下手指或手腕就能倒出水来，出水量也非常好控制。

图2-21 柳宗理不锈钢水壶❶

在民艺运动的影响下，再加上日本通产省对日本民族工业的保护措施，使得日本的传统手工业和民族产业有了生存的空间和条件。而1957年通产省成立的"工业设计促进会"更加鼓励日本企业保护自己的设计不受外国企业的抄袭，同时大力鼓励原创性的日本产品设计。日本由一都二府一道四十三县组成，这47个行政区划各自拥有引以为豪的传统工艺。❷从织物、染色品、

---

❶资料来源：作者。
❷参见栾典：《论工业设计对日本经济的决定性作用》，《艺术研究》2009年12期。

陶瓷器、漆器、木器，到和纸、文具、扇子、人形……每一项都记录在案，多数传承。曾经的日常用品，现今也逐渐成为奢侈的工艺品。

可以说，日本的产品设计，就是一部外来文化与本土文化不断交织的历史，是外来产品、文化被"拿来主义"摄取与同化的历史。❶日本人的和魂具有多元价值观，没有非此即彼，而是兼收并蓄。现在很多非常有特色的"日本制造"的物品，其实都是日本不断吸收和适应外来文化的结果，其中，以日本古代对中国唐代文化的吸收，明治维新时期对西欧古典主义文化的吸收，以及战后对美国"现代及后现代"文化的吸收最为突出。这种随心所欲的"拿来主义"和对"和魂"传统的顽强固守，决定了日本产品设计的强烈对比的混杂性：一面是民族化的、传统的，另一面却是国际的、现代的。在日本，你也许不时会见到这样充满魅力的画面：蓝白相间的新干线子弹头火车，呼啸着驶过开满了樱花的富士山，山顶还覆盖着像帽子一样的积雪。正是这种传统与现代的强烈对比组合，成为日本鲜明的文化象征。（图2-22）

图2-22 日本富士山 ❷

---

❶ 袁方敏：《基于研究性学习的创新思维设计》，《大众文艺》2014年6期。
❷ 资料来源：作者。

第三章 "可怕"的日本人

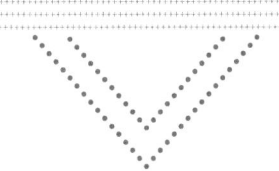

日本本来资源匮乏，然而却能繁荣不衰，究其实，便在于作为"日本之魂"的技术和精神。"在技术和精神之间，无论技术多么优秀，都很容易被模仿和超越，而其背后的精神则是很难被模仿和超越的"。❶日本民族的"可怕"之处就在于他们永不知足的学习精神、居安思危的忧患意识、精益求精的做事风格和敬天爱人的处世情怀，等等。正是这些深层的精神因素，促使日本成为今天的经济巨人。

一、匠人精神

产品是人品的物化表现，"日本制造"的成功，得益于日本人的"匠人精神"。正如秋山利辉在《匠人精神》一书中所言："一个人首先要淬炼心性，养成自己，才能达到一流的技术"。❷

1. 重职主义

中日两国文化，虽然从起源上"同文同种"，但在发展过程中则是"花开两朵，各表一枝"。在中国传统的思想体系中，"道"是最重要的，"器"的方面则居其次。在日本，似乎更多是道无上下、虚实之分，甚至是"器以载道""道以化器"。相应的，在中国社会中，学而优则仕，手艺人的社会地位则很低。日本虽然是等级社会，也有士农工商之分，但在劳心者和劳力者之间，壁垒并不森严，比起纵向等级，日本人似乎更看重自身的职业，干什么爱什么，因此被称为"职人社会"。德川幕府第八代将军德川吉宗统治时期的石田梅岩（1685—1744）（图3-1）所创立的"石门心学"，其中有

---

❶ 邵勇、滕少锋、荣国丞：《进一步认识工匠精神的三个参照》，《职业技术教育》2016年10期。
❷ ［日］秋山利辉：《匠人精神》，中信出版社，2015年，第45页。

一个核心思想"诸业即修业",就是说,干什么工作都和庙里的和尚修炼一样伟大,职业之间没有高低贵贱之分,任何工作都可以承载人生的意义。故而,一个成天跟砧板、生鱼打交道的厨子,觉得自己的职业很光荣,尽管身系围裙、戴白帽,但招摇过市,毫不违和。社会则给予工匠相当的尊重,一些技艺超群的工匠的地位甚至高于学者。这就形成了日本流传至今的"重职主义"。在今天的日本行走,会发现在日本从事服务行业的人员,如出租车司机、旅游巴士司机、酒店服务生、超市收银员、学校和企业保安、邮政递送员……诸色人等,他们服务态度好,工作认真负责,敬业精神极强。从这些人的表情和言行,你看到的是满足、热情和自信,看不到自卑和愁苦。他们正是凭借自己的辛勤劳动和优良服务,赢得了社会的尊重。

图 3-1　石田梅岩 ❶

在日本的江户时代,德川幕府出于巩固统治的目的,强化了等级制度,将民众划分为若干阶级,每个家庭都从事该阶级内的相应职业,该职业只可

---

❶ 资料来源:https://nakaeshogo.com/wp-content/uploads/2018/09/ishidabaigan.jpg

世袭而不得变更。这种"适得其所,各安其分"的社会风气,促使江户匠人(匠人和商人一并被称为"町人")一生心无旁骛地钻研、完善自身的手艺,从而逐步形成了一丝不苟、勤勉认真、精益求精、埋头苦干的匠人精神。❶在这种匠人精神的引领下,日本匠人对自己的手艺,都不自觉地拥有一种近似于自负的自尊心,工作的好坏和人格荣辱直接相关。唯其如此,他们对自己的工作极度认真,对自己的手艺要求苛刻,并为此不厌其烦、不惜代价,能够把一项技术发挥到极致,所谓"技也而近乎道矣"。

1950年,日本文部科学省颁布《文化财产保护法》,对那些身怀绝技的匠人实行"人间国宝"的认定制度,赋予那些靠一技之长获得社会承认的手艺人和民间艺人以高度荣誉。"人间国宝"正式文件的说法叫"无形文化财产",亦即"技艺",指在演艺、音乐、工艺技术等方面,拥有历史及艺术价值的无形文化财富。国家通过这种认定制度,以确保这些传统的"技艺"得以传承。对于得到认定的"人间国宝"及其相关团体、教育设施,日本政府每年提供一定的经费支持。其中,对于那些具有重要意义的"重要无形文化财富",国家不仅会提供直接资助,还会给予各种税收优待。

正是由于日本社会对匠人的敬重,普通民众视匠人精神为模范品质,并争相模仿,从而逐步形成了"泛匠人文化"。❷匠人精神因此遍布日本的各行各业,内化到日本人的骨髓中,成了日本社会的文化基因。在这种工作方式中,人与技艺日日相依,令人心生敬意。譬如,日本神户有一位小工匠冈野信雄,他多年来乐此不疲的,竟然是修复旧书这样一种似乎枯燥无味的工作,然而,正是基于他30多年的磨炼和坚持,终于创造出奇迹——任何污损严重、破烂不堪的旧书,只要经过他的手,便会光复如新,

---

❶ 葛晓畅,葛树荣:《"工匠精神"与日本制造业》,《企业文明》2016年7期。
❷ 葛晓畅,葛树荣:《"工匠精神"与日本制造业》,《企业文明》2016年7期。

就像施了魔法（图 3-2）。类似冈野信雄这样的工匠，在日本可谓比比皆是。他们对自己的每一个产品力求尽善尽美，并引以为豪。这种职业自尊，胜过它能为自己带来的经济效益。企业家也大多如此，他们非常重视本业，很少跨界经营，而是凭借长时间专注于某个领域，为企业赢得社会信赖，让企业走得更稳、更远。

图 3-2　冈野信雄将旧书焕然一新 ❶

匠人，在现时代便是指各种专业技术人才，在如今的日本，对于专业技术人才的培养，已然形成一整套完整的教育和培训体系。早在1956年，日本经营者团体联盟提出，应重视"毕业后能够很快进入企业发挥作用"的职业教育。对此，日本政府采取措施，加强了职业教育，使得大批优秀大学生投身到了生产第一线。蓝领工人甚至超过白领工人的收入，技术学校的毕业生就业率在98%以上，远远超过大学生。❷ 基于由国家单独负责职业教育体制，无法使技术人才真正面向企业与社会的局限性，20世纪70年代后，日本政府把职业教育的实施权下放给企业。

---

❶ 资料来源：http://www.sohu.com/a/210978773_162576
❷ 蓝建中：《从马桶盖看"匠人精神"》，《农机质量与监督》2015年4期。

如今的日本职业教育体系不仅包括正式学校教育中的职业教育，还包括企业内部的职业教育和公共职业训练机构的职能训练等。其中，企业职业教育尤为发达，日本的多数大企业甚至一些中小规模的企业都有自己的职业教育学校或员工培养制度。在这种模式下，办学动机与主体都是企业，实施自由的市场监督方式，培养出的人才具有专门化程度高、针对性强等优势，从而能够有效解决企业对人才的需求。❶

2.一生悬命

早在江户时代，日本幕府为了巩固等级制度，对从属于社会各阶层的职业生活用品、着装以及行为规范，均做了明确规定。自此，从事手工行业的匠人就有了一个传统——穿着带有家族标识印记的短身作业服，头系绳结，脚蹬木屐，使用着匠人专用的工具，按照规定的行为模式开始一天劳作（图3-3）。这种传统留传至今。在当今日本，从仅有数人的小工匠作坊，到大制造企业的生产车间，从业人员均身着笔挺的作业服，使用着分工明确的各式工具、机器，并严格按照操作流程对产品进行精确加工。在这种规制下，制造出的产品自然是有相当的质量保证，也使生产人员获得一种职业自豪感。❷相传，日本传统工匠在制作手工艺品时，都要事先斋戒沐浴，通过这些必要的程序，使自己身心全部融入制作过程中，制作出来的东西倾注了制作者的心血与真诚，充满了灵气，并能传递出制作者的情感。经过多年历练后的手工艺人手艺纯熟、经验丰富，能够达到物我合一的境界，他们制作出来的产品，活脱脱就是一件艺术品。

---

❶ 王帅：《战后日本职业教育办学模式上的三点变》，《职教论坛》2007年6期。
❷ 葛晓畅、葛树荣：《"工匠精神"与日本制造业》，《企业文明》2016年7期。

图 3-3 日本江户时代的匠人 ❶

日本有个成语，叫"一生悬命"，即一生专注于一道、一艺，"每天为工艺所围绕，来度过这世上的每一日"，一生以"日无旁视"的专注精神从事其职，完善技艺，然后，传承给下一代职人。

一个典型的例子，就是日本奈良的宫殿木匠小川三夫，他从业 50 年，经手的木造建筑超过了 100 座，法隆寺、药师寺、法轮寺……这些游客去奈良旅游时必须膜拜的世界遗产级建筑，都是他修缮、建造和日常维护的。据说，小川三夫当年去拜师时，师傅拒绝他说：这个工作吃不饱饭，娶不到老婆，你还是放弃吧。但是，小川矢志不渝。终于拜师之后，第一年，师傅就命他隔绝报纸、广播、书籍，专心磨刀，这一磨就是一年。经历了清贫艰苦的一生，他终于成为一名国宝级宫殿木匠。如今，每年来他这里的应聘者不下三百人，而能加入的，最多不过三个，比考东京大学还难。

日本人就是这样，把一些你看似不起眼的东西，当作一生代传的事业来做，做到世界第一。譬如，日本的哈德洛克工业株式会社，这其实只是一家拥有 45 位员工的小公司。尽管如此，它却因为是世界上唯一一家能够生产"永不松动的螺母"的公司而闻名于世。其创始人若林克彦当年还是公司小职

---

❶ 资料来源：https://img.wang1314.net/uploadfile/2016-03-31/1459429232133u_1_uw_600_wh_329_hl_41183_l.jpg

员时,在大阪举行的国际工业产品展会上,看到一种防回旋的螺母,便带了一些样品回去研究,发现这种螺母是用不锈钢钢丝做卡子来防止松动的,结构复杂,价格又高,而且还不能保证绝不会松动。到底该怎样才能做出永远不会松动的螺母呢?若林克彦突然想到了在螺母中增加榫头的办法。他想到就干,终于做出了永不松动的螺母(图3-4)。随后,包括日本最大的铁路公司JR采用了哈德洛克螺母,并全面用于日本新干线。走到这一步,若林克彦花了二十年。如今,哈德洛克螺母不仅在日本,甚至在全世界都得到广泛使用。哈德洛克的网页上有非常"自负"的一笔注脚:"本公司常年积累的独特的技术和诀窍,对不同的尺寸和材质有不同的对应偏芯量,这是哈德洛克螺母无法被模仿的关键所在。"这实际上就是明确告诉模仿者:小小的螺母看似很不起眼,物理结构很容易解剖,但即使把图纸给你,它的加工技术和各种参数配合也并不是一般工人能实现的,只有真正的专家级的工匠才能做到。❶

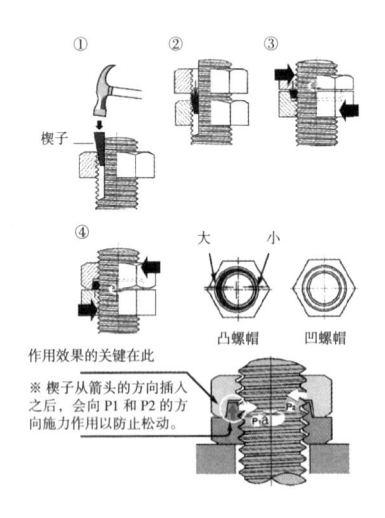

图3-4 哈德洛克"永不松动的螺母"的工作原理示意图 ❷

---

❶ 汪中求:《日本"工匠精神":一生专注做一事》,《决策探索》2016年3期。
❷ 资料来源:http://www.bookzone.com.tw/event/cb491/images/0025-2.jpg

实际上，用一生的时间钻研并做好一件事，在日本并不鲜见。更让人惊奇的是，有些行业还出现一个家庭几代人只做一件事。譬如，日本的塚喜集团，已经走过了约150年历史。这家公司在办公室挂着"积善之家，必有余庆"的家训匾额，并悬挂着寓意"一代艰辛创业、二代若饮茶享乐、三代就会街头沦落"的"三代教子图"。此外，还有差不多40罐铅笔头，这是上一代总裁91岁去世时留下的。据说这位总裁每天早上3点钟起床，削好铅笔后就开始工作——这些铅笔头正是其一生勤勉、节俭的写照。现任总裁塚本喜左卫门说："每次当自己产生了惰性，想偷下懒时，就会看到父亲在拿着这些铅笔头罐儿来鞭笞自己。"[1]

相比之下，同样是对于"家业"的守望，日本人与中国人表现出截然不同的态度与价值观：日本人以守护和传承家业为荣。而中国人"守望家业"是以超越先辈为荣，爸爸是农民的话，儿子最好能出国留学。所以，我们中国人可能最怕别人说他"一代不如一代"。而日本人最怕别人讲他"没孝心丢了家业"，结果是，中国人总是在努力超越，而日本人总是在寻求守护。

据统计，世界上持续存在200年以上的企业有5586家，其中日本占据半数以上。而在日本450万家中小企业中，100年以上的企业共有9.9万家，300年以上的有7820家，400年以上的有850家，600年以上的有465家，1000年以上的有13家。其中，最为古老的，是创立于公元578年的专门从事寺院建筑业的金刚组（图3-5）。在1400多年的发展演化中，金刚组不断吸收中国、西方的新建筑手法，结合先进技术，将其与家族传统工艺相结合，从而傲立于世。这些"百年企业"规模虽不大，但往往是某个制造领域的世界第一，凭"一招鲜"而"吃遍天"。这些企业的产品从十万分之一克的塑料齿轮、不痛的针，到最精密的六角螺栓、飞得最远的铅球，等等，不一而足，比比皆是。

---

[1] 本刊编辑：《日本家族企业如何传承》，《商周刊》2015年7期。

图 3-5 20 世纪早期金刚组部分员工 ❶

日本中小制造企业的创始人大多拥有自己独特的技术或技能，他们始终如一地在某一领域潜心钻研、精耕细作，在核心技术的某个环节不断积累，始终走在世界的最前沿，从而颠覆了"大企业生产高附加价值产品、小企业生产低附加价值产品"的传统规律。他们的经营状态就像是古代的工匠世家，以技术为傲，代代传承、积累、完善，从而造就了日本制造业的高端品质。显而易见，如果一个企业长期从事某一种产品的设计和生产，他们所掌握的信息、资源和技术就一定越来越系统和深入，优势也就越来越明显。因此，任何一个新的进入者要想在短期内赶超是根本不可能的。

相比之下，在中国，经营历史超过 100 年的百年企业，仅有 7 家❷。在当下中国，中小企业的平均寿命仅为 2.5 年，中国集团企业的平均寿命仅 7~8 年。这与欧美企业平均寿命 40 年、日本企业平均寿命 58 年相比，差距悬殊。看一看全球著名的日本品牌，任天堂、尼康、丰田……它们似乎都永

---

❶ 资料来源：https://upload.wikimedia.org/wikipedia/commons/8/8b/Kongo_Gumi_workers_in_early_20th_century.jpg。
❷ 最古老的企业是成立于 1538 年的六必居，之后是 1663 年的剪刀老字号张小泉，还有陈李济、广州同仁堂药业、王老吉、青岛啤酒、泸州老窖。

远只专注于某一个领域,始终在他们的行业里面越做越深,越做越有乐趣,越做越大。❶

3.敬业如修行

禅宗原本只是在中国文化土壤中形成的一大佛教流派,但传入日本后,"禅"的理念已经远远超出了宗教范畴,而深入国民文化生活的所有层次,不仅与美术、音乐、花道、茶道、文学、剑道等艺术联系在一起,也与人生信仰、健康保健等日常生活联系在了一起,所谓"平常心是道"。正如日本镰仓时代的著名禅师道元(1200—1253)所认为的,悟道不要执迷高远的事情,每件细小的工作中都包含着悟道的契机。❷ 在这种"诸业如禅"的理念的指引下,日本产生了"工作禅"的概念,即将手头的工作做到极致,就能达到禅的意境。在江户时代,禅僧铃木正三(1579—1655)提出的"工作坊就是道场"的禅修理念,就是要求人们在工作中磨炼自己的心性。❸

"工作禅"视"敬业"为"修行",视工作为凡人成佛的不二法门。在这种理念的指引下,一个毫无经验技能的生手要经历几十年的实操磨炼,才能蜕变为一名拥有炉火纯青技术的匠人。在长期的寂寞修炼中,匠人脚踏实地、心无旁骛的性格就被磨炼出来。虽然工作可能使人体现出一种工具性,但是如果全身心投入,将个人的智慧、祈愿忘我投入,就会得到一种生命的整体性,"神动天随",与自然万物在"顿悟"般的灵感中合一。正如日本"寿司之神"小野二郎所言:"一旦你决定好职业,你必须全心投入工作之中,你必须爱自己的工作,千万不要有怨言,你必须穷尽一生磨炼技能,这就是成功的秘诀,也是让别人敬重的关键。我一直重复同样的事情以求精进,我总

---

❶ 参见李颖:《中日两国企业的"匠心"对比》,《中国质量万里行》2016年4期。
❷ 参见张琼林:《日本"匠人精神"面面观》,《决策》2016年2期。
❸ 参见赵坚:《日本的职人文化》,《百科知识》2011年11期。

是向往能够有所进步，我会继续向上，努力达到巅峰，但没有人知道巅峰在哪里。即使到我这年纪，工作了数十年，我仍然不认为自己已臻至善，但我每天依然感到欣喜。我就是爱捏寿司，这就是职人的精神。"❶

正是这种价值认同，让日本的企业和员工能够在心性的层面上铸就他们的工匠精神之根，从而立于不败之地。在获得奥斯卡奖的日本影片《入殓师》里，一个大提琴师失业到葬仪馆当一名葬仪师，通过他出神入化的化妆技艺，一具具遗体被打扮装饰得就像活着睡着了一样。他也因此受到了人们的好评。这名葬仪师的成功感言是："当你做某件事的时候，你就要跟它建立起一种难割难舍的情结，不要拒绝它，要把它看成是一个有生命、有灵气的生命体，要用心跟它进行交流。"❷

日本一家专门手工制作家具的企业——"秋山木工"的创始人秋山利辉在其撰写的《匠人精神：一流人才育成的30条法则》中把他心目中的"工匠精神"称作"木之道"，归纳为"30条"："进入作业场前，必须先学会打招呼；必须先学会联络、报告、协商；必须先是一个开朗的人；必须成为不会让周围的人变焦躁的人；必须要能够正确听懂别人说的话；必须先是和蔼可亲、好相处的人；必须成为有责任心的人；必须成为能够好好回应的人；必须成为能为他人着想的人；必须成为'爱管闲事'的人；必须成为执着的人；必须成为有时间观念的人；必须成为随时准备好工具的人；必须成为很会打扫整理的人；必须成为明白自身立场的人；必须成为能够积极思考的人；必须成为懂得感恩的人；必须成为注重仪容的人；必须成为乐于助人的人；必须成为能够熟练使用工具的人；必须成为能够做好自我介绍的人；必须成为能够拥有'自豪'的人；必须成为能够好好发表意见的人；必须成为勤写书信的人；必须成为乐意

---

❶ 参见葛晓畅、葛树荣：《"工匠精神"与日本制造业》，《企业文明》2016年7期。
❷ https://baijiahao.baidu.com/s？id=1608522700351749177

打扫厕所的人；必须成为善于打电话的人；必须成为吃饭速度快的人；必须成为花钱谨慎的人；必须成为'会打算盘'的人；必须成为能够撰写简要工作报告的人。"这30条让他的学生和弟子们专注的并不是技术，而是如何在生活中把一些"琐事"做好。这些"琐事"直通做人，若能日日践行、历久磨砺，就能止于至善，成为一个具有"一流精神"的人。秋山木工培养匠人的做法，便是"透过磨砺心性，使人生变得丰富多彩"的日式工作法。❶

4. 精益求精

"工匠精神"不仅是把工作当作赚钱的工具，更是树立一种对工作执着、对所做的事情和生产的产品精益求精、精雕细琢的精神。❷日本企业正是受益于这种精神传统，在企业上与下之间形成了一种文化与思想上的共同价值观，并由此培育出企业的内生动力。

日本有一家电企业，它为了打造一款让消费者满意的电饭煲，曾邀请三千人在全日本的寿司店品尝寿司，找出最适合日本人口感的米；然后，投入大量的时间和精力研究这种米的烹制过程，确定制作电饭煲的内胆的竹炭材料；接着，派出多个小组在全日本收购最理想的竹炭原料；最后，将原料高温3000度烧制3个月时间，再去榨取精做成新型电饭煲内胆。这样一款产品的诞生，无疑是对"工匠精神"最好的诠释，体现出日本制造业的"精"和"专"。❸所以凭着这种"一根筋"的精神，日本人在茶道、文学、制造业等各个领域，都充分发挥了自己的潜力。

精益求精、追求极致和完美主义，可以说正是日本制造业强大的重要原因之一。❹有一家1965年创立的树研工业公司，于1998年生产出世界第一

---

❶ 参见邵勇、滕少锋、荣国丞：《进一步认识工匠精神的三个参照》，《职业技术教育》2016年10期。

❷ 汪中求：《日本"工匠精神"：一生专注做一事》，《决策探索》2016年3期。

❸ 王艳：《日本企业理念下的匠心精神探究——以日本明治公司及TOTO公司为例》，《经贸实践》2018年6期。

❹ 郭伟：《解码日本"工匠精神"》，《宁波经济（财经视点）》2018年10期。

的十万分之一克的齿轮。而为了完成这种齿轮的量产，他们消耗了整整6年时间。2002年，树研工业又批量生产出重量为百万分之一克的超小齿轮，这种世界上最小最轻的有5个小齿、直径0.147毫米、宽0.08毫米的齿轮，被昵称为"粉末齿轮"。这家公司的产品如今占全球超小齿轮市场份额的70%以上。该公司的创始人松浦元男在其撰写的《小，我是故意的：做世界第一的小企业》一书中，向人们展示出了中小企业的生存理念：世界上存在可以进行的竞争和不可以进行的竞争，中小企业不应该在"价格、规模、品种"上争胜负，而应重视"技术、品质、财务"。❶

在当今制造业普遍面临供给过剩的情况下，具有个性化生产技术或产品的企业，才能在激烈的竞争中胜出，最后生存下来。自然，精雕细琢、讲究个性化的日本企业就表现出其优势来。个性化的生产或产品，一般通过两种方式体现：一种是发明了全新的生产技术或产品，还有一种就是在使用现有技术生产既存产品时，通过种种方式表现出自己企业的个性，也就是日本企业所追求的"改善"。

日本人对于"改善"的理解是：市场始终在变化，质量的提升需要点点滴滴的积累，这些都有赖于不断的改进和完善。❷日本人觉得这件事应该做，只要有六到七成的把握，就开始动手；才开始时，事情做得不是很好，但是他们会去想办法，看能不能够改进；改进以后也许做得比以前好一点点，就是一点点进步。正是这一点点的改进，一点点的进步，最终把一件事情做到很好。在这个过程中，日本人一是敢于着手，二是善于改进，善于坚持，心态平和，不急不躁。他们为了这一点点进步感到高兴，从而进一步促使他们做出持续的改进。

---

❶ 参见汪中求：《日本"工匠精神"：一生专注做一事》，《决策探索》2016年3期。
❷ 参见《日本制造背后的隐形冠军》，《印刷经理人》2008年10期。

二、武士道

武士道原本是指在日本传统社会中武士阶层在职业和日常生活中所必须遵守的行为规范和法则。❶ 它与神道一样，构成了日本国民的一种深层文化心理。如今，传统的武士阶层虽然消亡了，但在日本人的生活方式、精神信仰中，都留下了武士道精神的深深印痕，并演变为一种职业精神。❷

1."士道"与"叶隐"

作为一种道德规范和行为准则，武士道起源于以专事征战杀伐的"武士阶层"作为统治基础的日本镰仓时代。这类"武家政权"统治此后日本600余年，在这一过程中，原始"武士道"也逐渐成形——武士向主君付出"忠"与"死"，主君则赐予并保障武士的地位与财富。所谓"忠"，是强调各级武士须严守岗位，绝对忠于各自的主人；所谓"死"，是倡导为主人献身乃至殉死，即使"君不君"，也不可"臣不臣"。

武士道在漫长的发展过程中，大量吸取借鉴禅宗的主张，提倡克己忍受，不事浮华，排除杂念，摒弃欲望，将此确立为武士的修养及行为规范。❸ 生死观乃是参禅悟道的第一要旨，摒弃一切固有的观念，认识到这世界"本来无一物"，"生死皆妄念"，做到"生不可喜，死不可悲"。一旦选定进路，则必义无反顾。这种"死生如一"的生死观崇尚勇武，鼓励武士视死如归，为君主效命疆场。不过，到了战国时代，由于旧主、新主更替频繁，武士们则更强调"为自我献身"，而不是"为主君尽忠"。如果生为武士家子弟，从

---

❶ 张鹏飞：《论日本军国霸权情愫中"武士道精神"的文化观照》，《哈尔滨学院学报》2010年2期。
❷ 张富军、张卫娣：《解析日本武士道的生死观》，《赤峰学院学报（汉文哲学社会科学版）》2010年3期。
❸ 土晓峰：《试论日本禅宗与武士道的关系》，《大连大学学报》2018年10期。

小就得学习"忍"。尤其是群雄争霸的战国时代,武士走在路上,彼此稍微看不顺眼,当场就拔刀厮杀。所以,武士出门时都靠左走,以免与别的武士迎面相逢。一般庶民也是从小就浸泡在武士道精神中的。

到了江户时代的太平盛世,"传统武士"被迫转型为行政官吏,被要求具备治民才干,而不能仅仅只懂得杀伐。为了维护巩固幕藩体系,"原始武士道"被改造成新的"士道"。山鹿素行(1622—1685)(图3-6)便是这一改造过程中重要的人物,他强调武士必须文武兼修,必须做到重义轻利,并通过自己的楷模式的行为,让天下秩序归于井然。❶正是对这些行为规范的恪守,在江户时代形成了町人道与武士道的鲜明区分:町人的世界是纸醉金迷又危机四伏的,畸形的社会环境塑造出了町人普遍的下贱、狭隘、奉承、贪婪、冷酷、奸诈的性格和作风,这就是被后世所诟骂最多的"町人根性"。正因"町人根性"之低俗卑贱,才衬托出了武士精神之高雅尊贵。

图 3-6 山鹿素行 ❷

---

❶ https://view.news.qq.com/a/20170928/017990.htm
❷ 资料来源:https://upload.wikimedia.org/wikipedia/commons/thumb/8/84/Yagama_Sokou.jpg/1024px-Yagama_Sokou.jpg

不过，江户政权利用儒学改造"传统武士"的愿望，并未完全成功。《叶隐》一书由佐贺藩的藩士山本常朝（1659—1710）（图3-7）传述，由同藩藩士听闻书写整理。该书特别痛恨让武士学习儒学，反对儒学对死的意义的追寻，认为武士道的理想境界不是生存而是死亡，田园终老的武士不是好武士，战死沙场或者自杀才是理想的归宿："死就是目的，这才是武士道中最重要的"，"武士道是对死的一种觉悟"。"叶隐"所表现的这种武士道精神，是果断地死、毫不留恋地死、毫不犹豫地死，"当生与死逼迫你选择时，唯干脆利落地选择死"。只有死是真诚的，其他的功名利禄都是梦幻。❶

图3-7 山本常朝 ❷

长久以来，樱花被看作是日本人生命力的象征。每到花期，绚丽的樱花，从南方逐渐向北，陆续盛开，覆盖了整个日本列岛。但是，樱花最美的时候并非盛开之时，而是凋谢之时。樱花花期不长，但一夜之间会全部凋谢，没有一朵花留恋枝头。这种"花期短暂，又在短暂中丰盈盛放"的樱花

---

❶ http://www.360doc.cn/article/7046489_245426711.html
❷ 资料来源：https://shisokuyubi.com/wp/wp-content/uploads/2018/09/2d8524/814fc59e1186393c6cc5cdd2c.png

肖像，便成为日本武士崇尚的精神境界：在片刻耀眼的美丽中达到自己人生的顶峰、发挥自己最大的价值，之后毫无留恋地结束自己的生命。❶武士自杀并非因为输不起，也不是因为失败而感到屈辱，而是因为感到自己已经尽力、心愿已了，再无留恋。究其实，"叶隐"就如树木的叶荫，在人们看不见的地方为主君"舍身奉公"。

明治维新后，无论是"士道"派，还是"叶隐"派，都难以被当局所容忍。因为这种旧时代的"武士"，其效忠对象多元，数十万武士，分别效忠各自不同的主君，而非天皇一人。故此，明治政府宣布士农工商"四民平等"，取消了"武士"阶层的特权，又通过天皇诏书，将"忠良骁勇"的品性定义为全体"日本帝国之人民"所共有的优点，而绝口不提"武士道"三字。1882年，天皇还发布《军人敕谕》，更是明确批判武士阶层长期掌控日本政权的历史，是"违我国体"，等等。

不过，到了明治后期，为向西方证明日本非野蛮民族，"武士道"再度被激活。在中日甲午战争中，因为旅顺大屠杀，日本被西方媒体宣传为"野蛮民族"。作为辩护，1899年，新渡户稻造（1862—1933）（图3-8）用英文写作出版了《武士道》一书向西方世界展示：日本民族有着与西方基督教传统类似的"优秀特质"，其内涵是"义、勇、仁、礼、诚、名誉、忠义、克己"。具体而言，"义"要求武士必须遵守义理和道德；"勇"要求武士具备敢作敢为、坚忍不拔的精神，同时要有高强的武艺；"仁"使武士不至成为黩武主义的武夫，而要具有宽容、爱心、同情、怜悯的美德；"礼"不仅仅是风度，更是对他人的情感和关怀的外在表现；"诚"要求武士保持诚实，同时要摆脱来自诸如商人阶层之类的诱惑；"名誉"的意识包含着人格的尊严及对价值明确的自觉，它要求武士为了名誉而愿意付出一切，又要具有分清是

---

❶ 闫志章：《日本武士道生死观》，《长春工业大学学报（社会科学版）》2011年5期。

不过，江户政权利用儒学改造"传统武士"的愿望，并未完全成功。《叶隐》一书由佐贺藩的藩士山本常朝（1659—1710）（图3-7）传述，由同藩藩士听闻书写整理。该书特别痛恨让武士学习儒学，反对儒学对死的意义的追寻，认为武士道的理想境界不是生存而是死亡，田园终老的武士不是好武士，战死沙场或者自杀才是理想的归宿："死就是目的，这才是武士道中最重要的"，"武士道是对死的一种觉悟"。"叶隐"所表现的这种武士道精神，是果断地死、毫不留恋地死、毫不犹豫地死，"当生与死逼迫你选择时，唯干脆利落地选择死"。只有死是真诚的，其他的功名利禄都是梦幻。❶

图3-7 山本常朝 ❷

长久以来，樱花被看作是日本人生命力的象征。每到花期，绚丽的樱花，从南方逐渐向北，陆续盛开，覆盖了整个日本列岛。但是，樱花最美的时候并非盛开之时，而是凋谢之时。樱花花期不长，但一夜之间会全部凋谢，没有一朵花留恋枝头。这种"花期短暂，又在短暂中丰盈盛放"的樱花

---

❶ http://www.360doc.cn/article/7046489_245426711.html
❷ 资料来源：https://shisokuyubi.com/wp/wp-content/uploads/2018/09/2d85247814fc59e1186393c6cc5cdd2c.png

肖像，便成为日本武士崇尚的精神境界：在片刻耀眼的美丽中达到自己人生的顶峰、发挥自己最大的价值，之后毫无留恋地结束自己的生命。❶武士自杀并非因为输不起，也不是因为失败而感到屈辱，而是因为感到自己已经尽力、心愿已了，再无留恋。究其实，"叶隐"就如树木的叶荫，在人们看不见的地方为主君"舍身奉公"。

明治维新后，无论是"士道"派，还是"叶隐"派，都难以被当局所容忍。因为这种旧时代的"武士"，其效忠对象多元，数十万武士，分别效忠各自不同的主君，而非天皇一人。故此，明治政府宣布士农工商"四民平等"，取消了"武士"阶层的特权，又通过天皇诏书，将"忠良骁勇"的品性定义为全体"日本帝国之人民"所共有的优点，而绝口不提"武士道"三字。1882年，天皇还发布《军人敕谕》，更是明确批判武士阶层长期掌控日本政权的历史，是"违我国体"，等等。

不过，到了明治后期，为向西方证明日本非野蛮民族，"武士道"再度被激活。在中日甲午战争中，因为旅顺大屠杀，日本被西方媒体宣传为"野蛮民族"。作为辩护，1899年，新渡户稻造（1862—1933）（图3-8）用英文写作出版了《武士道》一书向西方世界展示：日本民族有着与西方基督教传统类似的"优秀特质"，其内涵是"义、勇、仁、礼、诚、名誉、忠义、克己"。具体而言，"义"要求武士必须遵守义理和道德；"勇"要求武士具备敢作敢为、坚忍不拔的精神，同时要有高强的武艺；"仁"使武士不至成为黩武主义的武夫，而要具有宽容、爱心、同情、怜悯的美德；"礼"不仅仅是风度，更是对他人的情感和关怀的外在表现；"诚"要求武士保持诚实，同时要摆脱来自诸如商人阶层之类的诱惑；"名誉"的意识包含着人格的尊严及对价值明确的自觉，它要求武士为了名誉而愿意付出一切，又要具有分清是

---

❶ 闫志章：《日本武士道生死观》，《长春工业大学学报（社会科学版）》2011年5期。

非、保持忍耐和坚忍的品行;"忠义"存在于各种境遇中的人们关系的纽带,忠于自己的主人是武士必须恪守的信条;"克己"要求武士克制自己的私欲,信念不能被欲望左右,这样才能侍奉君主,保护领国领民,等等。❶

图 3-8 新渡户稻造 ❷

甲午战争打败了儒学中国,日俄战争打败了属于西方文明的俄国,许多日本人因此认为,引领日本获胜的深层文化精神,一定存在于日本某种"文化传统"中。而新渡户稻造对武士道的重新提倡,正好部分满足了这种社会心理的需要。正是在这种情势下,曾一度被官方刻意遗忘的"武士道",一跃成为所有日本人共同追求和遵守的美德。1905 年,新渡户稻造本人为此受到明治天皇的特别召见,而成为"新日本"的代言人。

2. 武士道与军国主义

进入 20 世纪后,"武士道"精神更是被日本军国主义者广泛利用,成为激励士气、巩固军队、禁锢和统一国民思想、实施侵略扩张政策的有力

---

❶ 参见闫志章:《日本武士道生死观》,《长春工业大学学报(社会科学版)》2011 年 5 期。
❷ 资料来源:日本国立国会图书馆。

工具。

1905年，井上哲次郎（1856—1944）（图3-9）编纂了著名的《现代大家武士道丛书》，强调武士道"是日本一种特别的精神训练"，不但不同于中国的儒学，更是日本民族赖以与"西方道德"相对抗的唯一利器，并一再宣称：日本"负有道义地统一全世界的使命"。❶ 至于"武士道"的内涵，则无非"忠君爱国"——正是这种以"忠义"为核心，崇武、尚勇的国家伦理观念，成为日本军国主义发展的强劲动力。

图3-9 井上哲次郎 ❷

20世纪30年代后，日本军队开始有意识地强化军人的国家民族荣誉感，政治家们不遗余力地把民间神道改造为国家神道，不断向日本军人强行灌输"皇国论""大和魂""为天皇尽忠"等思想，对军队进行奴化教育。在这种改造中，原本在神道教中作为众多神灵中的一员的天皇，被提升到"万能神"的地位，信教者只能从这唯一的尘世神灵中寻求恩惠。为了支持天皇被赋予

---

❶ http://www.360doc.com/content/15/0527/08/2020402_473535117.shtml
❷ 资料来源：日本国立国会图书馆。

的这种属性，明治政府把天皇提升为全体日本人的父亲、最高主权者、最高统帅，目的正是为了建立一个能够应对外敌的强大的君主国家。

在侵华战争期间，最受日本军界推崇的"武士道"是《叶隐》一派，因为《叶隐》鼓吹"干脆利落地选择死"，而反对去追寻这种死是否与"义"相合。❶ 1940年7月23日，日本首相近卫文麿（1891—1945）更是无耻地宣称："一亿日本人只有一个灵魂，必须真正为天皇而献身。"❷

1941年，时任陆军大臣东条英机（1884—1948）也在《战阵训》里鼓吹："不可生而受房囚之辱。"在二战末期，"神风特攻队"那种自杀式进攻，就是所谓"为天皇而献身"的典型事例。据战后日方统计，仅"神风攻击"一役，就有2198名日军成为战争的替死鬼。（图3-10）

图3-10 "二战"期间日本运输船残骸

---

❶ 赵岩：《近代日本军队的武士道教育与对外侵略战争》，《外国问题研究》2018年10期。
❷ https://www.sohu.com/a/320513037_793025

在这种死亡中，樱花的形象被大量利用。樱树在帝国扩张时期遍植它的殖民地，目的是把殖民地空间转换为日本的空间，把殖民地人民改造为日本人。粉红色樱花被画在特攻队战机两侧的白色背景上，日语关于樱花的各种词语都被用来称谓这支特种兵。"宁愿短暂，只要灿烂"，是日本将武士比作樱花所取的原意。樱花的瞬间开放，瞬间凋零，就如同武士最光彩的时候，也就是他抛洒热血效命疆场的时候。❶"生如夏花之绚烂，死若秋叶之静美"，泰戈尔的这一名句，在日本被广泛流传，寓意人生的悲观无常和凄美的、视死如归的英雄悲情。（图3-11）

图3-11 六义园樱花

对上述特质最详尽的表达莫过于好莱坞大片《最后的武士》，反映了明治维新时期的武士，以其忠勇效死于天皇。影片最后是武士们以冷兵器对决现代的机枪与大炮，这是一场实力悬殊的对决，但武士们视死如归，毫无惧色。在一片樱花绚烂、落英缤纷的凄美悲壮的背景中，战败的主人公胜元，

---

❶ 孙波：《中日跨文化传播中对于生命意义诠释的比较》，《青年记者》2010年8期。

勉强支撑起自己遍体鳞伤的身躯，完成武士最后那个神圣庄严的仪式，切腹自尽，嘴中吐出了生命最后一息的心灵体验："完美无憾"。在所谓的尽忠行义中体面地死去，在生命最后一息还保持着觉悟与审美体验，这种精神是可怕的，也是愚昧的。（图3-12、3-13）

图3-12　1947年东京街头

图3-13　1954年东京新宿站附近的简陋房屋

3. 穿西装的武士

日本文化中有一种独特的"耻文化"：以战败为耻，以不能效忠为耻，以不能回报为耻。这个"耻"成为一个人奋起和创造，坚忍和自律的力量，让人甚至不惜以生命为代价来成就一种原则与信念，一种精神与人格。第二次世界大战结束后，日本由于对外侵略战争的失败，代表"凶勇好斗"的"刀"被封存，但这种"耻文化"和武士道的"务实"精神，激发了日本民族奋进学习任何具有实用价值的知识和技能的斗志。美国学者马文·沃尔夫在《日本经济飞跃的秘诀》一书中写道："武士代表着日本文化遗产中最具持久性的价值，在身着西服、掌握现代科学技术的日本人精神里，封建的武士道精神仍在起作用。"❶ 日本国民将对国家、天皇的忠诚，转变为对公司、企业的忠诚。在"忠"的旗帜下，员工自觉地把企业看作是"主家"，普遍奉行"公司第一"的信念，为公司的利益万死不辞。他们在这种精神指导下勤奋工作，像武士一样任劳任怨地为企业贡献自己的力量。在这种意识潮流中，新渡户稻造的"武士道"，因为主旨是与西方沟通对话而非对抗，又重新成为日本"武士道"的主流。

正是这种根植于武士道精神的强烈责任感、使命感和敬业精神，换来了代表着高质量的"日本制造"。日本著名的"经营之神"、松下电器公司的创始人松下幸之助（1894—1989）没有受过高等教育，既不富有，也没有魅力，更没有广泛的交际，年轻时曾到一家大电器公司求职。当矮小瘦弱、又破又脏的他出现在人事主管面前时，立即被当场谢绝了："我们现在暂时不缺人，你一个月以后再来看看吧。"本是推托之辞，可一个月后他真的来了，那位负责人又推托说有事，过几天再说。隔了几天他又来了，如此反复多次，主管只好直接说出了真话："你这么脏是进不了我们公司的。"于是他立

---

❶ 参见娄贵书：《日本武士的生存土壤》，《贵州大学学报（社会科学版）》2008 年 7 期。

即回去借钱买了一身整洁的衣服穿上再来。负责人看他如此实在，只好告诉他："关于电器方面的知识，你知道得太少了，我们不能要你。"不料两个月后，他再次出现在人事主管面前："我已经学会了不少有关电器方面的知识，您看我哪方面还有差距，我一项项弥补。"这位人事主管盯着态度诚恳的他看了半天，才说："我干这一行几十年了，还从未遇到像你这样来找工作的。我真佩服你的耐心和韧性。"结果，他终于如愿以偿地进入这家公司。❶

这种独特的经历，使得松下坚信，要把店员训练成一个能够独挑大梁、有胆识、有魄力、能担当的人，一个很重要的方法，就是让他们面对困难，能够勇往直前地打破逆境，获得刻苦奋斗的体验。为此，松下幸之助很注重对员工的教育，不断灌输和强化松下的"七大精神"：产业报国、光明正大、亲爱精诚、奋发向上、礼貌谦让、顺应同化和感恩图报。其中，产业报国的精神，是将企业的生产和日本经济的繁荣视为一体，不仅求一商一家之发展，更以振兴日本经济为己任。光明正大、亲爱精诚、奋斗向上和礼貌谦让这四种精神，是对员工精神品质的具体要求。顺应同化和感恩图报，则是松下幸之助在佛教的信仰中获得的启示。❷ 正是由于这种精神的指引，松下公司全体员工也在不知不觉中养成了一种奋斗不懈的松下精神，从而使得在经济不景气之际，松下公司也能够顺利发展。

三、企业家情怀

虽然在崇尚集团主义的日本，个人英雄主义并不受人待见，但不可否认的事实是，自明治维新以来，日本不断涌现的文化精英、政治精英以及经济精英，成为这个民族不断引领时代的先导和楷模。在日本经济崛起的过程

---

❶ Lisa：《松下幸之助的传奇》，《走向世界》2011 年 5 期。
❷ 包青：《国有商业银行如何留住人才》，《经济问题探索》2001 年 9 期。

中，更是不乏杰出的世界级企业家。他们正是凭借自身的才智、毅力、品质与情怀，创造出一个又一个不凡业绩。这样的人物，在日本可谓不胜枚举。这里仅介绍涩泽荣一、松下幸之助和稻盛和夫这三位代表性人物。

1. 士魂商才

日本有许多成功的政治家、商人，他们都坦言自己的成功与精研中国文化不无关系。比如，被誉为"日本现代文明的创始人""日本现代企业之父"的涩泽荣一（1840—1931）（图3-14），就是运用中国文化经营企业的典范。

图3-14 涩泽荣一 ❶

1867年，作为日本使节团成员，涩泽荣一曾出席了在法国巴黎举办的万国博览会。之后，又在欧洲游历了将近两年的时间。当时欧洲正值资本主义工业化高歌猛进，法国的万国博览会自然成为展示西方经济繁荣的大橱窗。这里陈列着当时世界上最先进的工业产品，从蒸汽机车、工业用车床、纺织机到教学医疗设备……这一切无不让涩泽感到万分新奇，眼界大开。在游历法国期间，涩泽深深感受到西方列强与日本之间的强烈反差。例如，在与法

---

❶ 资料来源：日本国立国会图书馆。

国政府官员以及商人的交往中，政府官员和商人之间毫无高低之分，两者的关系完全是平等的。而在当时的日本，幕府官僚、武士和商人之间的社会地位犹如天壤之别，毫无平等二字可言，商人见到幕府官僚、武士无不点头哈腰，卑躬屈膝。涩泽痛切地认识到，要使日本兴盛，就必须打破官贵民贱的旧习，排除轻商、贱商的思想，把工商看成是强国大业。❶

在法国学习和考察了一段时间之后，涩泽荣一又先后去了瑞士、荷兰、比利时、意大利、英国，参观了大量的工厂，包括针织厂、钟表厂、军工兵器厂、钢铁厂、机车制造厂、玻璃厂、造币厂等，深受工业文明的震撼。涩泽真切地认识到，日本要想跻身于强国之林，除了大力发展工商业外，别无他途。但是，士农工商的身份等级意识深深扎根于日本社会，这严重限制了优秀人才投身于工商业的兴趣。为此，涩泽荣一不顾多名朋友的苦劝，弃官从商，就是想以身示范来扭转根深蒂固的世俗偏见。

1871年，涩泽和他的部下撰写了一份《立会略则》，明确了股份制企业的基本宗旨和原则，确立了设立股份制企业的具体方法，认为公司制企业为众人所共同创办，故聚资结社应以国家公益为重，但公司和政府二者应各行其是，界线分明。在一般情况下，政府不干涉公司企业的经营，明确股份制企业的民营性质和自主权，并强调"财产私有权归个人所有，乃是天下通行的公理，他人不得侵犯"，"国家之富强，在于工商业的发展"等。从《立会略则》中，涩泽荣一明确了股份制企业必须贯彻民营自主和政府应尊重私权的原则，具有很强的针对性，直指当时日本企业最主要的弊端，可以从体制上防范"官商习气"对企业的干扰。因此，《立会略则》一问世，就引起了新政府的高度重视，并以大藏省的名义印制发行，同时还向全国各府县做了推荐，使这本书具有了准官方文件性质，成为引领日本创办股份制企业的行

---

❶http://www.360doc.cn/article/202378_616790268.html

动指南。❶

　　1873年，涩泽荣一组织创办了日本民间集资的第一家股份制银行——第一国立银行。此后，他参与创办的企业组织超过500家，包括东京证券交易所（图3-15）。这些企业遍布银行、保险、矿山、铁路、机械、印刷、纺织、酿酒、化工等产业部门，其中许多至今仍在东京证券交易所上市。涩泽荣一还致力于实业教育，在其多方奔走下，原来的商法讲习所被改建为国立东京商业学校（现在的一桥大学）。不久，他又创立东京女学馆，并在此基础上建立了日本女子大学。19世纪90年代，随着劳资矛盾的尖锐，他呼吁资本家和工人的协调与和睦，主张双方相互理解和退让。如此，涩泽荣一成为日本人公认的近代产业先驱和精神领袖。

图3-15　东京证券交易所❷

　　在思想上，涩泽荣一把中国的儒家思想与欧美的经济伦理结合，提出了

---

❶ 参见周见：《涩泽荣一与株式会社》，《管理学家》2008年4期。
❷ 资料来源：作者。

"义利合一"的经营理念,奠定了日本经营思想的基础。《论语与算盘》是涩泽荣一影响最广的一部作品,这是他多年以来在学校、慈善机构以及商会、协会所做演讲的合集,主题涉及青年立志方法,如何应对逆境,正确的工作态度,保持精神年轻之法,金钱观,对商业道德教育的关注,对慈善事业和履行社会义务的鼓励,对教育制度的思考甚至如何尽孝等,包含了他多年的人生经验和处世智慧。

可以说,涩泽荣一是朱熹之后《论语》最重要的阐释者,他一扫宋学之高蹈空疏与汉学之饾饤琐碎,使孔子思想回归生活日常,主张将《论语》作为经商和立身处世的准绳,打碎了无商不奸、言利即耻的千年道德枷锁。涩泽荣一指出,孔子并无鄙视富贵的观点,只是劝诫人们不要见利忘义,不要取不义之财。人们对孔子"义利观"最严重的误解是把"利"与"义"完全对立起来,结果是"把被统治阶级的农工商阶层人置于道德的规范之外,同时农工商阶级也觉得自己没有去受道义约束的必要","使得从事生产事业的实业家们的精神,几乎都变成了利己主义。在他们的心目中,既没有仁义,也没有道德,甚至想尽可能钻法律的空子来达到赚钱的目的"。但这种利己主义会把国家送上不归之路,正如《大学》所说:"一人贪戾,一国作乱。"所以,修身养性、提高道德是不能忽视的。另一方面,他又认为,空谈心性,鄙视实业,也是导致国弱民贫的一个重要原因:"仅仅是空理空论的仁义,也挫伤了国家的元气,减弱物质生产力,最后走向了亡国。"为此,涩泽荣一主张:"谋利和重视仁义道德只有并行不悖,才能使国家健全发展,个人也才能各行其所,发财致富。"❶

涩泽荣一所谓的"论语加算盘"的经营之道,既讲精打细算赚钱之术,

---

❶ 参见杨柯:《〈论语与算盘〉:涩泽荣一的经营管理思想》,《管理学家》2008年4期。

也讲儒家的忠恕之道。他说:"人必须抱着巨大的欲望,全力谋求利益,才能促进物质文明的发展;那些追求不实际的理论、爱慕虚荣的国民,不可能推动真理的进步。因此我希望,那些在政治界争权夺利、在军界专横跋扈的人都尽量收敛,致力于增强实业界的力量,也就是生产物质财富,如果做不到的话,国家就无法富裕。而说到致富的根源,那就是根据仁义道德的原则,以正确的道理创造财富,唯有如此,这种富裕才能永远维持下去。所以我主张,如今最紧要的任务就是将看似毫不相干的《论语》与算盘联系起来,让它们共同发挥作用。"由此,涩泽荣一进一步提出了"士魂商才"的概念。就是说,一个人既要有"士"的操守、道德和理想,又要有"商"的才干与务实。"如果偏于士魂而没有商才,经济上也就会招致自灭。因此,有士魂,还须有商才。"但是,"只有《论语》才是培养士魂的根基",因为"所谓商才,本来也是要以道德为根基的。离开道德的商才,即不道德、欺瞒、浮华、轻佻的商才,所谓小聪明,绝不是真正的商才"。涩泽荣一指出,以妨害的方式来夺取他人利益的竞争,就是恶性竞争;反之,对产品精益求精,不做侵犯或吞并他人利益范围的事,就是善意的竞争。两者间的分界能用良知去判明并能谨守,就是商业道德了。❶

涩泽荣一有着非常坚定且长期的信仰,他的人生目的和追求,是要为日本的现代化创建蓝图。当时的日本,企业家仍然没有受到日本社会的重视,还处在比较低的社会阶层。为此,涩泽荣一投入了大量的时间和精力来说服其他的银行家、同事们,组织起诸如银行家协会、商会或者股票交易所等这样的机构,联合起来以共同维护自身利益,在政府面前发出自己的声音,改善自己的社会地位。涩泽荣一的一生,可以说是为日本资本主义的发展而呕心沥血的一

---

❶ 参见雷颐:《在论语与算盘之间》,《经济观察报》2010年5月30日。

生。他率先示范并积极推广的股份公司企业制度,促进了日本企业以及日本国民经济的现代化转型,对日本资本主义的发展起到了强有力的推动作用。现代管理学之父德鲁克在其经典巨著《管理》中对涩泽荣一这样评价道:"坦率地说,论及商业的'社会责任',我认为没有人能超过涩泽荣一。他是明治时代伟大的奠基者之一。他比任何人更早地看到,经营的本质是'责任'。"❶

2. 素直之心

作为松下电器公司的创始人,松下幸之助可以说是日本经营史上最富传奇色彩的人物,从他的一生中,我们也可以看到日本现代工业发展的轨迹。经过近一个世纪的发展,松下电器已经由一个3人的小作坊,发展为拥有36万多职工的跨国集团。在几次大的经济危机冲击下,许多企业倒闭,而松下却稳稳地站住了脚跟,甚至在"乱世"中异军突起。

当年有记者问松下幸之助,"你为什么成功?"松下幸之助回答道:"我的成功有三个因素:一是贫穷,我9岁时父亲的企业垮了,我只好出外漂泊打工;二是没有知识,我刚上四年级就辍学了;三是我体弱多病"。因为这三个厄运,松下幸之助唯一可依靠的就剩下"素直之心"了。❷

"素直之心"就是做人做事没有弯弯绕的纯粹之心,不受自己的利益、感情、知识以及先人意识的影响,能按事物的本来面目去看问题的心。"素直之心"亦是与事物机理相通的心,是随顺自然之心。这个在《道德经》中反复阐述的"无名之朴"的理念,被松下幸之助真真切切地落了地。不管是做人还是经营企业,松下幸之助始终能够做到坦白纯真,心地诚恳,面对真实。

1979年,松下幸之助创立培养未来领袖的松下政经塾(图3-16),更是把

---

❶http://www.jinelwei.cn/e282964.html
❷http://blog.sina.com.cn/s/blog_7d811abf0102vgx5.html

"素直之心"确立为该校的核心理念。松下幸之助认为,一位经营者不需要是万能的,但必须是品德高尚的人,具有谦虚、宽容、负责等高尚情操。在松下政经塾,许多人都是辞去各自原本的工作进入的,他们通过早操、清扫院落、精习茶道、剑道、书道、禅道等科目,目的就在于塑造自我的"素直"之心。

图 3-16 松下政经塾 ❶

松下幸之助认为,经营企业和经营人生从本质上说是一致的。人幼年时需父母的抚养、社会的培育,所以应有所回报;企业也应如此,原因很简单,企业的存在和发展都要依赖和仰仗社会。因此,经营的第一理想应该是贡献社会,以社会大众为企业发展考虑的前提,才是最基本的经营秘诀。❷ 他在 1977 年出版的《我的梦,日本的梦,21 世纪的日本》一书中写道:"宗教事业的重点在于开导有烦恼的人,让他们心安,这是一种神圣的事业。而经营者的目的是为人们提供生活上的必需品,这也是一种神圣的事业。一个是关注人的内心世界,一个是满足人们的物质需求,两者缺一不可。既然宗

---

❶ 资料来源:作者。
❷ 参见仲继银:《松下幸之助的经营秘学》,《董事会》2013 年 9 期。

教可以是一种神圣的事业，那么是不是也可以把我们的事业经营得比某种宗教更为神圣、更为兴盛？人们常说'穷病最苦'，而经营者努力生产的目的，就是为了创造财富、消除贫穷，比之宗教，经营是一种更为现实的事业。"❶

松下幸之助由此顿悟到了经营的真谛，这就是常被后人提及的"自来水"哲学。众所周知，加工过的自来水是有价值的，如果谁偷取有价值的物品，就会遭到处罚，这是人人都懂的常识。尽管自来水是有价值的东西，但是如果有一个乞丐打开水龙头，痛痛快快地畅饮一番，大概不会有人去处罚他。这是为什么呢？这是因为自来水很丰富，只要它的量足够，偷取少许，可以被原谅。从这一颇为寻常的事例中，松下找到了生产者的使命："制造业者的使命，就是要把生活物资变成如自来水一般的无限丰富。无论多么贵重的东西，只要有足够的量，价格便会一降再降，低到几乎等于是免费。只有做到这一步，贫穷才可能消除，而因贫穷产生的烦恼，也才会消失。生活的苦闷，才会减到最低。以物质作为中心的乐园，再加上宗教的力量，获得精神的寄托，人生就可以无忧无虑、逍遥自在了。"❷ 这便是松下半生坎坷、半生思虑所得出的结论。

在松下幸之助看来，一个人，念念不忘的是自己，那么他始终只是一个人；一个人，念念不忘的是众生，那么他终究可以成佛。人与佛的区别在于慈悲之心，以爱己之心爱人，爱天下所有人，这就是"佛"。自此，松下幸之助和他的松下集团，脱胎换骨，迎来了自己的新生。1932年5月5日，那天正好是日本的男孩节，松下幸之助召集了松下电器的全体员工，向他们说明了经营的真正使命："最近我参观了某宗教总部，那种盛况令我惊异，于是开始想：宗教的使命到底何在？和制造业者的使命不正有相似之处吗？都是

---

❶ https://ishare.iask.sina.com.cn/f/30uJZ5cMqDS.html
❷ https://baike.so.com/doc/6138642-6351805.html

为了更幸福的人生而努力。作为生意人或生产者，企业家的使命并不单单是促使商业繁荣，而是彻底消除贫穷。制造商和商店只不过是社会繁荣的工具而已，所以商店和制造商的繁荣是次要的。那么如何达成这个使命呢？唯一的方法就是生产、再生产。……宗教道德给人精神上的安定，充分的物质供给使人身体舒适，双方面都能够圆满，才能真正获得幸福。我们搞实业的人，真正使命就在这里。现在我要告诉各位，松下电器的真正使命，就是生产再生产，使物质变成无限多，使人们能买到便宜的东西，过舒适的生活。"

松下幸之助90岁时，将立花大龟师父评价自己的这段话放在了自传的最后，这也是他对自己的最终"定论"："松下幸之助简直是一个阿修罗（战争之神），不管白天或夜晚，总是不停地战斗——为了做商人赚钱而不停地战斗。然而，从他的精神看来，这种战斗并非他的本能。从他创办企业以来，他经常精神郁郁，几乎一直身陷苦斗中。我想最后总有一天，他会从战斗中败下阵来，含悲饮恨而终。我所说的战败，是指身体健康受损。他是一个抱着崇高理想的人，对于任何艰难险阻都能泰然处之，并以积极顽强的忍耐力加以克服、解决。他非常尊崇佛教，但并未表示皈依的心愿。我也认为他是一个彻头彻尾的商人，实在没有皈依宗教的必要。仔细想来，经商本身就是佛法，认真依照商业道德去做，此即佛家的行为。何况一般人所说的'经济'，不就是'经世济民'的意思嘛。改善动荡不定的物质生活，拯救人类于穷困之中，这就是'经济'一词的真意。松下幸之助所表现的精神与作风，让我们清楚地看出他正是朝这个目标在努力，一般企业经营者并不了解这方面的道理，因为他们的人生还没有达到如此崇高的境界。"❶

1990年年初，即松下幸之助去世的第二年，日本一家发行量最大、影响

---

❶http://blog.sina.com.cn/s/blog_915063880100xszh.html

最广的报纸举办对企业经营者评价投票,松下幸之助名列"最受欢迎的经营者"榜首,被誉为"经营之神"。如今在日本,松下幸之助已经不再只是一个称呼,它还被赋予了更深层次的含义:一种拼搏向上、不屈不挠的精神,一种爱国爱民、尽心敬业的品格,一门经营与管理的学问。

3. 敬天爱人

作为日本的"经营四圣"之一(其他三位是松下幸之助、本田宗一郎、盛田昭夫),稻盛和夫白手起家,创办了两家世界500强企业——日本京瓷公司(图3-17)和日本KDDI公司。他一生中最为传奇的,还是在2010年以78岁的高龄,以门外汉的身份接受负债累累的日航企业,仅用1年多的时间就让企业摘掉破产的帽子。

图3-17 日本京瓷公司 ❶

稻盛和夫1932年出生于日本鹿儿岛,据说,他不算是个常规意义上的聪明人,初中、高中、大学考试经常不及格。他原本想当个医生,可是却只能在一个陶瓷厂找到一份工。其时,这个工厂濒临倒闭,发不出工资,员工

---

❶ 资料来源:作者。

士气低落，常常以罢工来宣泄。跟稻盛和夫一起去的四个大学生都辞职了，稻盛和夫却留了下来，他后来回忆说："在这家公司里，我的任务是研究最尖端的新型陶瓷材料。我把锅碗瓢盆都搬进了实验室，睡在那里，昼夜不分，连一日三餐也顾不上吃，全身心地投入了研究工作。"因为是最尖端的研究，光用死劲是不够的，为此，他订购了刊载有关新型陶瓷最新论文的美国专业杂志，一边翻辞典一边阅读，还到图书馆借阅专业书籍。他吃住都在实验室，在夜间或休息日如饥似渴地学习、钻研。就在这样拼命的过程中，稻盛和夫开发的"U字形绝缘体"成为制造电视机显像管必不可少的部件，公司接到了大量订单，让摇摇欲坠的公司有了起死回生的希望。

这个"最初的成功体验"，让稻盛和夫悟到一个重要的道理：获得心中快乐的前提是劳动。每天认真工作，努力获得回报，才能让你感受到人生的快乐和时间的可贵。正像漫漫长夜结束后，曙光就会到来一样，欢乐和幸福总会从辛苦的彼岸露出它优美的身姿，这就是劳动人生的美好。他说："即使在苦难当中，只要拼命工作，就能带来不可思议的好运。冬天越寒冷，樱花就开得越烂漫。人也是一样，不体验痛苦和烦恼，就很难有大的发展，就不会抓住真正的幸福。不管是顺境也好、逆境也好，不管自己处在何种境遇，都要抱着积极的心态朝前看，任何时候都要拼命工作，持续努力，这才是最重要的。"❶

1959年，在已取得的技术和业绩的基础上，稻盛和夫创立京都陶瓷株式会社（现名京瓷）。他发现，一旦发疯地投入工作之中，对某个目标有强烈的渴望，就会在脑海里形成一个意象，这时，神灵就会给你一把照亮前途的火炬，智慧之井就会向你洞开。稻盛和夫体悟到了超越现实的想象力和创造力产生的真实过程。他知道追求尽善尽美的强度，决定了一个人和一个公

---

❶ https://www.sohu.com/a/379081249_100002975

司的前景。❶一次，他的一个同学在京瓷公司领军做一个新产品的研发，该团队历经几个月的艰辛，克服重重困难，终于拿出了完全符合客户要求的产品。但是，稻盛和夫却以这不是他心里所见的鲜亮陶瓷为由把设计打了回去。那个主管简直是怒气冲天，还不得不回去研制稻盛和夫"梦里看到的鲜亮陶瓷"，最后历经磨难，终于拿出了完美的产品。

在近半个世纪的时间里，稻盛和夫亲身所经历的经济周期有很多回，正是凭借其胆识和远见，从而使企业不断在逆势中成长。对于所谓萧条，他认为商业经营者实在没有必要感到悲观，有萧条的时期，必然就有往上走的时候。在不景气的时候，最重要的大事就是要为未来做好准备，一定要有远见，不要慌张，要忍耐。不妨利用这段宝贵的时间，认真思考自己的产品、服务和市场，针对可能的研发、细分市场进行准备。每次当经济不景气的时候，稻盛和夫都会专注于研发，去探究各种新业务、新产品的可能性。

稻盛和夫深深为明治维新时期的大政治家西乡隆盛舍身忘我的精神人格所打动和折服，并从中找到其企业经营的核心价值观念"敬天爱人"，意思是说，人生、事业中都有天道、有神理，要心存敬畏，要有爱心，要为提升人类的福祉尽心竭力。稻盛和夫认为，"行善施爱是人最高贵的行为"，我们拼命工作所获取的利润，不仅是为了我们自己的幸福，还应用于为他人谋幸福："只有真正以利他为目的，才能形成对企业对全体员工和企业外部消费者的感召力"，只有先"利他"，才能达到长远的"利己"。❷稻盛和夫创建KDDI（原名DDI）的最终目的，就是要打破国有企业垄断通信行业的局面，降低广大日本国民的通信费，这个利他的动机得到了员工和用户的支持，使公司获得了很好的效益。如今，KDDI已发展成为仅次于NTT的日本第二大

---

❶ 参见李思：《追逐商业梦境的稻盛和夫》，《理财》2010年9期。
❷ https://www.docin.com/p-699718115.html

通信公司。

稻盛和夫把自己的经营成功概括为："现场有神灵"和"答案永远在现场"。在他看来，公司运营的第一目标，不是为了股东利润，也不是为了客户利益，而是为了公司员工及其家属的幸福。他坚信，一个公司无论规模多么大，只要建立起员工心有所属的平台，就可以释放全体员工的地头力，公司就可以持续拥有竞争力了。他在退休时把自己的股份全部捐献给了员工，自己则皈依佛门，转而去追求至高财富——提炼心智。❶

这样的超脱和追求，使他得以拥有了俯瞰人生的视野。稻盛和夫从一个全新的角度，诠释积极工作对人生成就的巨大推动作用。❷在稻盛和夫看来，获得生活食粮诚然是工作的重要理由，但人工作的目的，更为重要的是提升自己的心志："日复一日勤奋地工作，可以起到锻炼我们的心志、提升人性的了不起的作用。而通过这种心志的提升，我们每个人的人生价值也能随之提升。"❸他在著作《人为什么活着》中指出："成功和失败都是一种磨难。有人成功了，觉得自己了不得，态度变得令人讨厌，表示其人格堕落了；有人成功了，领悟到只凭自己无法有此成就，因而更加努力，也就进一步提升了自己的人性。而真正的胜利者，无论是成功或者失败，都会利用机会，磨炼出纯净美丽的心灵。"为此，他勉励生活在现代的年轻人：只有通过艰苦卓绝的努力，在成就伟大功绩的同时，也造就了自己完美的人格。❹

稻盛和夫从"佛道"到"人道"到"商道"的人格修炼，源于他的宇宙观：宇宙中无论体积多么小的东西，全是构成宇宙不可或缺的元素。因此，这世界上没有一样东西是多余的。宇宙间的万物也是在相互联系中建立"存在"

---

❶ https://baijiahao.baidu.com/s？id=1645738026521609787
❷ 王吉万：《企业家的哲学境界》，《企业管理》2010 年 3 期。
❸ http://www.360doc.com/content/19/0731/15/144930_852190945.shtml
❹ 王育琨：《中国企业家遭遇人生格局困境》，《廉政瞭望》2009 年 2 期。

的。而人类是"存在"的"万物之灵",因此人类可以为世界、为人类本身做出贡献。既然人类的存在是有价值的,那么人来到这个世界上,就是来修行的。走近稻盛和夫,我们不是感受到"财富"的魅力,而是感受到"人格"的魅力。正因为他将"因果报应法则"变成了信念,并在实践中忠实地贯彻,使他对事物的判断变得很简单,从而使他的人生和事业获得巨大的成功。用稻盛和夫的话说,就是"理解工作的意义,全身心投入工作,你就能拥有幸福的人生"。❶

四、国民教育及社会秩序

日本的强大,其实就是教育的成功,是日本人素质提升的结果,这些东西是用多少钱都买不来的东西。它们不是空泛的理论和逻辑,而是极为优秀的素质。正是这种普遍性的民族素养,让日本能够迅速从灾难中奋起,始终屹立于世界强国之林。

1. 国民素质

日本的真正强大不在于我们前台所看到的东西,而在于他们的后台,以及能设计这些后台的高素质的人才。最新联合国公布的全球国民素质道德水平调查及排名,日本国民素质连续30多年排名世界第一。这表现在工人一丝不苟的操作中,表现在神户大地震的时候领取救援物资的秩序井然的队列中,表现在日本社会服务行业的方方面面:

其一,严谨、认真、细致。

日本山多水多,唯独土地贫瘠,自然资源极为匮乏。故而,日本人自古

---

❶ https://www.360kuai.com/pc/90ec86a24e9acebd6?cota=4&tj_url=so_rec&sign=360_57c3bbd1&refer_scene=so_1

就懂得并施行了高度集团化的作业方式。这也导致了日本人对待工作还必须分工细密,要求到个人就是掌握并精通某种技艺。长此以往,自然就形成严谨的规则,技能也就专而精了。

日本人干活办事一丝不苟的严谨态度和认真细致的作风,已经渗透进了日本人骨子里。大到市政设施,小到室内装潢,日本的工程质量彰显精致。路面上的交通标线好似出自工笔功夫,社区里的方砖地精雕细琢,房间里的边角都严丝合缝。院里院外,屋里屋外,看不到一丁点粗糙的痕迹。日本的工程,档次纵有高低之分,品质则无优劣之别。

就拿电车和地铁来说,以东京站(图3-18)为例,地上、地下共有六层空间,三十条往复电车、地铁及新干线在同时运行着。即使在这样错综复杂的条件下,日本人居然仍能做到"非事故情况下零延迟"。

图3-18 东京站外景❶

在日本的城铁站等场所,站在任意位置,只要环顾四周,一般能很容易地看到钟表、指路牌和卫生间等标志,一些卫生间指示牌上甚至会注明目的

---

❶ 资料来源:作者。

地的距离。在地铁的老弱病残孕专座区域，有一项特殊规定，乘客必须关闭手机，这是为了避免手机信号对做过心脏搭桥等手术的老人产生辐射。

巴士上一伸脚，下面便有踏板；要放水杯，则有杯托；吃东西时，可以放下折叠板；要挂包，能找到挂钩；想看书，头顶上有小灯……可谓关怀备至。

日本人安排宴会，常常提前一两个月就发通知，按人数备餐，时间表上连几点几分谁喊"干杯"，都要写清楚。

为了更好地推广日语，他们研究了全世界学习日语人员的分布、构成、年龄和学习目的，以求有的放矢。他们搞人口统计，各种数字会精确到个位。

酒店房间里的热水龙头，总是一打开就有温度适中的热水。洗浴时，浴池有高低两个喷头挂点。低处的挂点是专为小朋友洗澡设计的。洗浴完后，不大的卫生间充满了水汽，酒店为了防止镜子雾化给客人带来不便，特意将中间照到脸的一圈镜面做了防雾处理。

日本的卫生间堪称完美，不仅有挂钩，还有放东西的小隔板。小便池上方，有一条约一尺宽的平台，供如厕之人放东西。每个卫生间都有手纸。为了避免一个纸卷用完之后断档，马桶后还会放两三个备用纸卷。很多卫生间里，还能看见一张铺着棉褥、带栏杆的小床，这是为带婴儿如厕的父母准备的。日本马桶有加热装置，一直保持温暖。马桶基本都有自动喷水洗净烘干系统。在日本，如厕可以说就是一种享受。

其二，自律、有礼。

在日本，处处都可体会到自觉的规则与秩序。无须各样的规则，无须明文规定，或纯属道德规范，所有人都默默地遵照规则行事。整个社会、整个国家就像一个人一样一丝不苟、井井有条。这种自律性表现在日常生活中的方方面面：东日本地震海啸和核辐射，造成电力普遍紧张，日本提倡和推行各行各业和全社会节能，办公室、家庭和许多公共场合都只开一半的灯，虽然没有强制，但人们都非常自觉地实行。广岛亚运会开幕式结束时，几十万日本人退场后，在体育场里，居然没有留下一张丢掉的废纸。日本的电车服务很温馨，即便是最后一班电车，也有一位工作人员站在那里，非常诚恳地给你鞠躬，向你道一声晚安。

日本人对无故受惠非常谨慎，不轻易接受陌生人的帮助，否则会浑身难受。日本人的口头禅是"不给他人添麻烦"，每个人都尽力把自己的事情做好，力求尽善尽美。日本人行事尤其在意别人的感受。"没脸见人了""在别人面前蒙羞"的后果很严重，甚至要用生命来遮羞。这种自律，还包括不给父母与家人添乱，故而日本鲜见啃老族，也没有丈母娘经济，年轻人在结婚时，绝对不会要求父母帮他买房子买汽车。在日本人看来，这些都是最基本的生活法则。

日本可谓真正的"礼仪之邦"。日本人着装得体，待人彬彬有礼，在任何场合都会鞠躬，甚至在对方背后也会鞠躬。日常生活也充满了仪式感，从新生婴儿诞生，到成人礼、生日礼、毕业典礼，再到公司入职典礼、婚礼、葬礼，日本人都有独特的人情礼数。哪怕宠物去世，主人也要举行仪式，定制一个精美的灵位。

日本人习惯了自觉排队，在公共场合从不大声喧哗，平时乘车也很少讲话。安静的环境属于每个人，谁破坏这一份安静，就是侵犯他人的权利。在公共场合，你要是撞上、碰着别人，日本人会马上向你道歉。❶

其三，诚实、守信。

---

❶ 周旭霞：《感受日本人的生活品质》，《中共杭州市委党校学报》2006年9期。

日本是一个讲究诚信的社会。譬如，当你在日本入住酒店或旅馆时，从来不需要先垫付押金，离开酒店退房付账时，服务员也无须查房核对，只是简单问一下：是否用了房间里的付费物品？这体现了宾馆对客人的高度信任。❶

当然，日本人也不习惯别人的不信任，他们做什么事情不需要人看着，对人对事有着绝对的责任心与严谨态度。对日本人来说，他们最不能接受尊严和家族荣誉被人挑战和伤害。故而，在日本商业买卖中几乎不会发生欺诈行为，坑蒙拐骗的事情绝少发生。商店里的商品全都明码标价，没有水分。日本有许多自助加油站，自己加多少油自己放钱进去，从来没有人加油不付钱。日本的商场、超市、自动贩卖机，从来不装所谓钱币识别系统，因为没有人使用假钱。❷日本社会的诚信体系的维系，既包括来自政府的惩罚，也包括来独立的司法的惩处，日本《商标法》《民法》《刑法》《关税法》等法律中均有打击造假售假相关行为的条款。除此之外，更多的是来自媒体的曝光。一旦有人制假贩假被媒体曝光，老百姓就立马知情了，制假者的日子就算到头了：这家店的名誉全毁，银行会停止贷款，上、下游企业和合作伙伴停止商业关系，当事人甚至会选择自杀。

其四，平和与内敛。

日本人整体感觉上比较平和。《三国志》最早对日本人做出描绘："妇女不淫，不妒忌，不盗窃，少诤讼"，这正反映出日本人的平和，他们做自己喜欢的事，干自己想干的事。在日本，国民没有对于财富的狂热追求，人与人之间没有房产、汽车、孩子的攀比。即使是像日本首富孙正义、柳井正，他们从来不会开着豪车和私人飞机到处张扬。他们甚至把子女名字都隐藏了起来，不

---

❶ 周旭霞：《感受日本人的生活品质》，《中共杭州市委党校学报》2006年9期。
❷ 梁志高：《在日本造假被发现比死还难受》，《中国质量万里行》2017年6期。

去刺激弱者的心灵，以寻求社会最大程度的和谐。在日本社会，越是有钱的人，越是低调，越是不张扬。这并不是说，日本社会有一种极端的仇富心理，而是整个社会的价值观就是谦虚和内敛。如果你做不到谦虚和内敛，而是故意张扬自己的财富，那么朋友会远离你，事业也会遭遇挫折，并进而对你的人品和个人道德修养产生怀疑。

当然，日本人平和、内敛的背后，更不乏坚韧与顽强。"暗默知"这个词很精妙地刻画了日本人"表面沉默，内心戏丰富"的特质。日本人崇尚并时时用"水德五训"来鞭策自己。"水德五训"出自日本著名文化学者守屋洋整理老子《道德经》后所作的"专论"：水虽淡淡无味，却是最纯正的真味；水自由自在，清浊兼容，随遇而安；水无事之时居于被无视之境，亦不后悔，而一旦有事，尽百益而又从不居功；水总是谦逊低流 但却默默育化着万物；水无论是化为大海河流还是冰雪云雨，却不失其本性。以此"水德五训"来对照日本人之素为，不难发现，日本人确实时时在践行"水德五训"：他们平时淡定、儒雅、不急不躁、不出风头；一旦有事，却能顷刻间聚而成势，如磅礴之水。❶

2. 国民教育

日本国民的高素质自然与日本的教育密切关联。日本对教育一直高度重视。早在平安时代，日本的女性也能得到平等对待。日本古典名著《源氏物语》便是当时受过教育的女性紫式部（约973— ？）（图3-19）所著。江户时代，男子受教育率达50%，女子达20%。明治政府上台伊始，更是将广泛提高教育作为一项国策，鼓励各地办学，派遣留学生，聘用外国专家，实行教育平等化。在当时的日本，受过中等教育的人口比例，远超美国和加拿大。1890年，日本根据此前明治天皇颁布的《学校林》建立了学校系统，确

---

❶ 参见万景路：《你不知道的日本》，九州出版社2016年版，第266—267页。

立了以小学教育为基础的近代学校制度。甲午战争后大清国的赔款，日本全部用于公立中小学的建设，而不是用于政府的"庆胜纪念典礼"以及"三公消费"。明治天皇曾言："我们要让北海道山里最穷佃农的小女儿读完小学。"❶ 1900 年，日本就开始实行四年免费义务教育，1907 年实施六年义务教育，到 1910 年，日本的初、中、高等教育在校人数已经远远超过了当时的英国，成为世界上教育最发达的国家之一。最值得一提的是，即使二战战败，1947 年，日本又颁布《基本教育法》，规定全面实施九年免费义务教育。

图 3-19　2000 日元背面（下方）紫式部的图案❷

日本对教育的重视程度不仅体现在官方层面，身在教育体系中的学生的身体力行，更是不可或缺的一环。日本人对阅读的热爱全球闻名，他们"真正把学习当成一辈子的事"。在日常生活中的几乎所有等待时间，他们都能拿来阅读。日本政府甚至立法规定：所有公共图书馆必须在儿童读书日前后举办儿童读书活动，力求让孩子随时随地自主读书。

如今，在日本，高中毕业的学生大多数都可以上大学，受过大学教育的人数占总人口的一半左右。❸ 高质量的国民教育是日本强盛的根本，是法律

---

❶ https://wenku.baidu.com/view/t4f68f3b172dcd630a1cb604.html
❷ 资料来源：作者。
❸ 参见金世柏：《教育改革的两个根本性问题——从中日两国教育的比较谈起》，《河北师范大学学报（教育科学版）》2007 年 9 期。

支撑的国家大略,从不含糊。在日本,没有教育产业化之说,因为在日本人看来,大学育人与"拜金"水火不容。至今,日本的国民教育体系是全世界公认最完善的,教育效果是最好的,几乎没有文盲。

在教育内容上,日本教育的一个显著特点,便是学习最先进的文化。这一特点一直延续至今:

其一,尊崇自然的教育。日本的学校教育,让孩子接触大自然,自己种菜收获;利用废旧报纸、牛奶盒子等自制玩具;自己整理物品。老师和父母在孩子的成长中更多的是扮演一个引导者和旁观者的角色,放手让孩子自己去探索这个充满未知的世界。1973年诺贝尔物理学奖获奖者江崎玲于奈曾说:"一个人在幼年时通过接触大自然,萌生出最初的、天真的探究兴趣和欲望,这是非常重要的科学启蒙教育,是通往产生一代科学巨匠的路。"❶ 1981年诺贝尔化学奖获得者福井谦一在《直言教育》中写道:"在我的整个初中、高中时代,给我影响最大的是法布尔的著作,《昆虫记》《阿维尼翁的动物》《橄榄树上的伞菌》……他于我可以称为心灵之师,对我的人生起到了极为重要的作用。"❷ 2008年诺贝尔化学奖获得者下村修也曾说:"我做研究不是为了应用或其他任何利益,只是想弄明白水母为什么会发光。"❸ 对于大自然和这个世界保有一颗闪闪发亮的好奇心,也许就是科学家们之所以会走上科学道路的最单纯原因。

在富士山脚下有一所日本环境省主办的自然学校,在大自然当中进行教学,研究森林、动物、植物。这所学校一年的招生量是10万人次,而他们的职员只有区区6个人。这所学校教什么呢?教学生如何去应对火山喷发,如

---

❶ 参见谢雅辉:《传承传统民族文化背景下的幼儿园建筑设计探讨》,《美与时代(城市版)》2016年11期。
❷ https://baijiahao.baidu.com/s?id=1613231275944931948
❸ https://www.sohu.com/a/258316363_170827

何去处理人和人的关系以及一系列的自然行为,在自然教学中形成亲子之间的关爱。举一个简单的例子,一位老奶奶带着自己的孙子在走路,老奶奶走得口干舌燥的时候,小孙子把自己留下来的一口水给奶奶喝。这时候,什么话都不用讲,什么爱都不用说,爱已经在这点滴之中了。

其二,培养良好的公德意识。日本的小学生和初中生们有一门必修的"劳动技能课"。学生们在课上不光学习做饭、缝手提包,还要轮流排班,定期打扫学校卫生。这样一来,学生们既可以得到锻炼,又能够珍惜劳动的成果,养成良好的公德意识。日本小学生每天去上学,光是鞋子就得准备三双:出家门时穿的运动鞋、进学校玄关时更换入室的白色布鞋、在室内体操场上课的体操鞋。❶绘画课要用专用的颜料套装;裁缝课得用专用的裁缝套盒;打扫厕所必须用专用的长雨靴……这种从小对日常用品的细分与归类,培养出成人后对自身所从事的职业的讲究。

其三,教育不是靠说,而是靠做。在日本中小学的午餐时间,随着给食中心的送餐车到来,整个学校就进入了有条不紊的午餐准备中,具体到班级,先是学生们按四至六人组成一组,把自己的桌椅凑到一起拼成餐桌,同时,班级的五六位"给食当番"学生头戴白三角巾,身穿白大褂,系着围裙,分别按分饭、分汤、分牛奶等各就各位。接下来,学生们排队领餐、就座,开始就餐。当然,班主任也和学生一起吃一样的饭食,其间,师生互动,其乐融融。饭后,老师和学生们一起自觉而又有序地收拾、打扫,把教室还原成上课时的样子……从而于餐食之中自然养成学生的生活能力。

还有,在日本,学生学习成果的展示不是简单的考试,而是要求学生必须要解决实际问题。日本的机器人独步天下,他们在针对小学生、初中生、高中生的机器人教学中,都要求机器人要能够运用于实际。在福岛核电站爆

---

❶ 唐辛子:《日本人的"匠人气质"》,《教师博览》2013年8期。

炸事故的搜救机器人中，就有日本普通学生的作品。正是这样的方式，让学生们能够从实际出发，充分解决实际问题。

其四，教学是基于十年后的社会需求。在日本，教学理念往往是基于十年后的社会需要什么样的人才，再反馈到今天进行教学。这样的教学，是基于未来需求的。这样培养出来的人才，能够充分适应未来社会，而不必担心将来被淘汰。

究其实，日本强大的秘密，就在日本人的钱币上，它们每天向人们传递着一种国家价值观：知识在这个国家受到尊重。世界上大多数国家货币上印的是政治人物或者开国领袖，只有日元纸币印的是思想家、教育家、文学家和科学家。看看日本纸币上的那些人物：2004年版的一千元日币上印的人是世界著名的细菌学家野口英世（1984年版上是文学家夏目漱石）；五千元日币上是明治时代的著名女作家樋口一叶（1984年版印的是明治时期教育家新渡户稻造）；而最大面额一万日元纸币上面的人自1984年以来始终是福泽谕吉。此举意味着对国家和人类有过贡献的伟人们最隆重的怀念、最深刻的尊敬。❶ 可以说，这种发自心底的尊重学者、尊重知识，有着比获得诺贝尔奖更大的价值。

3．环境与秩序

日本人天然热爱自己的家园和自然，极尽热爱、呵护之能事。而传承至今的日本庭园、枯山水，以及花道、茶道和极具特色的家居布置等，都是日本人热爱自己家园、自然的真实写照。

其一，干净、整洁。

无论是城市还是乡村，日本给人的第一感觉就是干净。清新的空气、安全的直饮自来水、人性化的卫生间、素净优雅的着装、一尘不染的马路、

---

❶ 叶治安、范能船：《理智与情感：关于诺贝尔奖的颁发与人类文明的推演》，《上海城市管理》2016年11期。

明亮整洁的便利店……这一切都分明彰显出"干净"已然是日本的一种标签、一种文化了。1919 年,时任哥伦比亚大学哲学系教授约翰·杜威(John Dewey)与妻子在日本之行中记录下这样的情景:这个国家干净到你觉得可以在任何一处的地板上吃东西。杜威注意到一些细节,比如,下雨天商店给顾客准备了鞋套,糕点被做成粉红色的叶形用去年的樱树叶包裹着。❶

这些都得益于日本对环境质量的高度保护。日本虽然自然灾害频发,但人们具有非常强烈的环保意识,每个人都自觉地保护环境。全国几乎没有裸露土地,处处都是绿荫。日本是世界上垃圾分类管理最严格的国家,家家户户自觉对垃圾进行分类,按时定点收集。❷ 在任何地方,都看不到乱扔垃圾和随地吐痰的现象。即便是在皇居对面的公共绿地上,一群流浪汉席地而卧,也都带着塑料袋,以盛放垃圾。日本人一般没有边走边吃东西的习惯,街面上也没有设置果皮箱,故而日本的大街小巷几乎看不到一片垃圾。(图 3-20)

图 3-20 日本随处可见的干净街道 ❸

---

❶ https://book.douban.com/review/10037467/
❷ 程宇航、陈宁:《强大的日本强大在哪里》,《老区建设》2018 年 5 期。
❸ 资料来源:作者。

其二，节约与务实。

基于自身资源匮乏的清醒认识，日本人对自己的家园、资源以及名胜古迹等呵护备至。日本饭菜一般分量较少，够吃即可，故而极少见到剩饭剩菜。如今的日本虽然已经非常富裕，但从来都视浪费为犯罪。

日本是世界上节能、减排工作做得最好的国家。国际能源研究报告表明，日本的能源利用效率一直是发达国家平均数的5倍，是中国的30倍。在交通节能领域，政府大力发展公共交通。即使相对于日本国民的收入水平，日本汽车很便宜，但居住在繁华城市的日本人大都不买车，进城的人是把车开到城边的停车场，再搭乘公共交通进城办事。如今，日本又流行骑自行车，这样做既节能，又减少污染，还可以锻炼身体，故而受到人们的普遍欢迎。材质优良的脚踏车整洁耐用，放在任何角落里也没有人偷窃，更没有人以存车收费的名义来敛财。

在泡沫经济破灭后的日本，人们变得更加务实。很多人选择买面包车，最主要的原因是因为面包车的空间大，平时出门也方便，不管游玩、拉货、带人，都是很好的选择。虽然颜值和舒适度不太优越，但是空间和油耗有很大的优势。另外，日本对于国人买面包车也有补贴，从而使得拥有面包车的成本非常低。

其三，安全与和谐。

日本具有完善的基础设施，以高速公路、铁路、新干线和航空运输构成的交通网络构成了一个立体交通网，几乎覆盖了日本的每一个角落，不同交通工具之间几乎实现了无缝连接，没有任何一个国家可与之相比。同时，由于汽车和行人都严格遵守交通规则，街道上很少能看到警察，无论是市内还是市外的车流，看不到强行并线、超车、加塞，甚至进入逆行道行驶等现象。因此，日本在世界上也是交通事故率最低的国家之一。东京、大阪两大城市之间的新干线是全世界第一条时速超过 200 公里的高速铁路，更是以准时、安全著称，自 1964 年 10 月 1 日通车营运至今，只有因自然灾害造成过 8 人伤亡外，没有因本身机械事故造成的伤亡，这为全世界的高铁树立了一个榜样。

在日本，亲切感与安全感无处不在。日本超市的所有货品都有完整的包装，包装上标有它的产地及责任人。只要消费者认为有问题，马上就可以找到当事人。对问题产品也不需要消费者亲自劳驾，只要给这家超市的人说道一句，一般就会立马得到明确回应。消费者还可以给政府"相关部门"打电话，任何投诉都会立即得到查处，结果将会使制假者倒闭，消费者还会由此得到不小的补偿。绝没有一个政府部门或者某一个官员对此推诿或者搪塞，否则他就可能丢掉饭碗。消费者还可以通过媒体曝光，媒体的报道既快速又翔实，会立即招来社会的关注；还可以通过司法解决问题，法院极少有置之不理的情况，更不会在审案时掺杂原告和被告的身份地位及其所带来的社会影响等妨碍司法公正的因素。

日本人极重家族荣誉与个人荣誉，自然也遵守和敬畏法律与秩序，很怕自己有犯罪记录而影响自己的一生。这种法制意识与个人的荣誉感，使得日本成为世界上治安最好、犯罪率最低的国家之一。在日本生活，真有一种"路不拾遗、夜不闭户"的感觉。在机场、饭店、宾馆等各个地方，经常可以看到没人看守的行李，旁边人来人往，但东西很安全。❶更没有人家装防盗门、防盗网，因为他们从不担心被盗。钱包与手机放在兜里，大半截露在外面，也不用担心被偷。在公共场所打闹、吵架的现象极少发生。小学生自己走路上学，无须接送；女士深夜可以安全地独自回家。除了机场口岸，日本没有第二处安检的地方。故而，日本社会的管理非常开放，从无人值守的

---

❶ 程宇航、陈宁：《强大的日本强大在哪里》，《老区建设》2018 年 5 期。

政府大门，到无人看管的体育场、公园等，处处都体现出一种自信、自律、开放、自由的社会管理模式，无须"维稳"，即可和谐。

其四，公平与廉洁。

日本还是世界上最公平的国家之一。"公平"是日本社会的不二法则。日本在城乡、区域发展方面已达到了比较均衡的状态，农村生活水平与城市差别不大，交通便利，服务设施完善。在日本，人们不管是从事何种行业，工资收入差别不大，且非常透明，没有工资外的灰色收入。日本实行严格的个人所得税和遗产税，遗产税率从10%到70%不等，这些都成为调节收入分配的有效手段。因此，日本的基尼系数比较低，大约是0.285，属于世界上收入差距最小的国家之一。❶

日本还是世界最清廉的国家之一。美国的政府成本大约占财政收入的9.9%左右，而日本在发达国家里面比重最少，仅占财政收入的2.8%左右，欧盟国家平均占5%左右，中国是20%左右。不仅如此，据相关资料显示，日本的决策失误率大约是0.28%，而发达国家决策失误率平均约3%。❷

---

❶ 参见程宇航、陈宁：《强大的日本强大在哪里》，《老区建设》2018年5期。
❷ 参见刘睿：《"互联网+"时代背景下政府管理模式创新研究》，《劳动保障世界》2018年8期。

第四章 技术、管理与战略

成就"日本制造"的，除产品优良、质量保证之外，还有日本独特的竞争优势，诸如：视技术创新、技术领先为生存的基本法则；高效率的生产现场管理；以财团为后盾的独特的"链式作战"模式和政府积极的产业政策及制度优势；富含东方智慧的竞争策略与艺术等。万景路先生在《你不知道的日本》一书中说得好："他们聪明地学去了中国文化的精华，而没有沉醉在中国文化之中不能自拔；他们也聪明地从西方那里学去了先进的技术而未陷入西方文化之中不能自已。东西方精髓的完美合璧，使得这个岛国经过不懈努力成了世界的技术先驱、经济典范、礼仪标兵。"❶

一、技术与创新

日本资源匮乏，科学技术是参与国际竞争的唯一手段。而要跟上全球竞争的唯一方法，就是在研发和创新上保持领先。"不创新，就死亡"，便成为国家社会存亡的铁律。

1. 模仿、改良与超越

在工业化时代，日本曾是成功的追赶者。明治维新伊始，日本学习德国。"二战"之后，日本又学习美国。到了20世纪80年代，日本建构起人类社会史上罕见的、比欧美更完善的现代工业体系，达到了德、美等国都未能达到的高度工业化水平。❷

在80年代的世界经济中一枝独秀的，应该说，不是美国，而是日本。在纺织、钢铁、造船、家电、汽车和半导体等制造领域，美国完全输给了日

---

❶ 万景路：《你不知道的日本》，九州出版社，2016年版，第104页。
❷ 冯昭奎：《工匠精神：日本制造业发展的动力》，《青海科技》2016年12期。

本。❶从重工、汽车、家用电器、消费电子产品，当时的"日本制造"，几乎在每个领域都有佼佼者。

除了日本人自身的努力之外，日美友好同盟关系的建立，对于日本经济实现复兴可谓"功不可没"。在日美同盟关系下，日本可以不需要花大钱发展军事力量，而把大部分财政用于发展民生，完善社会保障制度。更为重要的是，美国给日本企业带来了技术水平的提高以及进驻国际市场的机会。日本原本就有发达的军事重工业，在"二战"失败后则纷纷转为民用工业，并先后从美国等工业国家引进先进技术，开发新产品，大力发展科学技术。在这一时期，日本企业家在世界到处寻求专利和工业技术，选派大批管理人员和工程师去海外考察。日本的许多专业机构（如日本生产率中心）也组织了许多跨国公司的专家小组访问美国和欧洲，以检查研究现有技术，探测新技术，从而将日本制造业的发展建立在世界先进技术的基础之上。

1951年，松下幸之助前往美国（图4-1），他不理解为什么在两国生产的电器，原材料和出售价格所差无几，但美国工人的工资却是日本的10倍有余，美国公司依然能获利，而日本公司却连续亏损？个月后，松下找到了两个答案：企业的科技化和体制民主化。于是，松下幸之助恢复了战前与荷兰飞利浦公司引进先进技术的合作，同时不遗余力地宣传"民主化的理念"。松下在20世纪50年代的广告中称："根据日本宪法第25条，所有人都有权维持健康、文明的生活标准。家电是理想生活的必备，将推动日本的民主化进程，买一个，就能享受更舒适方便的生活。"❷这则广告经过松下的解读演变成："美国化"等同于"民主化"，又等同于"使用家电"。

---

❶ 徐立军：《试论并购对日本建造"世界工厂"的促进作用》，《企业经济》2003年7期。
❷ https://chuansongme.com/n/1346231451566

"日本制造"的文化密码

图4-1 1951年,松下幸之助赴美国考察、访问 ❶

善于模仿是日本民族为世界所公认的特点。其实,在日本词汇中,"学习"的最初含义便是"模仿"。对于欧美的先进科技产品,日本"山寨"起来,不仅毫无心理负担,甚至还具有某种神圣的意义。有关日本人的"善于模仿"的例子不胜枚举,譬如零式战机,完全就是模仿欧洲。东芝生产的日本第一款吸尘器和冰箱,完全照抄美国通用电器的产品,甚至连外观都一丝不苟地模仿。现在小孩最爱吃的日本糖果品牌不二家,其招牌的卡通形象,从连衣服款式到头发颜色,其实是抄自美国品牌Brids Eye;快到碗里来的M&M's巧克力豆,也被日本食品巨头明治公司山寨过;日本山寨德国宝马的摩托车,连商标也不放过,直接把宝马的蓝白色块换了下位置,于是,BMW变成了DMW。有一个流传甚广的段子:日本一些山寨商品的制造商创建了一个名叫"USA"的小镇,这样他们就能把山寨产品打上"Made in USA"的标识。传闻真假无从查证,但日本九州确实有1967年设立的宇佐市,日文拼音写作"USA"。

---

❶ 资料来源:http://inews.gtimg.com/newsapp_bt/0/5005596848/1000/0

当然，日本人并没有局限于"山寨"，而是对于引进的技术专利和设备，以更多的投入去消化和吸收，并在此基础上进行改良，实现"一号机进口，二号机国产，三号机出口"。由此，日本的产业素质、劳动效率和产品质量得以显著提高，"日本制造"也从"地摊货"走向高档消费品市场，从而逐步实现从专利技术进口国，向成套设备、专利技术出口国的转变。其结果，许多别人发明的产品，被日本人学到手后，经常出现了徒弟打败师傅的局面。比如，在20世纪五六十年代，美国无线电公司把出售技术给日本公司视为额外的收益来源，却低估了日本公司吸收基础技术的能力，没想到日本做了重大补充改进后，反过来与美国公司竞争。还比如，世界上第一台数码相机是在美国诞生的，日本掌握了核心技术并有所创新，反而成为全球最大的数码相机生产供应地。[1]还有，日本的钢铁制造业从奥地利买来基本的氧转换系统技术，不到十年，他们就把改进了的炼钢技术卖给国外同类企业。日本汽车行业也是从模仿起步，直到积累了经济和技术基础之后，才大量投入，走上了正向研发之路。马桶盖也是山寨来的，如今的TOTO却早已超越了曾经模仿的对象。

在这方面，索尼公司最为典型。它从美国买回晶体管技术，重新设计，重新制造出了一种完全新型的电子管——电子隧道二极管，为此获得了诺贝尔奖，这连最初的发明者都未曾预想到。索尼公司以此为起点，建立起一个完整的微电子工业。英国人当年研制出了一种微型电机，一时不知用于何处，索尼公司买下了这项技术，开发出了能装在上衣口袋里的"walkman"，从此风靡全球。在回答什么是"索尼精神"时，盛田昭夫（图4-2）说："索尼是开拓先锋，始终是未知领域的探索者，决不跟在别人后面走。索尼通过

---

[1] 参见陈璐婷、韩清凯：《日本的模仿创新给中国发展带来的启示》，《中国外资》2011年10期。

技术进步为整个世界服务。索尼人为参与创造性的工作而感到欢快,为贡献自己独特的才干而感到自豪。"❶

图4-2 青年时代的盛田昭夫 ❷

而当外国公司开始认识到日益增多的工业部门已被日本工业赶上时,想重新获得失去的地盘,却为时已晚。美国的公司将日本制造的部件买来拆开研究,他们发现,在关键部件的生产成本上已经无法与日本匹敌。不仅如此,相对于创造发明者,模仿者的收益显得更为"可观"。美国的一项调查研究发现:从1948年到2001年诞生的发明创造,这些创造的发明人只能获得自己研究成果现有价值的2.2%,价值的97.8%基本都进了模仿者的腰包。

日本光明正大地学习技术,做出了比国外同行更好的产品,但日本并没有因此而丧失本国的文化精髓。大多数日本工程师和管理者并不认为美国等国家的经验可以直接照搬,而是会选择性地挑选其中最适合本土化的部分。这种"混合模式"在20世纪70—80年代被热捧为日本原创,实际上它们的根源大都在美国。可以说,现今市面上每一家出色的日本产品制造商,几乎都能找到它的美国原版,但日本工业的美国化不是简单的抄袭和模仿,而是对美国制造

---

❶ http://info.broadcast.hc360.com/HTML/001/001/012/32786.htm
❷ 资料来源: http://a1.att.hudong.com/85/01/50200009239445156171017686602.jpg

精神的移植。例如，关于生产传送带的引进，日本厂商最初都不太相信传送带的功能，但 1955 年他们在福特公司的芝加哥工厂参观时，看到同一传送带上竟能生产出不同颜色的汽车外壳，才及时引进了传送带技术。然而，让美国人意想不到的是，短短 20 年后，当年那个远渡重洋跑来学习技术的后进者，竟开始蚕食美国汽车之城——底特律。1982 年 4 月《纽约时报》报道，日本汽车品牌已经占领美国近 22% 市场份额，致使 25 万汽车工人失业。1981 年 3 月 3 日，美国福特公司的员工还曾进行集会，抗议丰田公司抢走了他们的工作机会。

与欧美汽车企业善于创新和制造营销噱头不同，在新技术的耕耘上，日本企业虽然非常谨慎和低调，但日本民族性格中的固执，让他们从来都是一根筋走到底。例如，丰田用半个世纪的研发和制造经验，创造出雷克萨斯（图 4-3），仅用了十几年时间便在北美超过了奔驰、宝马的销量。而当其他汽车企业还在踯躅于新能源车走哪条技术路线时，丰田的混动车在全球累计销量已突破 700 万辆。当电动车还在各国举步艰难时，丰田的 Mirai 氢动力汽车已在日本面市。

图 4-3　首款雷克萨斯汽车的前身—Celsior[1]

---

[1] 资料来源：作者。

2."酷日本"计划

"日本制造"在国际上的逆袭,一个基本的动力,就在于日本对科技的大量投入。即使在战后初期外汇资金非常紧缺的情况下,日本也舍得拿出外汇来购买技术和专利。这些引进的专利技术集中在装备制造业、运输机械、有机化学、电子、钢铁等"基干产业"领域,对后来日本产业装备现代化水平乃至经济整体水平,产生了极大的带动作用。

当然,"日本制造"最强生命力的来源,依然是不遗余力的自主创新。1995年11月,日本国会通过了《科学技术基本法》,明确将"科学技术创造立国"作为基本国策,从而拉开了日本重建科技体制的序幕。从此,日本政府每隔五年都会制定"科学技术基本计划"作为国家的科学技术大方向。日本试图通过这些战略举措,成为"能够创造知识和运用知识为世界做出贡献的国家","有国际竞争力和持续发展能力的国家"。从2005年到2015年,日本这十年的科研经费平均达到国内生产总值的3%,居发达国家首位(美国为2.8%)。2016年1月,日本内阁审议通过了《第五期科学技术基本计划(2016—2020)》,该计划提出,未来十年把日本建成"世界上最适宜创新的国家"。为此,日本政府未来五年将确保研发投资规模,力求官民研发支出总额占GDP的4%以上,其中政府研发投资占GDP的比例达到1%(按GDP名义增长率年均3.3%计算,日本政府五年研发投资总额约为26万亿日元,约合1.45万亿人民币)。❶

不仅日本政府科研投入大,日本的企业也很重视技术开发,几乎所有的大中型企业都有自己的研究机构及其完整的创新体制,甚至有近万个企业本身就是从事新技术研发的。从20世纪60年代前半期开始,日本民营企业用

---

❶ 参见叶治安、范能船:《理智与情感:关于诺贝尔奖的颁发与人类文明的推演》,《上海城市管理》2016年11期。

于研究开发的资金明显超过了依靠政府预算支出的研究开发资金,这种"民营企业主导型"的研究开发结构一直持续到今天。大体而言,由政府主导的科技研发,在数量上仅占日本科技创新内容的20%,剩下80%的科技创新都是由企业完成的。❶可以说,日本的民营企业是国家发展技术的真正主力军,可谓已形成了"全民创新"。

如今,在技术研发方面,日本有四个指标名列世界前茅:一是研发经费占GDP的比例世界第一;二是由企业主导的研发经费占总研发经费的比例世界第一;三是核心科技专利占世界第一,占80%以上;四是专利授权率竟然高达80%,可见其专利申请的质量。这意味着日本整个国家对技术研发的重视,同时也告诉我们为什么日本科技能独步天下。❷

据统计,日本获得诺贝尔奖的人数,比其他所有亚洲国家获得的诺贝尔奖科技类奖项的人数都要多。从第二次世界大战结束后的汤川秀树(图4-4),到2018年的本庶佑,日本已经出现了27名诺贝尔获奖者(包括原籍日本后移民美国和英国的2人)。2000年之后,日本基本上每年都能拿下一个诺贝尔奖,成为全球诺贝尔奖获得者第二多的国家(仅次于美国)。这些诺贝尔奖,意味着日本在芯片、机械、医学、新能源、机器人、环境处理等高科技产业领域,都具有自己的核心力量及先发优势。尽管近年来日本国内许多企业将制造部门迁移到海外,但依然在本土保持研发中心,持续发展技术开发能力。在当下,日本依然是目前世界上数一数二的科技强国,日本的许多制造公司在先进技术领域依然是公认的技术领袖。在汤森路透评选出的"2015全球创新企业百强"榜单里,日本以40家高居榜首,力压美国的35家。而中国内地无一入围。

---

❶ 冯昭奎:《工匠精神:日本制造业发展的动力》,《青海科技》2016年12期。
❷ 《日本人眼中的中国企业:死得也太快了》,《资源再生》2016年2期。

"日本制造"的文化密码

图4-4 第一位获得诺贝尔奖的日本人、物理学家汤川秀树(中)与爱因斯坦(左)的合影 ❶

21世纪是信息化的世纪,也是工业继续"进化"的世纪。在21世纪相继出现的,与大众消费密切相关的工业产品几乎都将发生"进化"。例如,使用汽油的汽车正在进化为使用燃料电池的电动汽车;各种家用电器正在进化为"信息家电"。面对新的形势,日本一方面在不少高科技产品领域依然保持领先地位;另一方面又积极利用其传统制造技术的深厚基础,力图在纳米、超导、信息家电、电动汽车等新工业产品领域夺取优势。❷ 例如,三菱重工运用独有的五重心柱技术为全球第一高电波塔——东京天空树(图4-5)开发的世界最先进调偕阻尼器,可以将超高层建筑物因高强风速引起的摇晃度控制在毫米级,上海环球金融中心便是中国首个利用三菱重工提供的调偕阻尼器的超高层建筑。医疗硬件的最高峰——全球仅有的6台投入使用的重粒子癌放疗设备,有5套在日本,1套在德国,目前选择不开刀而接受重粒子线放疗的患者中有80%是在日本进行的。全球最大规模肝癌基因组测序已经由日本完成,使人类攻破癌症又进了一步。1994年,日本日亚化工突破了

---

❶ 资料来源:https://pic2.zhimg.com/80/v2-896ec4587d438c8bfd13896dcee18b15_hd.jpg
❷ 郁雨:《"日本制造"的演变轨迹》,《今日浙江》2003年2期。

GaN 材料成核生长的关键技术,随后 GaNled 研制成功,已广泛应用于全彩显示、交通信号灯、汽车灯具、液晶背光、室内照明和路灯照明等领域。

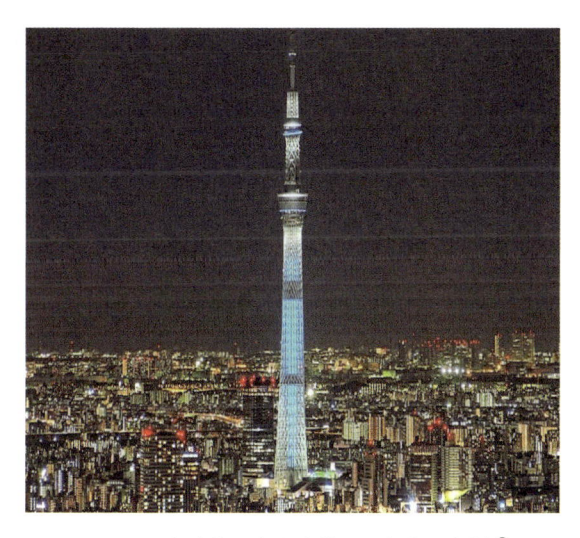

图 4-5 全球第一高电波塔——东京天空树 ❶

麦肯锡 2013 年发布研究报告:在当今有望改变生活、商业和全球经济的十二大新兴颠覆技术中,日本全力投入且 90% 已经做到了世界前三。在大数据云计算、新材料、资源再利用、能源存储等科研领域,日本更是做到了世界第一。❷ 比如,未来大数据时代的关键——云计算,2014 年 10 月起由日本富士通、NEC、NTT、KDDI 等联合设计开发的云计算安全规则,将成为云网络服务的全球安全标准,日本由此连续两年被评为云计算技术与云应用环境的世界第一国;大数据分析的专利目前基本被美国 IBM、微软,日本日立、NTT、富士通所垄断,等等。在可见的将来,日本的技术领先地位依然难以

---

❶ 资料来源:作者。
❷ 参见程宇航、陈宁:《强大的日本强大在哪里》,《老区建设》2018 年 5 期。

动摇。

3. 从技术研发到产品创新

从整个 20 世纪来看，许多科技发明出自欧美，然而，大规模的商业应用、产品的升级更新等工作，最后都是日本人深化和完成的。例如，电脑是美国人发明的，但笔记本电脑是东芝最先造出来的。其他如光纤（美国）、录像机（美国）、无缝钢管（德国）、工程塑料（美国）、精细陶瓷（美国）等战后科技革命，其最初发明者都不是日本，但在产业化和商品化方面做得最出色的却往往是日本企业。日本之所以能够做出如此成绩，靠的正是其出色的制造业。例如，日本的钢铁公司制造的可用计算机控制、能适应地下几千米深处采油需要的材质和精度的无缝钢管，一直是国际市场上的抢手货。❶

美国人发明了录像技术、传真技术，荷兰人发明了激光唱片技术，但日本人制造的录像机、传真机、激光唱片却占领了世界市场 30% 的份额。美国人发明了晶体管、数控机床和集成电路技术，但很快被日本厂商所采用，通过从美国购买电视机生产许可证，日本迅速成为电视机的出口大国。❷

日本厂商的这种创新行为，不是硬技术的创新，而是软技术的创新。所谓硬技术，是指对自然物质进行加工利用，提高的是资源生产效率。前提是所生产出来的产品或服务，总能按照既定价格有利润地卖出去。所谓软技术，是指对人类选择行为的研究，提高的是顾客选择效率，即测定出顾客或对象直接的、间接的、终极的需求。从日本的实践看，其硬技术采取的是模仿跟随策略，软技术则采取了对立创新策略。这种对立创新策略，使得日本在短时间内开辟出了一系列新的需求领域，满足了新的目标顾客市场的

---

❶ 冯昭奎：《工匠精神：日本制造业发展的动力》，《青海科技》2016 年 12 期。
❷ 曹琳、孙曰瑶：《"日本制造"转型的品牌经济学分析》，《石家庄经济学院学报》2010 年 10 期。

需求，从而避开了硬碰硬的直接竞争。例如，日本东芝公司在开发医用CT时，当时最大的对手是美国通用电气公司。东芝公司深入医院走访医生，发现通用电气的CT设备除了主功能外，还附加了很多辅助功能，这些辅助功能的利用率很低，因为这些辅助功能在医院里都有专业的设备可以实现。为此，东芝采取与通用电气CT功能对立策略，只保留主功能，取消辅助功能，不仅降低了价格，而且通过专利技术提高主功能的效果，从而一举夺取了市场。日本竞争获胜的经典案例之一，是索尼公司的新型耳机音响。这种以全世界青少年为主要销售对象的"沃克曼"轻便立体声系统，其技术是从英国购买的，但索尼首先将其产品化，从产品设计到工厂生产，及广告、包装等环节，直至上市出售，前后一共只用了5个月的时间。这一占先新产品立即大受青年人欢迎，在很大程度上也为索尼公司赢得国际市场奠定了基础。同样，日本尼康凭着战时生产军用光学器具的经验，率先将电子技术融入相机中，以精巧便利的特点，避开了德国产品的在位优势。日本钟表也以类似方式在电子石英表上开拓了全新品类，避开了瑞士机械表的在位优势。❶

　　在实施产品对立占先的策略过程中，如何保证产品能够满足顾客的需求，就构成了是否成功的关键。在这个方面，日本企业不是为了生产新产品而开发新产品，而是以顾客的需求敏感性为产品化的导向。以摩托车为例，本田公司认为，美国哈雷摩托的顾客骑摩托车主要是为了消闲及赛车，而亚洲消费者通常以摩托车为交通工具，希望摩托车维修容易和成本低廉，为此，本田公司便用同样的硬技术，针对不同地区开发出不同种类的摩托车，从而一举获胜。❷（图4-6）

---

❶ 曹琳、陶传平：《对立创新："中国制造"转型的品牌策略研究》，《东岳论丛》2012年3期。
❷ 曹琳、孙口瑶：《"日本制造"转型的品牌经济学分析》，《石家庄经济学院学报》2010年10期。

"日本制造"的文化密码

图4-6 本田公司创始人本田宗一郎骑本田公司研发生产的摩托车照片 ❶

1975年,尼康公司设计出符合日本人脸型的眼镜框"FB系列",受到消费者的欢迎。此后,尼康公司还在世界上首先研制出使用钛合金和碳纤维等新材料的镜框,并向海外出口。在硬技术领域,尼康公司还采用了压制技术、离子喷镀技术、真空技术等新技术,开发出"尼康眼镜框设计计算机系统",它能够根据每个人的面部特征设计消费者所需要的镜框。就尼康公司来说,这次眼镜框的开发是所谓的"销售主导型的研究开发",从一开始就瞄准了市场需求,它的领导人不是科研专家,而是营销人员。❷

"二战"后的半个多世纪以来,日本制造始终都注重市场的接受度,诸如产品的本土化、功能的完善和易用性等。日本人一直在不懈追求高效率和高生产流程,哪怕是生产像螺丝刀和电烙铁这样简单的工具,也会绞尽脑汁,仔细研究,审视用途,从而制造出最易用、最完美的产品。所以日本不

---

❶ 资料来源:https://www.honda.co.jp/50years-history/limitlessdreams/originality/img/pho_01.jpg
❷ 曹琳、孙曰瑶:《"日本制造"转型的品牌经济学分析》,《石家庄经济学院学报》2010年10期。

光有马桶盖,也有修眉刀、陶瓷刀等数不清的让国人去疯狂采购的产品。

值得注意的是,"日本制造"的经营管理者,往往也是产业界的科学家。例如,索尼公司创始人盛田昭夫,在少年时期就萌发对物理学的兴趣,研究手边的唱片机、收音机,向国内顶尖的物理学教授求学,并在"二战"结束以后去东京工业大学担任物理讲师。他最重要的创业伙伴井深,也是一位出色的工程师。一般的经营者的宗旨是跟随市场的需求,而索尼却敢于创造需求,不断开发新产品,以新制胜,常常是独占市场一年或一年多以后,其他的公司才会相信该种产品会成功,这期间索尼公司已赚了大把的钱,并且又有了新的创新、新的产品问世。1955—1965年,索尼公司研发出的半导体收音机、录音机、晶体收音机和固态电路的家用电视机在世界上遥遥领先,也使索尼公司获得了"先驱者"的名声。1965—1975年,索尼公司又把彩色电视机等划时代的新产品不断推向市场,使其业务蒸蒸日上,并改变了人们视听习惯和工作方式。"誓作开拓者",这便是索尼公司勉励全体职工的"公司训言"。

二、生产与管理

"日本制造"的灵魂是对精艺技术的无比崇尚和不懈追求,其中不仅包括通过加大投资以保证纯粹技术上的优势,更重要的是在生产管理上保持精益求精的劲头,并由此而创造出风靡世界的精益管理模式。❶同时,日本独特的经营理念,诸如独特的人本管理理念及团队精神,也构成了日本式竞争的重要优势来源。

---

❶ 敏言:《在尼德克感受"日本制造"》,《中国眼镜科技杂志》2007年12期。

1. 精益生产

相比之下,如果说美国人长于在"制造什么"方面的革新,日本人则长于在"如何制造"方面的革新。日本制造技术之所以具有很多优点,就在于日本企业非常重视生产现场。❶

在福特汽车公司创立第一条汽车生产流水线(图4-7)之前,汽车是手工敲打的,流行的是单件生产方式,即用熟练工人和简单、通用的工具来制造产品,每次一件。自然,这种生产方式的价格是大多数人难以承受的,故而才有了20世纪初福特制对单件生产方式的替代。福特制的核心是标准化,零件可以互换,采用流水生产线大规模生产。大规模生产采用昂贵的专业设备生产,可生产大批量的标准产品,故产品价格较为低廉,也方便修理。当然,这种单品种、大批量的流水生产方式的局限在于,产品品种单一,雇员工作单调、乏味,且大批量生产需要大投资,不容易转换车型,成本很高。

图4-7 美国福特汽车公司的首条生产流水线 ❷

---

❶ 冯昭奎:《工业化时代"日本制造"的经验》,《高科技与产业化》2007年11期。
❷ 资料来源:https://inews.gtimg.com/newsapp_match/0/2701300519/0

随着汽车的普及，消费者希望车型更加多样化、个性化，这时福特制自然很难适应。丰田总裁丰田喜一郎（1894—1952）和大野耐一（1912—1990）等人在消化、吸收美国经验的基础上，经过艰苦探索，最终综合了单件生产和批量生产的特点和优点，逐步创立了一种独特的在多品种小批量混合生产条件下的生产方式，即准时生产（Just In Time，简称 JIT）：其一，拉动式生产，即由市场需求信息决定产品组装及零件加工，从而减少或消灭库存，真正做到了所谓"要什么生产什么""要多少生产多少""什么时候要什么时候生产"。其二，均衡化生产，即从采购、生产到发货各个环节都与市场合拍，等等。❶（图 4-8）

图 4-8 位于日本名古屋的丰田公司旧址 ❷

日本汽车工业正是依赖于这种小批量生产方式，既避免了大规模生产的

---

❶ ［美］詹姆斯·P. 沃麦克、［英］丹尼尔·T. 琼斯、［美］丹尼尔·鲁斯：《改变世界的机器》，商务印书馆，1999 年版，第 13—14 页。
❷ 资料来源：作者。

高成本，又避免了单件生产的僵化，故而得以在汽车行业超越美国而称雄世界。1973年的石油危机，是日本汽车在美国赢得市场的一个契机。美国发展汽车产业的时候，它还是个石油大国，所以没有过多考虑油耗问题，美国汽车也多是大体积、大排量的。中东限制石油出口，对美国汽车制造业来说是个意外。在这样的情况下，日本汽车小排量、省油的优势凸显出来。尤其自1979年第二次石油危机以后，日本汽车的这种优势显得更加突出。自此，日本汽车在美国市场上占据一席之地。

美国汽车厂商因为市场大，不担心销量，对用户重视程度不高。而日本汽车厂商更需要回头客，因此在和用户之间的感情联络、搜集用户意见等方面做得很好，真正了解客户想要什么，然后才进行开发。丰田把每一个项目中学到的东西都标准化，都归入流程，在下次项目中就不会出现同样的错误。此外，丰田汽车与零件厂商建立了比美国企业更为紧密的关系，称为"战略性外包"，有点"一荣俱荣，一损俱损"的感觉。这样的供应商制造产品精益求精，整体组装起来，产品自然就比较有优势。事实上，整个丰田汽车公司就是一套精益开发的系统，他们可以为新产品的开发提出一系列的流程，可以培养自己的工程师队伍，也可以运用最新技术。他们同时把这三方面整合到一起，成为一个协调的、紧凑的系统。在美国公司，其中一些特别的项目也进行工程师培训，也热衷于购买各种各样的项目并在公司内进行应用，但美国公司中的这些流程并没有被整合起来，他们想办法制定各种清规戒律，但没有人能够很好地遵守，故而，无法和丰田汽车的生产流程相比。（图4-9）

图 4-9　丰田汽车生产线展示 ❶

在 20 世纪 70 年代，丰田提出以"全生产系统维护（TPM）"为核心的生产管理体系，其核心思想可以用"三全"来概括：全效率、全系统和全员参与。为了通过功能集成过程指导产品开发，丰田采用首席工程师制，以实现从开始到结束的开发集成。丰田的首席工程师不只是项目经理，且是丰田模式的领导者和技术系统集成者，是主管项目的最高负责人，从早期产品概念的开发到最后的定型，从外观到引擎，从传播系统到客户服务，再到整个验证过程，都由首席工程师负责。在丰田汽车公司，每个品牌都有自己的首席工程师，在这个工程师下面，有一个功能团队，为培养年轻的工程师做支持工作。就是因为丰田有首席工程师的架构和功能，不同部门协作起来才相当融洽。

造就一个普通工程师花的时间并不长，但要培养一个优秀的、有专长的工程师，就需要做出进一步的努力。丰田公司的做法是，让工程师到汽车销

---

❶ 资料来源：作者。

售点跟销售人员交流,从中了解客户对汽车的需求和期望。❶通过各种基本的训练,工程师打好基础,这大概要花 2 年时间。然后,他们还会花 3—6 年的时间,对工程师进行进一步的培训,使之成为真正专业、有技术水平的工程师。从专业的工程师到总工程师,还有一套持续性的、系统性的培训工程。总共需要大约 20 年的时间,一个首席工程师才能成长起来。这是一项相当大的投资。

正是凭借这种独特的管理理念和制造体系,以及对管理极致化的"死磕"精神,丰田公司实现了高速的成长,成为市值上千亿美元的巨无霸企业和全球制造业的标杆。当美国三大汽车巨头都被巨额亏损折磨得叫苦连天、无出头之日时,日本丰田却在赚取越来越丰厚的巨额利润。❷

为了揭开日本汽车工业的成功之谜,美国麻省理工学院确立了一个"国际汽车计划"的研究项目。该项目在丹尼尔·鲁斯(Daniel T. Jones)教授的领导下,组织了一批专家、学者,在 1984 年到 1989 年,对 14 个国家的近 90 个丰田汽车装配厂进行实地考察,并于 1992 年出版《改变世界的机器》一书,把丰田的这种生产方式定名为"精益制造"(lean manufacturing),也称精益生产(Lean Production,简称 LP),即通过"及时适量""零库存"等方式,实现"订货生产",从而确保产品质量并降低成本。

1996 年,丹尼尔·鲁斯等人经过第二阶段的研究,又出版《精益思想》一书,进一步将精益生产视为企业内部和关联企业之间实现协同竞争的一种全新管理思想:其一,确定价值。价值由具有特定价格、能在特定时间内满足用户需求的特定产品来表达,与此价值定义不相符或者没有增加价值的任何事物都是浪费。其二,识别价值流。价值流体现在完成如下管理任务的特

---

❶ Jeffrey K. Liker:《丰田产品开发之道》,《微型机与应用》2007 年 8 期。
❷ 李之澜:《十大管理理念浮现 2006》,《中国纺织》2007 年 3 期。

定活动中：从概念设想，通过细节设计，再到投产的全过程；从接订单到制定详细进度，再到送货的全过程中的信息管理；从原材料制成最终产品，再送到用户手中。其三，流动。一旦精确地确定了价值，制定出某一特定产品的价值流图，就要使保留下来的、创造价值的各个步骤流动起来，确保所有设计、订货和提供产品所需要的活动都在连续流动中进行。在大多数情况下不用装配线，而是迅速调整，从一种产品转产到另一种产品，并使用"适当规模"的机床（小型化）。其四，拉动。从"部门"和"批量"转化到"生产团队"和"流动"，不仅所需时间大大减少了，而且可以使正在生产的所有产品任意组合，及时满足需求的变化。其五，尽善尽美。精益生产通过不断减少付出的努力、时间、场地、成本和错误，从而使产品比以往更接近用户的需求，等等。❶

丰田生产方式改写了全球产业的历史，它带动了几乎所有产业的转型，促成了全球制造业与服务业的经营管理变革。由于丰田公司的成功实践，自20世纪末以来，全世界范围内掀起了一股学习精益生产方式的狂潮。在这一过程中，精益思想日渐越出制造业，渗透到服务行业、民航和运输业、医疗保健、通信和邮政管理等诸多领域，并不断得以完善。

日本制造业著名研究专家藤本隆宏指出，与长于研发和营销的美国企业不同，日本企业的核心竞争力集中在生产制造能力，在于对生产现场的高度的组织能力，能使各种不同的零部件十分精确地契合的磨合能力，能通过教育将标准化的解决问题手法灌输到全体职工中并形成整个组织迅速发现和解决问题的能力，以及使已有的能力不断继续提高的能力。❷ 丰田公司正是由

---

❶［美］詹姆斯·P.沃麦克、［英］丹尼尔·T.琼斯：《精益思想——消灭浪费，创造财富》，商务印书馆2005年版，第13—29页。
❷仲慧：《快速反应与不断创新的质量经营》，《中国质量》2003年1期。

于高度的制造组织能力,从而能够柔性、高质量、高整合性、高效率地生产。相关调查显示,日本制造业现场的生产率名列世界第一。1976年,在主要欧洲汽车制造厂(菲亚特、雷诺、大众)中,没有一家每个工人每年能生产20辆小汽车,而丰田能生产49辆。可以说,丰田精神隐藏着日本战后崛起的"奥秘"。1960—1980年,德国和日本在汽车、家用电器等领域的国际竞争中,全面战胜生产标准化大众产品的美国,而日本企业依靠瘦身管理和灵活的员工作业协调,在生产高质量系列消费品方面更胜一筹。

在当时工资上涨的情况下,日本企业在世界市场上仍能保持其竞争力,这是由于其工厂和生产方法不断地合理化与现代化,改进各种产品设计来逐步提高成本效率。例如,由于有了更为现代化的工厂和更高的生产率,日本的钢铁在美国市场和其他国外市场上都把美国挤垮了。日本钟表工业使声名卓著的瑞士钟表工业黯然失色。英国的摩托车工业实际上已被日本挤垮。在美国经营最成功的摩托车公司中,只有哈利·戴维森公司一家不是日本的公司。德国第二次世界大战以前在生产照相机和镜头方面所取得的统治地位,已经让位于日本。在光学器材方面,日本人也同样取得了压倒优势。即使在一些与日本传统不相干的领域中,日本公司取得的成就也常常超过它们的西方对手。20世纪70年代,斯坦韦和美国其他钢琴制造厂的钢琴销售量已敌不过日本的山保,村松生产的西方长笛也比美国具有竞争能力。70年代后期,由于日本新船的造价比欧洲低20%~30%,欧洲各国被迫凭借非市场途径来限制向日本购买船只的数量,即便如此,日本仍然超过了欧洲加上美国的生产能力,船舶吨位竟然占到了全球总吨位的一半左右。

2. 人比机器重要

与西方公司强调股东利益至上不同,对于日本企业而言,股东利益并不是第一位,员工才是最重要的价值,企业经营的目的既不是"圆技术者之梦",更不是"肥经营者一己之私欲",而是对员工及其家属的生活负责。例如,松下提出的"造物先造人"的立企思想,从员工进入企业的第一天,便开始持续不断的培训,为其提供成长空间。❶唯其如此,松下电器才安然度过了1929年的大萧条。当时松下将员工上班时间减少了一半,却全额支付薪资,此举感动了所有的员工,全员利用休息时间拜访客户,推销产品,只用了两个多月就处理掉了库存,几个月后,生产订单纷至沓来。这场危机不仅没有令松下电器损失元气,反而增加了凝聚力。

日本企业之所以普遍成功,就在于它们在经营过程中,非常重视"育人育心",这主要表现在:其一,高层管理者拥有"诚心"。对员工以诚相待,让员工真切感受到自己被尊重、值得定下心来努力工作,从而焕发出巨大的创造力;对顾客以诚相待,永远怀有感恩之心,如松下幸之助所言:"无论公司发展到多大,都不能失去感谢社会的心";以"诚心"来保证产品质量的稳定和不断提升,坚持"一流的态度"——是否做出改善要看其结果是否对客户有利,如果改善的结果只对企业有利而对客户来说没有明显的好处,那就不能改。其二,中层管理者不但要像高层管理者那样了解企业的总体规划和战略,还要将企业理念和宗旨转化为行动,需要"热心":"既善于燃烧自己的激情,又善于点燃别人的激情"。其三,对于一线员工而言,则是"定心",即在平凡的工作中创造不平凡,所谓"定能生慧",等等。

在企业管理方面,日本曾是美国最认真的学生,而后来却成了美国的老师。20世纪70年代以来,日本企业在世界市场范围内的骄人业绩,促发了人们对日本管理文化的研究兴趣。美国企业界日益认识到,美国经济增长在当时之所以落后于日本,究其根源,并不在于科学技术、物力和财力,而更

---

❶ 胡艳丽·《松下幸之助为何哭泣》,《中国外贸》2014年12期。

在于美国式管理普遍存在着对人和文化的忽视。1979年，美国哈佛大学东亚研究所所长沃格尔（Ezra F. Vogel）出版了《日本名列第一：对美国的教训》一书，指出：美国企业应学习和借鉴日本经验，把对人的管理放在首位，把企业文化当作管理的中心课题来对待。❶该书在美国引起了强烈的反响。以此为开端，20世纪80年代初，掀起了一股重构企业管理机制和美国管理文化的热潮，其中，以1981年日裔美籍学者威廉·大内出版的《Z理论——美国企业界怎样迎接日本的挑战》最有影响力。该书将美国和日本的组织的基本形式分别概括为A型和J型。A型组织的突出特点是雇员的流动性大、岗位设置专业化等。J型组织则表现为终身雇佣、雇员通才化等特点。大内主张在吸收A型和J型优势的基础上建立Z型模式，即组织或企业不仅需要考虑技术、利润等硬性指标，而且还应考虑人性化因素等软性因素，诸如组织内的"信任""微妙性"和"亲密性"等。所谓"信任"是指管理者要对员工表示信任，以激励员工真诚地对待企业、对待同事，为企业忠心耿耿地工作，以此促进企业各部门的协调能力和对整体利益的重视，形成有效的生产力。所谓"微妙性"，是指管理者根据员工个性和特长，组建最佳搭档或工作小组，避免强迫命令及僵化的管理模式，从而提高劳动效率。"亲密性"强调的则是亲密的个人感情在工作中的重要性，即员工之间通过建立亲密和谐的伙伴关系，使信任和微妙性得以发展，为企业的目标而共同努力。❷可见，在这种"Z型文化"中，对人的关注是首要的。

而在制度创新上，日本在长期的经营事件中创造出了两项意义深远的员工制度："年功序列工资制"和"终身雇佣制"。

---

❶ ［美］埃兹拉·沃格尔：《日本名列第一：对美国的教训》，世界知识出版社，1980年版，第214页。

❷ ［美］威廉·大内：《Z理论——美国企业界怎样迎接日本的挑战》，机械工业出版社，2013年版，第2—7页。

年功序列工资制原本是基于能力主义这一竞争原理的。江户幕府的"中兴之祖"、第八代征夷大将军德川吉宗（1684—1751）（图4-10）曾打破身份秩序的禁锢，引入一种新的体系，给下层人机会，让他们发挥自己的能力，凭借自己的工作业绩获得高职位。在日本民间，初次建立起严格意义上的年功序列是在"二战""战时经济"时期。当时，像三菱重工，1944年之际其员工已暴增到36万人，很难一个人一个人地进行管理，于是就采取固定的、以年龄为基础的工资统一管理办法。这种方式在全国得以普及，并在"二战"后被保存了下来。尤其在政府部门，除了外务省，所有其他政府单位都采取严格的年功序列晋升体系。而当时由于日本经济发展很快，社会普遍出现劳动力不足的现象。日本企业为了稳定熟练工人队伍，防止工人"跳槽"，普遍实行了"年功序列工资制"，就是根据职工的学历和工龄长短确定其工资水平：工龄越长，工资也越高，职务晋升的可能性也越大。

(a) (b)

图4-10 德川吉宗 ❶

---

❶ 资料来源：https://upload.wikimedia.org/wikipedia/commons/thumb/5/50/Tokugawa_Yoshimune.jpg/1024px-Tokugawa_Yoshimune.jpg

年功序列工资晋升制度曾经为日本企业做出过重大的贡献，这种论资排辈的制度，保证了工人"永久"地依附于一个专门的雇主，增强了劳动力的相对稳定性；同时，这种制度通过抑制群体组织内部的过分竞争，鼓励工人之间协商与合作，促进了技术传授。不过，在日益激烈的市场竞争中，这种制度不利于那些通过教育获得高技艺的工人为寻求高地位或待遇而更换雇主，也造成了企业管理层老化状态严重，不利于充分发挥员工的积极性，尤其是对一些年轻的有才能的员工而言。因此，许多日本公司在后来的变革过程中开始陆续打破这种人事制度，转而采用凭借实力和尊重人才的原则，并经常开展一些创业项目，以鼓励年轻人积极创业。

　　"终身雇佣制"最初是由松下幸之助提出的。根据这个制度，雇员至55岁之前都有一定的工作保障。这种制度将雇员与企业的命运紧密联系在一起，树立了劳资双方的融洽关系，并使得人的经验和知识能够在企业内部积累、运用和传承。❶典型的做法是：工人从中等专科学校或大学毕业后直接到某公司做事，并可能在那里待一辈子。这种经营理念后来被许多日本公司所接受，并为日本经济的崛起立下了汗马功劳，曾一度被认为是日本企业崛起的一个重要原因。在终身雇佣制下，工人们体会到工作是有保障的，同时也认识到个人的前途和公司是休戚相关的，因此他们较之西方企业的许多雇员更能自觉地服从工作调动。这使得日本人处在一个非常安心的社会环境中，他们希望考进一流大学，再进一流企业或者国家机关，从此一生生活无忧。这便是日本人的典型心态。❷

　　不过，随着20世纪90年代日本泡沫经济的崩溃，日本制造企业开始大

---

❶ 李志刚：《林内：用务实高效的解决方案，将近百年技术沉淀与现代工艺结合》，《电源》2018年8期。
❷ 黄亚南：《从群体社会到个体社会——日本社会凝聚力出现松动》，《社会观察》2009年3期。

量雇用派遣工和外包企业的员工，由此非正规就业人口急剧增加。由于非正规就业员工转为正规就业员工的机会有限，在就业冰河期没能被公司选中的年轻人，有可能一辈子都无法加入正式员工的队伍中去，只能一直做自由职业者。而终身雇佣制下的正式员工到了一定年纪，等着混日子退休，成为公司内部可有可无的"窗边族"，但他们的生活并不会受到影响，照样享受着福利制度带来的优厚待遇。非正式员工则被排除在制度之外，他们待遇低，且易被裁员，处于不安定的状态，还存在自尊心受挫、社会关系排斥等问题。这种状况造成了在体制内受企业保护的正式员工和在体制外受市场排挤的非正式员工身份的不平等。近年来，日本政府虽然采取了遏制非正规雇佣者增加的措施，但并没有很好地解决二者在工资、劳动保险、社会保险等方面的巨大差距。

非正式员工数量的日渐增加，还容易影响日本制造业的技术积累和传承，容易减弱员工改良产品性能和提高自身技术水平的积极性，从而造成"日本制造"质量下降。随着IT化、全球化的进一步发展，在现代商务中，自由职业者才是正式劳动者，终身雇佣的工薪阶层反倒不再正式。而日本企业的组织形态与雇佣管理却没有发生太大的变化：一方面是企业有职无岗的中老年员工不断增加，另一方面则是青壮年与女性劳动者的非正式雇佣的比例不断上升。显然，在信息革命浪潮之下，要实现产业结构改革和经济发展，日本必须放宽对正式从业员实行的保护规制，让所有劳动者都站在同一起跑线上。

3. 团队精神

美国社会以个人主义为基石，崇尚个人奋斗和管理创新。在美国人心目中，"白手起家"的人是英雄。这种个人主义和务实精神反映在企业管理中，形成了美国企业管理文化的实用主义特点。相比之下，日本恶劣的自然环境造就了日本人孤立无援的悲情意识,这促使日本人很早就有了共同体意识,容易缔造出一种重合作的团队精神。同时,日本民族没有如其他国家那样的不同民族、种族、语言、文化上的差别,彼此容易获得共同的理解,民众具有能够为了国家、公司或家庭的长远的整体利益而忍受短期挫折的自觉性。

历史地看,公元7世纪,佛教传入日本,当时有一条法令:"融洽是第一美德"。从此,融洽的概念深入日本人心,促发了一种协作一致的集团精神的形成。日本人在人群中会有意无意地强化"我是谁""我在哪"等自我暗示,以确认自身的定位,确保不被边缘化。只要置身于集团中,哪怕玩得不够好,也没问题,但就是不能掉队。这种强烈的集团主义转移到了企业中,促进了企业内部的团结和员工对企业的忠诚,自然也包含了无薪加班、顺从地接受暂时奔赴遥远分支机构的调动、不跳槽到竞争公司、不休假,等等。

正如詹姆斯·阿贝格伦(James Abegglen)在1958年出版的《日本工厂》一书中指出的:雇主和雇员之员之间的特别契约,很大程度上预知了日本经济上的成功,这个契约的基础是日本的顺从观念和家长主义观念。❶当然,对组织的忠诚,容易造成企业内部的不平等。在20世纪20年代,日本企业最高经营者的税后收入相当于新职工的大约100倍,白领与蓝领领取工资的方式以及其他待遇也很不相同:白领拿月薪,蓝领拿日薪;白领和蓝领在不同食堂进餐,甚至连厕所、澡堂、进出工厂的门也是分开的。❷不过,在二战后,日本企业在民主化方面发生了很大的变化,在平等主义精神下形成了一种有利于发挥中层骨干能力的经营系统。到了20世纪六七十年代,企业内部的各种等级差别也基本上被废除了,最高经营者的税后收入仅相

---

❶ https://hao.360.com/? src=bm
❷ 冯昭奎:《工业化时代"日本制造"的经验》,《高科技与产业化》2007年11期。

当于新职工的 10 倍左右。与此同时，日本企业的经理们殚精竭虑，尽力使他们的雇员参与公司活动。日本企业普遍实行的全面质量管理，就是让每个员工都参与到企业的各方面活动中，参与到所有企业工作环节的改进和提高之中，通过这种方式，让每个员工都加入组织中，形成一种整体的配合和协作。❶

在这样一种价值观的长期培育下，日本企业内部形成了强烈的集团归属意识：个人属于集团，个人命运与集团命运息息相关。在集团中，全体成员在感情上相互依赖，在行动上休戚与共。在处理个人与集体关系时，形成了以集体利益为出发点，避免因为个人喜好而影响集体利益，提倡相互协调、灭私奉公的原则。如果某人的行为与集体所定下的规则有所出入，则有可能被指责和孤立。为了不被集团所排除，个人并不会过分坚持自己的主张，并在行动时会尽可能与周围人保持一致。日本的民族性的重要特点之一，是通过互相谦让来求得"同心同德"。从规模最小的企业到规模庞大拥资亿万元的跨国公司，对于它们所从事的任何事情都必须取得有关人员的一致意见。因此，和其他国家相比，日本的罢工是比较少的。

日本之所以能在战后快速崛起，不仅是因为他们刻苦耐劳，更重要的是日本重视集体观念，从上到下团结一心、互相协力，在整个企业中形成了一种员工之间无意识的默契配合。藤本隆宏教授指出，日本制造企业在综合性设计、制造和解决问题方面的组织能力突出，这种能力在零部件设计与生产间需要密切配合并具有整体性架构的产品领域能充分发挥，而汽车恰恰是这样的产品。同样，在日本人擅长制造的产品中，有不少小型轻量高性能的，诸如随身听、笔记本电脑以及移动电话等，这些产品如果没有各个部门紧密协调配合就无法制作，在这样的场合，同质民族的日本人就很厉害。"日本

---

❶ 朱晓庆：《浅析日本人力资源管理模式的特点》，《知识经济》2011 年 12 期。

"日本制造"的文化密码

企业像一支足球队,所有员工都是多技能的融合体,相互间的配合是这支队伍常胜的秘诀。"❶

1982年,美国斯坦福大学理查德·帕斯卡尔(Richard Tanner Pascale)和安东尼·阿索斯(Anthony G. Athos)教授出版《日本企业管理艺术》一书,认为企业管理可以用七个要素来衡量:战略、结构、体制、人员、技巧、作风和最高目标。前三个要素可以称为"硬件",后四个要素可称为"软件"。这七项因素的英文单词的第一个字母都是"S",故被称为"7S"模式。二人发现,日本和美国的企业管理在战略、结构、体制等"硬件"上的差异不大,差异主要表现在人员、作风、技巧和最高目标等"软件"上。一般而言,美国企业的管理者重视硬件因素的作用,相对忽视软件因素的作用。而日本企业在引进西方管理科学和制度的同时,依然保持着本民族传统文化的精华,在"软件"方面享有得天独厚的优势。日美两国管理模式的差异,究其根源,主要在于对企业价值观和人的看法上的差异。就企业价值观而言,日本人重视集体主义价值观,认为自我是成长的障碍,故而尽力使个人价值追求同企业价值追求相一致;而美国人信仰个人主义,主要依靠最高管理人员,他们个人的作风和技能决定着企业的成败。就对人的看法而言,日本企业家认为,员工既是供企业使用的客体,也是企业应该尊重的主体,通过考核、培养、选拔、奖励等人事制度调动职工的积极性;美国企业则把职工当作可以互换的"机器零件",不注意人才的培养,不重视高层管理人员的接替问题。二人最后得出结论:美国管理文化自身,正是导致其管理水平下降的根本原因。因此,美国的"敌人"不是日本人或德国人,而是自身管理文化的狭隘性。❷

---

❶ 王凤:《日本经济学家藤本隆宏:我眼里的中日制造业之别》,环球网,https://finance.huanqiu.com/article/9CaKrnJJKL0
❷ [美]理查德·帕斯卡尔、安东尼·阿索斯:《日本企业管理艺术》,新疆人民出版社,1988年版,第163—165页。

三、财团与政府

有别于西方式的自由竞争,日本独特的以财团为后盾,将实业与金融、商业形成了命运共同体的"链式作战"模式,构成了其竞争优势的重要方面,再加上政府积极、有效的产业政策,这一切成为日本企业制胜西方企业的一大竞争法宝。

1. 财团的重塑

"二战"后,美军接管日本。美军深知,少数巨大的垄断财阀乃日本军国主义的根基,故此,曾把三井、三菱、住友、安田等大财阀解体。不过,由于朝鲜战争的爆发以及美苏冷战的需要,日本的军工财阀在被要求支持美国的情况下又重新聚合,从而形成了三菱、三井、住友、富士(芙蓉)、第一劝业银行、三和等财团。三菱、三井、住友是直接继承"二战"前的财阀谱系;富士(芙蓉)、第一劝业银行、三和则是在战后日本经济发展过程中以主办银行为中心而形成的。

在这六大财团中,实力最为雄厚的是三菱财团(图4-11)。该集团正式成立于1954年,由42家彼此独立的公司所组成,主要以汽车、成套设备、军火、电子、石油化学、飞机、造船、核能等产业为重点,控制着日本的军火工业,并致力于城市住宅开发和新材料开发等。旗下包括著名的三菱电机、三菱重工、三菱汽车、尼康、三菱商事、三菱东京、UFJ银行、东京海上和日本邮船等。其中,三菱电机最能够体现三菱特色,它是一家开发、设计、制造与销售所有电气机器的综合性企业,核心技术和关键部件生产都是由三菱电机自己完成的。这种一体化策略,从某种意义上来说,定义了日本制造与其他国家制造的区别所在。全球制造业经过几轮产业迁徙,总的趋势是低端制造业向劳动力廉价地区不断地转移,而高端的精密制造业则始终是在日本、德国等国家保持集聚的趋势。对于低端制造业来说,投资者只是按照劳动力成本、资源价格等因素来决定在哪里投资,而类似三菱电机这类公司,则运用类似于农业耕种一般的法则,保留住了"日本制造"的基因和底蕴。

图4-11 三菱公司东京总部❶

三井财团(图4-12)正式成立于1961年,其核心企业有樱花银行、三井物产、新王子制纸、索尼、东芝、丰田汽车、三越、东丽、三井不动产等。该财团在化工、重型机械、综合电机、汽车制造、房地产、核发电、半导体、医疗及办公电子设备等行业拥有优势。其中三井银行、三井物产、三井不动产公司是财团的三大支柱企业。三井财团凭借对产业链最上游资源类企业的参股、入股,取得资源品的长期价格控制;同时,借助庞大的物流和贸易网络,把这种优势进一步巩固。三井几乎囊括了所有能够想象的产业,

❶ 资料来源:作者。

无论是农作物、矿产资源还是消费品,无论是原材料、中间件或终端商品,在所有的生产、贸易和物流环节,三井都扮演着"幕后推手"的角色,从而越来越广泛地影响世界经济。❶ 全球贸易网络、产业资本与金融资本的融合,以综合供应链管理为特征的物流体系,以及强大的信息搜集系统,正是如此庞大的商业帝国得以高效运转的关键所在。

图4-12 位于东京都中央区日本桥室町的三井本馆❷

住友财团成立于1951年,由20余家大企业组成。过去住友集团的核心系是住友银行、住友金属工业、住友化学三家企业。到21世纪,住友商事、住友电器工业、日本电气三家公司作为新的核心而被称为"住友新三大家"。住友集团在日本经济中所占比例虽稍逊于三菱与三井,但集团的凝聚力空前强大,故有"组织的三菱,人的三井,团结的住友"的说法。❸（图4-13）

---

❶ 刘华:《日本三井物产内部控制案例及启示》,《财务与会计》2012年3期。
❷ 资料来源:作者。
❸ http://www.360doc.com/content/18/0227/23/30123241_733012877.shtml

图 4-13　日本三井住友银行东京总部 ❶

富士财团正式成立于 1966 年,由 30 家左右的大企业组成。日本人称富士山为"芙蓉之峰",所以富士财团又称芙蓉财团。该财团在日本制造业、商业和金融业等重要领域有较大的影响力。其核心企业有富士银行、日产汽车、日本钢管、札幌啤酒、日立、丸红、佳能,以及日本轴承生产的最大企业日本精工,农业机械最大厂家久保田等。

三和财团成立于 1967 年,由 44 家大企业组成,其中,核心企业有三和银行、日商岩井、日本电信电话(NTT)、日棉、科思摩石油、神户制钢所、夏普、日本通运、积水化学工业等。该财团在钢铁制造业、通讯业、液化气、陶瓷、橡胶等行业有较强实力。

第一劝银财团成立于 1978 年,由 48 家大企业组成,其核心企业有第一劝业银行、伊藤忠商社、富士通、兼松、清水建设、川崎制铁、旭化成工业、富士电机、横滨橡胶等。第一劝银财团在化工纤维、金融、光通讯、计算机、石油开发、食品等方面较有优势。第一劝业银行是世界最大的商业银

---

❶ 资料来源:作者。

行，该行由第一银行和日本劝业银行于 1971 年 10 月 1 日合并而成。❶

正是这些财团掌握着日本的经济命脉，控制着日本的大量公司。诸如丰田、本田、佳能、松下、东芝、索尼、NFC 这些光环耀眼的日本金牌制造企业的背后，实际上是拥有全球独有商业模式运营的日本六大财团——它们才是真正水面下的巨鲸，是日本经济乃至世界经济的重要玩家、幕后操盘手。财团伞下数以千计的企业，透过交叉持股、互派董事、互享信息，实际已成了一个"日本丸"的命运共同体——表面看起来松散，但确是一个长期稳定、从事专业化分工和协作、相互紧密依赖、有共同文化理念的人群的集合体。实际上，日本经济的计划性并不是来自政府的强力干预，而是产生于企业间的协调。在这个方面，在财团内部，经理人联合会发挥了重要作用，而在全国范围内，日本经济团体联合会则发挥了日本整体的产业分工与协调作用，形成了所谓"大日本株式会社"。

相比较而言，"二战"以前的财阀是法人，集团有组织、有总部；"二战"以后，随着日本《反垄断法》公布，50% 以上的股东控股都不被允许了，家族控股、家族管理的形式完全没有了，所有集结到财团下的成员企业相互之间只有参股行为，各成员企业之间是"以资本为纽带"的一种横向联合，就像是一个"品牌"下的利益共同体。虽然集团以大银行和金融机构为核心，最高权力机构是"经理会"，但集团没有统一的管理机构，集团本身不具有独立的法人地位。财团作为法人股东，也几乎很少干涉持股企业的具体经营活动，甚至不要求高的分红，这就为日本的职业经理人提供了充分展示自己的舞台。日本的这些公司董事会成员的持股比例非常低，管理者与员工的收入差距很小，不像美国企业，动辄几百倍。

---

❶ 参见《解读日本六大财团之谜》，《金融档案》2011 年 6 期。

可以说，日本财团经过现代企业制度的改造，已成为真正的社会企业，被日本人称为"国民企业"。在这种新型的、现代化的家族式企业集团中，主办银行（或金融集团）扮演父亲的角色，通常决定家属成员的血缘关系和姓氏归属，是家庭成员稳定的经济来源。而综合商社则扮演了母亲的角色，它负责生儿育女（众多的制造业），对孩子的教育和成长施加影响，并为儿女长大后外出求学与发展谋划（获取情报），甚至为子女选择对象和操办婚嫁（创办合资企业）。❶ 在这种企业制度下，日本国民首先将企业视为自己终身依托的归属团体，比如自称"丰田人""东芝人"等——他们正是通过企业这一中介，与日本政府和国家联系在一起。因此，日本的经济资源具有极强的统合性，这种统合性兼备了灵活性和战略性。既有社会主义的国家干预和民众福利特征，同时又比"正统"的社会主义国家更灵活，用东京大学佐藤康邦教授的话说，日本"从外面看是资本主义，从里面看是社会主义"。

日本通产省通商产业研究所的研究人员松本厚治在1983年出版的《企业主义——日本经济发展力量的源泉》一书中，通过对日本、中国、欧美的经营文化的具体比较，指出，日本企业实行的是一种可以称为"企业主义"的制度：公司之间相互持股，削弱了股东对公司经营的控制和约束，企业经营有很大的自由；企业内实行的终身雇佣制和年功序列制，使得员工利益与企业利益紧密结合在一起，员工通过分担企业的风险，从而形成对企业的忠诚和归属感；工会与管理者不是对立关系，遇事一般能够采取内部协商的方式来解决。在这种制度下，企业的员工成为企业人，企业成为企业人的企业，工会成为企业人的工会，每一个人都把自己置身于企业的立场上，并作

---

❶ 王芳：《失之筑波收之财团——白益民谈日本创新模式与产业发展》，《中国高新区》2013年8期。

为企业整体的一部分而采取自主的行动。企业主义的本质是企业与劳动的结合以及企业内部存在的经营自律。这种经营的高度自律性，正是日本企业力量的根源。❶

2. 军团式行动

日本通过财团将实业与金融、商业形成了命运共同体——综合商社。《三井帝国在行动》一书对日本财团模式如此描绘道："尽管彼此不存在从属关系，但主办银行、综合商社、制造企业还是构成了日本财团三位一体的紧密结构。财团成员通过交叉持股、互派经理、共同投资、交换情报等方式建立横向联系。事实上，多元化并非独立企业的使命，而是整个财团分工与协作的结果。日本通过财团将实业与金融、商业形成了命运共同体。"❷

三井物产（图4-14），丸红商社（图4-15），三菱商社，住友商社，就是西方的高盛、美林，并且比高盛这些投行的业务范围更广——小到螺丝，公司上市，大到宇宙航天器械，这些都是日本商社的经营范围。只要涉及有关日本企业的经营活动，就有日本商社的影子。日本商社同时担当日本其他企业在海外的马前卒、智囊团、润滑剂。综合商社在搜集情报和有效地传送到终端用户的渠道方面的能力，仅次于美国中央情报局。❸1995年，世界500强的前4名，都是日本综合商社。也许是为了不致引起国际上的惶恐，2003年，日显低调而内敛的日本商社把重要产业机构剥离并独立核算，并且在全球设立独立法人公司，从而逐渐退出世界500强前100位的排名。

---

❶［日］松本厚治：《企业主义：日本经济发展力量的源泉》，企业管理出版社，1997年版，第1—46页。
❷ http://www.360doc.com/content/10/0109/11/552741_13087365.shtml
❸ 李艳、赵新力：《CTI与技术转移：国际经验与启示》，《竞争情报》2007年3期。

图 4-14　三井物产公司东京总部❶　　图 4-15　丸红公司东京总部❷

日本的综合商社从表面看是一个贸易公司，但与买办代理型贸易公司不同，它更是一个连带投资型的综合贸易公司。它以贸易为平台，介入产业，同时又有金融的服务功能。综合商社在日本又被称为"第二银行"或"影子银行"，但它与单纯的银行又不同，既有投资银行的功能，又有对关联中小企业的融资功能，它对关联的中小企业的帮助并不是融资那么简单，比如它还包销它们的产品。像三井物产作为三井财团的母体，已经培育出众多的世界级企业；三井财团体系内的五百强企业更是有一大把，其中就有丰田、东芝、索尼、三井住友银行、商船三井、三井造船、石川岛播磨重工、三越百货等知名企业。❸ 这种模式在面临全球产业转移浪潮时，不像美国，一经转移就丢掉了整个产业，而日本是丢不掉的。所以日本这么多年始终占据全球制造业的中心，而美欧的制造业则日益空心化。一些学者在谈中国制造业升

---

❶ 资料来源：作者。
❷ 资料来源：作者。
❸ 参见《三井家族的货币战争》，《商业故事》2011 年 2 期。

级之时，钟情于掌握定价权，其实日本的经验告诉我们：没有产业主导权，就谈不上定价权。

财团对于企业的意义在于：其一，业务整合。内部企业相互竞争的情况被最大限度地避免，相互之间也有研发合作和业务往来，能透过市场的反应把各种技术综合在一起。美国的企业相互之间缺乏关联性，往往是一家公司发明了一种产品，推向市场，然后很快会被别的公司所模仿、复制，从而展开激烈的相互竞争，很容易走向大鱼吃小鱼，甚至共同解体。而日本的公司相互之间一开始可能也有竞争，比如彩电，松下在做，东芝也在做，但竞争到一定阶段，它们就走向"和"，不是谁吃掉谁，而是互相持股，共同投资，甚至相互分工，像日立、东芝、索尼等公司在彩电、矿山机械等领域，都是这么做的。其二，救急。一旦内部有企业陷入困境，相关企业可以注资帮助其渡过难关，集团内银行可以破例给予债务延期或者协调融资。虽然这不是集团的义务，但是出于某种道德约束和名声观念，日本集团内部都不愿意看到集团企业破产的情况发生。其三，协同效应和分散投资风险。同一财团的综合商社往往会参股日本企业在海外的投资项目，等等。

日本企业的这种倾向，可称之为"内和外争"。在财团与财团之间，早就形成了分工不分家、以民族和国家利益为最高原则的整体，从而在世界竞争中所向披靡。日本问题专家白益民先生的《瞄准日本财团》一书将日本财团比喻为"穿着西装的军团"，而且是一个可以进行海陆空三位一体协同作战的现代化军团。在日本财团中，综合商社对贸易、物流、信息和人才等拥有综合协调能力，就像军队的"参谋部"和"后勤部"；银行及保险公司等金融机构就是军队的"弹药库"和"给养库"；众多的大型制造企业则如同各兵种的"野战军"和"特种兵"。综合商社负责调研、规划、人员组织和信息反馈等复杂而琐碎的工作，制定总体"战略部署"，银行体系提供强大的"弹药补

给",由此,一线的制造企业才能在随后的"战争"中勇往直前,所向无敌。❶

日本制造的这种"链式作战",可以说是非常凶悍的,不仅仅是就产业而产业,还辅以强大的金融与商业保障,攻城略地后渗透力极强,落地生根,固若金汤,能够在一个领域持续几十年盘踞产业链高端的核心位置。从现代世界工业的发展进程来看,日本在 30 年的时间里改革成功,又在 30 年左右的时间里称霸亚洲,同时向苏(俄)、中、美挑战。在遭遇空前打击、重创之后,又在 30 年的时间里再次跃起。这样的国家、这样的民族,在当今世界可谓独一无二。❷ 凡是当年轻视日本的国家,没有一个不吃了日本的大亏。比如,"美国制造"就曾被日本人的链式作战打得很惨。美国开创了收音机、洗衣机、电视机、汽车等许多行业,但都被日本人一一击败。❸ 这导致美欧(德国除外)的产业空心化不断加剧,逼迫美国不断去做大虚拟经济。20 世纪 70 年代,美国经济学界出现了一个"比较优势理论",美国利用美元的全球储备货币地位,在布雷顿森林体系解体后,开始利用国际货币基金组织(IMF)向全世界推销浮动汇率。近 30 年来不断爆发的金融危机,实际上正与此密切相关。

美国的教育体系很适合搞发明,美国申请的往往是原创性专利,而日本申请的则是实用性专利。原创性专利如果搁置几年可能会被新的技术、新的专利所替代;而实用性专利与市场息息相关,生命周期比较长,最后往往逼得美国只能把原创性专利卖给日本人。因为原创性专利只有与实用性专利变成一个"专利池",最后才能成为一个普遍应用的产品和产业。当今世界上申请专利最多的国家是日本。美国专门做专利的高通公司在中国一年才申请

---

❶ http://www.chinavalue.net/bookinfo/bookinfo.aspx? bookid=892194
❷ http://bbs.tianya.cn/post-333-731591-1.shtml
❸ 常久红、王文秀:《浅析制造业产品原产地形象与经济效益》,《科技视界》2012 年 5 期。

一千多个专利,而一个松下公司一年在中国就申请了上万个专利。

随着世界经济的新一轮发展,"日本制造"遇到了新的挑战。以资本和市场为导向的美国经济模式逐渐占优,快速研发、快速生产、快速消费的大规模生产模式成为全球化的主导模式;价格高、品质高的日本货不仅受到了价格、品质适当的美国货的冲击,也受到了中国货的冲击。这是一个靠资本和规模决胜的年代,谁能把规模做大、成本降低,谁就能赢得市场。但是,固执的日本人并不认为胜负已经分出,他们的许多企业也在加强营销,设法降低成本,但对产业链的固守并未有更多的改变。日本人不认可美国人把金融和产业、商业分离的做法:商业通过压迫产业来获取利润;金融投资往往由于生产经营的风险而拒绝投入实业,更倾向于投入风险更小的消费领域。而日本则通过财团把商社和制造企业将产业链整合起来,遵循的是将金融投入生产领域,通过生产的扩张,在全球扩大市场、占领市场、获取利润的模式。相比之下,日本的产业链有血有肉,更富有韧性。

3. 政府与产业政策

日本政府与企业之间的关系非常密切,奉行的是政府主导型的企业制度模式。故而,对于"日本制造"来说,政府的作用不可或缺。从明治维新开始,日本政府就实行对国内产业的保护政策,对于外资非常警惕和排斥。日本政府采取了"胡萝卜加大棒"的政策,在工业的新生阶段,一方面给予财政上的鼓励和保护,另一方面继续不断对日本工业施加压力,要求它们通过企业合并、提高技术、重新培训工人和其他一些办法来进行合理化生产。政府、工业部门和银行团体的高一级合作和协商,有助于确定特定部门的共同目标和双方统一的行动的制定。相比之下,美国公司在面对外国竞争的猛烈袭击时,因受反托拉斯法的限制,不能协调合作重新组织工业部门或作结构上的调整。而日本公司则有较大的灵活性,在协调和执行部门计划时,往往可以得到日本政府的大力支持。事实上，无论是日本当初的钢铁、造船、汽车工业，还是最近的计算机设备的生产，都是受过政府的优惠待遇的。

在经济政策方面，日本以通商产业省为主导，从战后到60年代一贯采取重工业化以及限制外资的政策。日本的工业投资水平也远远超过其他工业化国家。更重要的是，日本主要是向重要优先项目和增长率高的工业部门投资，主要采取银行大量贷款的办法。由于发展经济所需资本大大超过日本商业银行的资金，这些银行就定期、长期地动用日本银行基金，进行放款业务。由于日本的大藏省控制着日本银行，国家企业就能得到政府贷款的好处，至少那些有益于所规定的经济目的的业务活动是如此。再者，日本银行的放款利率一向定得很低，甚至准许鼓励日本公司采用四比一以上的负债率，因此日本工业使用杠杆所获利益，常常多至80%，而美国只有约40%。日本公司债务的作用，加上自由放款政策和日本政府对发展商品生产的科研与发展的支持，成为培植某些日本公司的风险精神的重要条件。否则，那些公司在技术革新方面就将更为保守。对于日本的股票持有者而言，他们宁愿经过长时间在股票增值以后拿回股票款，而不要求领取现有的股息，这就解除了对日本工业经营管理者的压力，使得日本企业管理者更能获得投资——这也是与美国工业经营的倾向正相反的。美国现行的资本收益税法，也使日本公司在与美国对手竞争中处于有利地位——该法对冒风险的研究与发展和更新厂房设备，不肯给予足够的重视或优先的照顾，实际上是鼓励转向生产风险小、利润大的商品和劳务；相反，日本的税务制度则对企业改革家和敢冒风险者给予奖励，资本收益的积累是免税的。

美国日本政策研究所所长查莫斯·约翰逊（Chalmers Ashby Johnson）在《通产省与日本奇迹：产业政策的成长，1925—1975》一书中指出，日本强有力的执政机构以一种"经济总参部"的角色，通过直接和间接的行政指导来制定和引导日本的产业政策。日本当初从纺织等劳动密集型产业，到造船、机械和电子等新的快速发展领域的转变，都是处于通产省的监控之下的。而公司和产业的重组则是由通产省和财务省共同实施的。这些部门在 1951 年建立了日本政策投资银行，可以使用国家邮政储蓄系统的资源，并且对指定行业提供廉价资本，因此保证了资金的长期增长。在 1973—1974 年的石油危机之后，日本形成了一套"企业主导的战略资本主义"的公私合体系统，该系统的特点是更高水平的庇护主义，其后果是日本企业之间的"系统伙伴关系"的持续发展，而这种关系可能包含了一些与政府机构之间的间接合作。❶

在政府主导型的模式下，日本长期以产业政策为核心，引导资源流入特定产业部门，借此迅速造就支柱产业。❷20 世纪 70 年代，日本传统制造技术水平接近美国，电子技术发展迅速，政府及时推行机械技术和微电子技术密切结合的"机电一体化"政策，实业界创造了"精益制造""连续改进"等现代制造模式和管理方法。而美国政府只对基础研究、卫生健康和国防技术提供经费支持，不支持产业技术。自 20 世纪 80 年代以来，日本以家用电器、汽车和运输设备为主导的制造业进入鼎盛时期，美国却在国际市场上失去竞争优势，出现贸易逆差，第二、三产业比例失调，国民经济的基础受到严重削弱，等等。可以说，在一定程度上，正是由于两国产业政策的不同取向，使 20 世纪 80 年代成为全球制造业的"日本时代"。

对于竞争，日本认为，竞争本身不是目的，而仅仅是作为达到提高生产效率、推动技术进步、降低产品价格、扩大出口总额等的一种手段。如果像美国那样严格执行传统反垄断法，就有可能影响其经济的发展。事实上，在

---

❶ https：//wiki.mbalib.com/zh-tw/%E6%9F%A5%E8%8E%AB%E6%96%AF%C2%B7%E7%BA%A6%E7%BF%B0%E9%80%8A

❷ 杨荣：《欧美日企业并购规制的比较研究》，《兰州学刊》2005 年 10 期。

美国，只有兼并濒临破产的企业才很少受到指控，而在日本，因兼并而扩大企业规模，甚至出现了垄断倾向也能得到法律的保护。实际上，日本的《禁止垄断法》对企业的垄断活动采取比较宽容的态度，甚至有时直接或间接地给予支持。❶ 近年来，日本政府和财团认为，利用"最终产品"赚钱的时代已经过去，因此积极推行"知识产权立国"政策，即超越"技术立国"的时代，以输出知识和智力为主，产生和提供附有知识产权保护的技术信息。在这种国策的指导下，日本成为工业化成长道路上亚洲各国的技术、设备和产品的提供者，这导致了日本对于亚洲乃至世界经济的一种控制地位。

四、国际化战略

在当今全球化竞争中，日本人及日本企业深谙中国古代兵家智慧，在国际市场中常常以其高超的竞争策略，以弱胜强，不断打败西方竞争对手，从而创造出一个又一个商业奇迹。

1. 日本企业的国际化

从企业国际化的历史看，19世纪末开始采用的外国直接投资这种现代形式，产生了许多我们今天所熟知的大型纵向整合跨国公司。例如，从事殖民地种植业的利华兄弟公司（现在是联合利华公司）在西非投资蔬菜油类植物的种植，吉百利（Cadbury）公司投资从事可可饮料的生产，邓洛普（Dunlop）公司投资从事橡胶业。英国是当时的大帝国，主导着世界上的国际业务，占整个世界外国直接投资的45.5%的份额。

日本曾提出一个理论叫"雁行理论"：世界上有先进国家、中进国家和

---

❶ 杨荣：《欧美日企业并购政策法规差异的比较及其启示》，《惠州学院学报（社会科学版）》2005年8期。

后进国家，日本就是中进国家，跟欧美比不行，但比中国、东南亚国家强。那么，日本要如何步入先进国家行列？日本进行了两方面市场的区别对待：一方面向欧美出口生丝等轻工业产品，进口重化工业的产品，比如车床；同时，向落后国家出口各类工业产品，进口原材料。日本的工业产品在一定时期内无法赢得欧美市场，它就把这些产品卖到落后国家、殖民地。

第二次世界大战以后，"美国强权"代替了"英国强权"，全球又掀起了对外直接投资的第二次高潮。美国通用电气公司、IBM和美国国际电话电信（ITT）公司在世界范围内建立了生产基地，使衰弱的战后欧洲感觉到了"美国的挑战"。到1960年，美国对外直接投资占到了48.3%。然而，到了80年代，美国的经济力量减弱，日本经济势力开始出现，并以微小的差额成为世界最大的海外直接投资国。

自20世纪90年代开始，经济全球化进程明显加快，企业的国际化、跨国界经营和无国界经营，日益成为21世纪企业经营管理发展的主要趋势。在这一过程中，日本工业产品大量销往国外，与各国的贸易顺差不断增长，相应的，贸易摩擦也日益增多。为了贸易平衡，1985年以后，随着日元急剧升值，日本产品的价格竞争力相对下降，出口厂家纷纷将工厂迁往人工费低廉的亚洲各国，降低生产成本。

从整个世界范围内看，当今企业的国际化经营已形成两种具有代表性的模式：以美国为代表的企业国际化经营模式和以日本为代表的企业国际化经营模式。

美国跨国企业的一般战略是：A. 对先进国销售产品，输入原料或零件；B. 到先进国生产，从母国或第三国输入原料或零件，而对地主国、第三国及母国销售产品；C. 对发展中国家销售产品，输入原料或零件；D. 到发展中国家生产，从母国或第三国输入原料或零件，而对地主国、第三国、母国销售产品。美国跨国企业经营的基本态度是：确保知识密集型的产品技术独占；技术不输出、不供给，而确保以技术合作方式获得管理控制权；以技术独占为背景对世界市场采取垄断支配；依地主国政府对产业化实施的进行程度而转换生产地，以及为了各生产地的产品标准程度的差异，形成生产特别化；以世界市场为对象统一调配控制。可见，美国跨国经营高度强调技术的独占性、转移产品的后期性以及由先进国向发展中国家逐步转移的秩序性。❶

相对于美国跨国企业的 ABCD 战略，日本跨国企业则采用 ADCB 战略，具体而言：① 在先进国市场，日本企业采取高品质产品竞争，日本企业在美国跨国企业成长战略的 A 期的外销过程中获得间接技术转移，在 B 期中获得直接技术转移，将从美国企业获得的技术积极消化、改良、创新，制造出比美国导入技术更优秀的产品，从而在先进国市场以商品质量和美国竞争（A）；② 当美国跨国企业成长战略进入 C 时期，从先进国生产到发展中国家销售时，日本企业充分考虑发展中国家的消费程度，直接到发展中国家生产廉价产品，在发展中国家市场和美国企业产品进行价格竞争（D）；③ 和美国企业相比，日本企业属于后进技术，由本国外销将遭遇高关税阻碍、外销配额等问题，因此利用第三国的外销拓展市场（C）；④ 美国存在广阔市场，消费者的高收入、强烈的购买欲，日本为避免对美国巨大外销的摩擦，利用日元升值的有利条件，加之日本技术的高度成长，直接到美国设厂进行现地销售（B）。❷

总的来看，美国模式是通过拓展国际贸易发展到生产地转移，继而发展到技术转移来逐步实施国际化战略的；而日本模式是由"出口推销型"向"当地生产型"逐步转变，其特点是在开始阶段避开被先进国家支配的欧美市场，

---

❶ 参见安曼：《日本企业国际化经营模式研究》，《日本研究》2007 年 3 期。
❷ 参见安曼：《日本企业国际化经营模式研究》，《日本研究》2007 年 3 期。

指向发展中国家市场，在提高技术、产品、市场能力后，再指向欧美。

美日两国企业国际化的差异，是由其客观情况的差异决定的：其一，企业的目标不同。美国企业大多以"高利润"为主要目标，谋求的是世界市场；日本企业多以"占领市场"为主要目标，投资的重点是美国和亚洲。尤其是向美国进行直接投资，有助于利用日元升值优势，有助于打破关税壁垒，减少贸易摩擦，有助于在最发达的美国市场与美国企业直接竞争，达到一箭数雕的目的。其二，企业的优势不同。美国是发达国家，企业规模强大、实力雄厚，重视R&D（research and development，研究与开发），产品开发能力强，其占领市场主要依靠产品的新颖、独特；日本是新兴的发达国家，由于技术上不领先，企业就致力于技术的消化和改良，从而以产品的"工艺优势"来代替"技术优势"，借以延长产品的生命周期。其三，产品生产转移的策略不同。美国企业多是在产品接近成熟期时开始转移，在美国市场接近成熟时就向发达国家投资，而在发达国家市场成熟后，再向发展中国家投资；而日本企业往往在产品进入成长前期或在成长后期即开始输出和对外投资，从而获得一个"时间差"优势。其四，进行国际化的主体类型不同。美国一般是制造业、服务业充当进军海外市场的主力，并在体系内建立销售服务网络；而日本企业多由综合商社充当急先锋，集中大量的中小企业进行国际化。❶

2. 重组与联盟

20世纪80年代，随着日本经济泡沫的破灭，日本企业也开始了史无前例的业务重组，企业之间的兼并活动也变得日益频繁起来。其中，最具有代表性的是1994年三菱化工和三菱油化的合并（合并后为三菱石油）、1997年三井石油化学与三井东亚化学的合并（合并后为三井化学）（图4-16）；

---

❶ 王胜今、董伟：《由美日企业制度比较分析日本经济衰退之根源》，《日本学刊》2001年11期。

2002年日本电气公司和日立制作所宣布将两家生产"存储器的"部门合并，组建一家专门生产"存储器"的公司；2002年日本排名第二和第三的钢铁公司日本钢管公司和川崎制铁公司宣布正式合并；在支离破碎的电子行业，日本政府也努力加速整合，创造"国家冠军企业"，等等。❶

图4-16 三井化学公司东京总部 ❷

日本企业获取外部资源的另一种途径，便是对战略联盟的广泛使用。对于现代企业来讲，损人利己或利益独享的观念已被淘汰，而谋求"双赢"的思想成为主流。战略联盟的兴起正是这种现象的一个突出反映。这种强调企业间合作的战略联盟通过集成社会各种资源，补充完善现有技能和获取新的技能，实现组织低成本的快速扩张，从而使企业迅速取得生存发展的空间。这就是联盟策略大行其道和备受企业青睐的原因。

---

❶ 参见陈又星：《日本制造企业变革特征探析》，《现代日本经济》2005年5期。
❷ 资料来源：作者。

以日本的汽车制造业为例，丰田汽车公司与其他三家制造商结成了联盟，目前占有大发汽车 51.2% 的股权、日野汽车 33.8% 的股权以及雅马哈汽车 5.4% 的股权。日产汽车公司与法国雷诺公司在 1999 年结成联盟，日产同意雷诺公司持有其 33.8% 的股权并且由雷诺公司派出 CEO，双方在生产、销售、开发和采购等领域展开合作。目前日本 11 家汽车制造商中的 7 家已经和外国制造商达成了某种形式的资本关系，技术联盟一类的合作关系也在不同的制造商之间得到了加强。与外国汽车公司的战略联盟，能够使日本公司节省资源，使研究和开发更加有效，以其他制造商的实力提供弥补弱点的机会来发挥协同效应。❶

在日本，半导体产业曾经是规模最大的制造业，在 20 世纪 80 年代，日本的芯片产值占全球的比重曾高达 67%，但是从 90 年代开始，日本芯片业一步步走向衰落。穷则思变，日本半导体业从 2002 年起奋起反击，在深刻反思后，终于找到了一条新的生路，那就是战略联盟。目前，日本的大规模集成电路产业主要为两大阵营，一个是松下、日立、三菱集团，另一个是索尼、东芝、富士通集团。资产重组以后，两大阵营在国际市场上的竞争力将显著增强。除了内部结成战略同盟，日本芯片企业还对外实行强强联合。从 2003 年 4 月开始，索尼、SCE 和东芝就宣布与 IBM 结成统一战线，并正式投入下一代芯片的研发。同时，同业重组与跨行合作也是日本芯片业的两大突破方向。在日本国内，芯片制造商与游戏制造商结盟，叫谓珠联璧合，NEC、三菱在任天堂 Game Cube 游戏机上注入了许多心力，回报也相当丰厚。更突出的是东芝，它在与索尼的合作上不惜血本，投资 2000 亿日元新建一家芯片生产厂，专为索尼生产 PS3 游戏机芯片"CELL"（细胞）处理器等。❷

---

❶ 参见安曼：《日本企业国际化经营模式研究》，《日本研究》2007 年 3 期。
❷ 参见王瑜、任浩：《模块化组织价值创新．内涵与本质》，《科学学研究》2014 年 2 期。

"日本制造"的文化密码

　　结成战略联盟不仅有助于在市场上形成一定的规模，而且还有助于公司成为网络的"核心"，并引领新的行业和竞争领域向前发展。在此情势下，只要先动者设法抓住了机遇，就会产生极大的先动优势，即通过迅速形成市场领先优势，先下手为强❶。松下与索尼对于录像机市场的争夺，堪称这一问题的一个经典案例。20世纪70年代中期，家用录像机开始进入家庭，当时索尼公司凭借其"Betamax"标准成为行业的龙头老大（图4-17）。1976年，松下公司控股的JVC公司在直接竞争中推出了"VHS"标准。在短短的两年时间里，JVC就将索尼公司拉下马，"VHS"成为主流标准，占据了录像机行业的核心地位。与此同时，它还阻止飞利浦公司及其标准进入这一领域，推动录像机行业走向快速发展的轨道，公司也因此而成为20世纪80年代最成功的消费类电子产品公司。而所有这一切都源于一个被普遍认为技术含量不高的产品。JVC是如何实现的呢？主要依靠联盟战略。

图4-17　索尼高清数码摄像机 ❷

---

❶ 主要是因为技术兼容性具有经济学家所称的外部性。一旦先入者在市场上奠定了基础，新的不兼容解决方案就几乎没有发展的空间。
❷ 资料来源：作者。

录像机是一种典型的网络外部性非常明显的产品。对于消费者而言，家用录像机的价值主要取决于有多少客户在使用同一种磁带格式。拥有 VHS 录像机的人越多，VHS 盒式录像带的零售点就越普及。随着 VHS 盒式录像带所占市场份额的逐步增加，在新的录像机客户中，购买其他标准的录像机而非 VHS 录像机的就越来越少，许多音像商店很快就开始完全停售 Beta 盒式录像带。由此，VHS 理所当然地成为领头羊。

对于取得这样的战果，JVC 编织的联盟网功不可没。索尼公司对 Betamax 标准采取的做法是收取限制性高额许可费，而 JVC 对 VHS 标准则不然，它走的是全面开放、适度收取许可费之路，并积极推广采用 VHS 标准。VHS 被确立为标准促进了预制录像带的发行，特别是在录像带租借市场上的发行。录像带租借反过来又促成了家用录像机市场的快速兴起。

尽管 JVC 在技术上有些落后❶，但是在选取合作伙伴上取得了成功，并且在联合中占据了核心地位。这种广泛地选取合作伙伴和缔结联盟给 JVC 的母公司——松下公司带来了三个独特的优势：其一，松下公司得以抢先形成发行能力。汤姆森和 RCA 等公司加盟 VHS 阵营，带来了它们所占领的市场和渠道发行能力，松下公司随之就可以开足马力生产。其二，VHS 标准的广泛采用促进了市场的快速形成。其三，松下公司得以在竞争中抓紧解决组件和产品生产规模化、降低成本等问题，将行动迟缓的公司挤出市场。

从上可以看出，标准对竞争以及竞争的结果影响极大。在以显著的外部性为特征（交互式信息技术的共性特征）的各种活动中，制定标准的联盟影响着市场的发展方向，引导着市场的发展过程。在"胜者为王"的竞争中，这些联盟是竞争未来的获胜者，是唯一能够到达终点的选手，获得的影响力

---

❶ 当这场决定性的战斗尘埃落定时，Betamax 的图像质量仍然略高一等，而且其磁带录制时间也相对长一些。

远远超过其规模和资源的影响力。昔日消费类电子产品领域的 JVC 公司,今日个人计算机市场的微软公司,都堪称运用这一艺术的大师。

值得注意的是,随着日本在汽车、家电等领域大举占领国际市场,一些日本大企业一度曾试图撇开国际标准,在行业技术和产品标准上另搞一套,构筑相对独立的日本标准体系,为此而展开了激烈的标准之争。其中,最典型的实例之一,便是以索尼公司为首的蓝光阵营与由东芝公司"领衔"的 HD-DVD 阵营,围绕下一代 DVD 的格式之争。这场"标准之战"异常惨烈,结果双方投入巨大,最终两败俱伤,其败局的负面影响甚至波及整个日本家电业。为汲取这些教训,在国际标准竞争中少走弯路,日本政府继续鼓励本国企业引领行业技术和产品标准的同时,特别强调要使日本标准与国际标准接轨。

在当今的一些新兴行业中,产品的复杂性要求企业具备的技能更加广泛。以个人计算机为例,在早期,PC 机就是由一台黑白显示器、一块做工粗糙的印刷电路板、一个基本的微处理器和一个简单的键盘拼凑而成。而现在的笔记本电脑必须有采用了复杂平面技术的高分辨率彩色显示器、高性能的硬盘驱动器、光盘驱动器、高能电池和世界级的包装技术和微型化技术。然而,没有哪一家公司能够独自制造所有这些关键的组件或具备所有必备的技能。这种技术和技能的多样性使得公司必须协同工作(常常以联盟伙伴的形式出现)。例如,苹果的 Powerbook 笔记本电脑及其 Newtop 个人数字助理暴露出苹果公司实现微型化的能力不足,从而迫使其不得不寻求同微型磁盘驱动器的领导者索尼公司和平面显示器的领导者夏普公司结成联盟,等等。

3. 海外日本

在企业国际化浪潮中,日本为了实现战后经济扩张的目的,一直坚持长期为企业减税的政策,鼓励国内资本输出。其结果,日本制造业海外生产的比率从 80 年代的 3% 上升到 2002 年的 17.1%。其中化学、精密机械接

近或超过15%，运输机械的海外生产比率达到47.6%，而电器机械则达到26.5%。❶

在这一过程中，日本海外财富迅速膨胀。日本财务省公布的2011年底海外资产负债余额显示：日本企业、政府和个人持有海外净资产达3.16万亿美元；到2015年，日本的海外资产已经接近10万亿美元，是国内GDP的两倍，是中国GDP的80%。就日本所占据的矿山、石油等这些基础原料的所谓"资源面积"而言，到目前为止，日本海外的资源面积已经达到本土的10倍。❷ 如今，日本已经连续24年蝉联世界最大海外净资产国，等于另造了一个超级的"海外日本"。

不仅如此，经过数十年的积累，日本已在海外建立了完整的产业链，从制造业的上游到产品研发、设计、核心技术制造到销售，日本的六大财团掌握了大量资源和产业链中最赚钱的部分。日本的海外净资产每年给日本企业带来上千亿美元的投资利润。拿2015年的利润来说，其相当于15个微软利润的总和，且利润年年在增加。全球有如此辉煌海外投资成绩的国家，只有日本一个。

伴随着日本制造业的国外转移，不少专家指出了"产业空心化"问题。"空心化"意味着由于生产力的国外转移，国内的生产规模缩小，从而导致产业竞争力的衰退。在20世纪90年代中期，日本的家电企业将彩电生产的90%、录像机生产的80%转移到了国外，导致日本国内出现了制造业"空心化"的担心。正是基于此种顾虑，日本企业在实践中力求把出口贸易和海外生产统一起来：其一，提高出口产品的附加值。在出口产品数量减少的情况下，由于附加值增加，出口数量虽然减少了，出口金额并不会减少，办法是

---

❶ 参见《日本"没落和衰退"？》，《办公自动化》2017年7期。
❷ 叶檀：《日本还是令人敬畏》，https://www.xzbu.com/2/view_7778303.htm

把一个企业中附加值相对较低的品种转移到海外生产，把附加值较高的品种留在国内生产，这样就保证了出口创汇的主动权。其二，保持日本的出口能力。这是维持日本大量进口需要的前提，为此需要继续提高技术创新能力和竞争能力，以维持日本企业出口的主动态势。其三，日本企业通过海外生产来开拓海外市场，但为了维护自由贸易体制、减少贸易摩擦，又必须保持一定的出口规模，为此，实行海外生产基地产品的返销，也就成了日本企业扩大进口的途径。这种做法的缘由在于：首先，亚洲各国的货币随美元变动，日本在美国和亚洲诸国进行海外生产的企业，以日元结算，其生产成本大大降低，即使加上运费返销日本，在日本国内也有足够的竞争力；其次，随着海外生产基地的生产率越来越高、竞争越来越强，借助日元升值、美元贬值的强劲势头，海外基地向日本出口的竞争力大大增强；最后，日本跨国企业的多国籍战略的深入发展，导致一个企业在海外形成若干生产基地，如果各个基地只谋求自己的利益，必然会产生若干矛盾和负效应，为此，日本跨国企业需要在企业集团内形成"企业内的国际分工体系"，采用内外一体化战略，推动企业内的国际分工。

从现实来看，相对于欧洲和美国，日本在高度老龄化的情况下，居然是全球发达国家中最不空心化的国家。制造业占了日本 GDP 的 20%，而美国、欧洲只有 12%，且远低于美国、欧洲的失业率。其实，日本的制造业"空心化"，恰恰是制造业发展模式"转型"的过程，因为日本的企业在向海外转移生产的同时，将一些重要的、附加价值高的关键技术牢牢地掌握在自己手里。比如，日本企业向中国转移生产中很大部分是劳动密集型的组装和加工业以及中低端资本密集型产业（如汽车行业），但是核心技术和工艺不会转移。近年来，虽然一些日本制造业企业离开了终端消费市场，但并非被迫退出，而是选择主动抽身，并转型至需要更高技术门槛且竞争并不激烈的商用市场，在全球市场上依然是强有力的竞争者。

如今，日本有一批根基深厚、核心技术牢牢掌握在自己手中的大型国际企业，不断在全球进行布局，与国际金融财阀、国际产业巨头形成了千丝万缕的竞争或合作的关系。❶譬如，当今中国的许多知名公司，诸如阿里巴巴、PPLive、人人网、分众传媒、携程、凡客诚品、汇源果汁、盛大网络、完美时空、橡果国际、雷士照明、神州数码、58同城、顺驰不动产、康师傅、德克士、完美时空、波司登，等等，实际上都是日资控股或参股；而有日资背景的A股上市公司，就有广汽集团、东风汽车、合肥三洋、厦门钨业、黄河旋风、嘉麟杰、大冷股份、三花股份、江苏三友、景兴纸业、通富微电，等等。其实，在整个世界范围内，很多知名企业的背后，都有日本股东的影子，诸如美国摩根士丹利、美国寿险公司、美国电信公司斯普林特、美国烟草，等等。

---

❶陈萍：《日企败北！真摔还是假摔》，《中外企业文化》2012年5期。

第五章 危机、反省与重塑

从世界范围内来看，第二次世界大战以后，一个鲜明的经济现象，就是当年的两个战败国——日本和德国经济的重新崛起。尤其是日本，经过几十年经济的高速增长，成为仅次于美国的世界第二大经济强国。然而，日本经济的腾飞也伴随着巨大的泡沫，在内外各种因素的作用下，最终于20世纪末开始破裂。日本由此进入了一个长期的经济低迷与调整时期。

一、失去的二十年

20世纪后半期，的确是日本的时代。然而，自20世纪80年代末期以来，日本经济发展进入了所谓"失去的十年"甚至"失去的二十年"。而制造业中不时爆出的各种质量、造假事件，更使得"日本制造"雪上加霜。没有反省，就没有出路。看看日本人是如何看待和面对这场不期而遇的危机的。

1. 危机：不期而至

20世纪70年代的石油危机，可以说是世界经济的一个转折点。在这场世界性危机中，日本经济体系和产业结构受到了极大的冲击。在此以前，日本经济是以大量消耗能源的钢铁业和石油化工业为中心发展起来的，主要能源来源是进口原油。在整个20世纪60年代，原油价格都很廉价，以此为背景，能源高消耗型产业——钢铁、精铝冶炼、石油化工等产业得以飞速成长。而随着石油危机的到来，日本高速增长期的主打产业——钢铁、非铁金属、造船等行业急转直下，陷入长期萧条；高速增长期后期开始出现阴霾的纺织行业也陷入长期停滞状态。在此情势下，日本以汽车和电子产品为中心的机械行业，获得大幅度增长——这个领域附加价值率高，进口原材料比例低，同时乘着技术创新浪潮，而不断进行了新产品开发。统计资料显示，日本制造业整体的劳动生产率在第一次石油危机后到 1990 年之前，上升了约 5%，而电气机械上升了 9.5%，精密仪器上升了 12%。

真正对日本经济构成显著影响的，则是金融自由化之后，美、日签订广场协议之后的日元升值。❶1984 年，日美间的日元美元委员会决定施行金融自由化，这意味着没有了储蓄利率上的限制，扫除了银行业与证券业之间的藩篱。刚刚成为世界大国的日本当然也不得不顺应潮流。当时，随着日本实现经济高速发展，富有竞争力的日本制造业在欧美市场份额日益扩大，日美贸易间的不平衡，甚至已成为日美之间的一大政治问题。尤其是 20 世纪 80 年代，当日本高调收购美国纽约的帝国大厦（图 5–1），被惊呼"日本第一"之时，"日本威胁论"不绝于耳。为了增加产品的出口竞争力，美国通过对日本的外汇政策施以压力来促使日元升值，以减弱日本经济的强势状态，并再三要求日本"扩大内需"。就在这种压力之下，日本与美国于 1985 年 9 月签订了促成日元升值的"广场协议"。这成为日本泡沫经济的直接原因。

图 5–1 美国纽约的帝国大厦❷

---

❶ 简明非：《〈广场协议〉签订经过、影响以及对人民币升值的启示》，《经济视角》2011 年 10 期。
❷ 资料来源：作者。

"广场协议"签订后，1年内汇率从1美元兑250日元暴升到1美元兑150日元，引发了严重的"日元升值大萧条"。❶日本在资金供给过剩的情况下，于20世纪80年代后期，出现了日本人借款购买股票和土地的热潮，由此导致资产价格的极度膨胀和经济泡沫的急剧加大。由于日元不断升值，日元能够兑换更多的美元，所以相对美国，日本人的资产和资金急剧膨胀，这种膨胀使得日本人更加具有国际购买力。为此，日本把大量盈余资金投入美国，日本在美国的资产因此急剧膨胀。据统计，从1986年到1991年，日本的海外投资总额高达4000亿美元，成为全球最大的对外直接投资国，而美国则成为日本海外投资的主要投资地。日本资本涌入美国工业、房地产、金融、文化等各个领域，在美国引起了巨大的轰动。由于日本在美国购买了大量标志性建筑，形成高调"购买美国"的印象，加上东方文化的背景，造成美国各界"谈日色变"，也让日本人的虚荣心急剧膨胀。❷一些日本人甚至认为，长此以往，日本将买下美国，超越美国只是时间问题。然而，日元升值虽然让日本人购买了更多的美元资产，却严重冲击了国内的经济，结果以美元为结算货币的出口价格一下子上涨了六成，日本的出口行业遭受了沉重的打击，钢铁、造船等"重厚长大型产业"的竞争力急剧下降，继而政府财政收入也相应减少。

　　日本为了防止通货紧缩，实行了宽松的货币政策和财政政策，结果导致了市场上流动性泛滥，大量资本涌入不动产和股市，造成房价和股票价格急剧上涨，引发了严重的经济泡沫。1991年，整个东京的土地和房地产价格竟然可以把整个美国买下，足见当时日本经济泡沫有多严重。进入20世纪90

---

❶ 参见杨丽花：《人民币升值的收入分配效应》，《广东金融学院学报》2007年9期。
❷ https://www.360kuai.com/pc/9c7aece64910ab65a?cota=3&kuai_so=1&sign=360_57c3bbd1&refer_scene=so_1

年代后，日本意识到了泡沫的严重性，所以开始控制楼市和贷款，可为时已晚，资产泡沫开始破裂，到1992年末，上市股票市值从顶峰时期（1989年末的630兆日元）下跌五成至300兆日元。泡沫的破灭引发了股价和房价的暴跌，1999年东京一块土地的价格，只是1989年的八分之一。

在房地产和股市泡沫破裂后，日本经济增长出现了断崖式的下跌。许多公司相继倒闭，即使能够幸免于难，一些公司也不得不背负起巨额债务或类似银行不良债权的负资产。这种现象在政府，地方自治体，银行、证券公司、寿险财险公司等金融机构，制造厂商以及个人身上均有发生。资产负债情况的恶化，引起消费和投资的低迷，背负着不良债权的银行会减少新的贷款，因股票蒙受巨大损失的个人也会减少支出，从而引发经济不景气。1990—2000年，日本GDP的平均实际年增长率是1.4%，低于所有发达国家。

始于"广场协议"，经历经济泡沫时代，直到20世纪90年代后半期的金融危机的10年，经常被人们称为日本经济"失掉的十年"。不过，就在这种情况下，日本的许多企业为了扩大出口，利用日元升值，陆续加快了打入亚洲市场的步伐。这一潮流导致东亚地区日本中心型的生产网络体系的形成，从而大大改变了日本企业的活动范围，资产巨大的"海外日本"正是在这种背景下开始形成的。日本制造业的海外生产对日本经济产生了正面影响：一是日本企业提升了自身的抗风险能力，强化了国际竞争力，夯实了日本经济基础，二是企业的海外投资获利逐步成为日本经常收支盈余的重要支柱，从而有效冲抵了贸易赤字。但是，在1997—1998年，受东南亚金融危机的影响，日本国内也发生了金融危机。受此危机的影响，日本包括电子消费品、汽车、化学、合成纤维在内的诸多具有传统竞争优势的大企业纷纷"集体亏损"。

进入21世纪后，日本虽然也出现过几次经济恢复期，但从走势来看，低成长率难以改观。在21世纪的第一个10年，继日本、韩国、中国台湾之后，中国大陆、印度等开始实现高速增长。2001—2010年，日本GDP平均实际年增长率进一步下滑到1%以下。在此期间，日本出现了长期的通货紧缩。这就是通常所说的日本经济的第二个"失去的十年"。其中，从2008年到2010年，可谓是"损失最惨重的三年"。2008年9月，雷曼危机引发了世界性的金融危机，世界形势发生巨大变化。中国、印度、俄罗斯、巴西等"金砖四国"以超过人们心理预期的速度实现了经济的高速发展。[1]而在日本，停止改革的自民党麻生太郎内阁在大选中败北，其后当政的民主党并没有做好充分准备，鸠山由纪夫内阁之后又出现菅直人内阁，无论哪一届政府，政治局面和经济局面均十分混乱，所有国民都越来越感到不安，担心"损失最惨重的三年"会演变为"损失最惨重的四年"甚至"损失最惨重的五年"。

不过，在"失去的二十年"中，日本的汽车和电子这两个产业却逆势而上，成为泡沫破灭之后支撑日元汇率和外汇储备的关键。1991年，日本NHK特意做了一期节目：《电子立国——日本的自传》，将电子和汽车行业并列，把索尼、松下等公司摆出来历数家珍。在这一年，汽车和电子的产值仍然势均力敌，之后两者分道扬镳。汽车行业继续出海征战，丰田、本田、日产在全球的地位稳步上升，但电子产业则每况愈下，产值只有12万亿日元左右，还不到2000年时（26万亿日元）的一半。2012年，日本的电子产业全线崩溃。其中，索尼自2005年被韩国三星超越之后，电视业务已连续亏损8年，整体业务则连续亏损4年，2011年的亏损更创下了历史纪录。索尼面临的境遇，实际上是老牌日本家电企业的一个缩影，而日本家电企业又是日

---

[1] 参见杜怀亮：《从美国次贷危机看当前世界经济》，《贵州社会主义学院学报》2008年12期。

本制造业的典型。除了索尼，曾在液晶面板领域享誉全球的夏普也深陷债务危机，不得不裁员、卖楼，乃至最后卖身于中国台湾的鸿海公司。松下虽然勉强走出连年亏损的困境，但是想赢利还是难如登天。2013 年，日本电子产业更是出现了贸易逆差，出口额竟然少于进口额，令人难以想象。

2. 恶性事件

"日本制造"曾经在全球开花，以其新颖、小巧、高品质、低价格和完善的售后服务，成为质量的保证与身份的象征，在全球一直都是"精益求精"的代表，"完美工艺"的化身。20 世纪 80 年代，中国人为了买一台"日本制造"的家电而找熟人、托关系。到了 90 年代初，国人不仅要买"日本制造"，而且还要加上"原装"二字。同样的日本品牌，中国人、东南亚人装都不行，还必须由日本人亲手装起来的，质量才会有保证。❶可见当时国人对日货崇拜到了何种地步。然而，近年来，日本企业却接二连三被曝"造假"等恶性事件，涉及"食、住、行、用"等多个行业。

众所周知，日系汽车的一大卖点是省油。然而，三菱、铃木、日产几大知名品牌厂家纷纷被卷入造假风波，惊动全球市场。三菱被曝至少有 4 款在日销售微型车的燃效数据作了篡改，实际数据比显示数值高 5%~10%，涉及车辆或超 200 万辆。无独有偶，铃木汽车公司承认他们对 16 种在日销售车型的燃效数据作假，涉及车辆超过 210 万辆。而作为全球最主要的安全气囊生产商日本高田公司，在过去 10 年间，因产品质量问题在全球范围内造成超过百人死伤。2019 年，高田公司在美国市场召回近 7000 万个问题安全气囊，成为美国历史上召回规模最大、最复杂的召回事件。调查结果显示，高田安全气囊在测试中存在数据操控和篡改问题。这一事件，让高田良好的企业形象荡然无存。

---

❶ 吕炅：《谁打破了"日本制造"神话》，《经营管理者》2001 年 4 期。

在电子行业，随着韩国三星的崛起，日本家电企业在全球市场份额被不断瓜分，业绩也日益下滑。在此情势下，日本最大的半导体制造商、已有142年历史的东芝，以54亿美元高溢价收购了美国西屋电气，开始涉足核电领域。可是时运不佳，2011年，福岛核电站泄露事件一下子让日本核电行业进入冰河期。为了掩饰巨亏，东芝又走上了一条"做假账"的不归路。2015年曝出的东芝财报数据作假事件，跨度长达8年（2008—2015年），至少涉及四大业务部门，可统计虚报利润1562亿日元，成为日本企业最大的一桩财务造假事件。2016年4月至12月财报，净亏损达9500亿日元，创下历史最差业绩，由此东芝开始一蹶不振。

除造假之外，日本产品还频频出现质量问题。2014年10月，一名女顾客在冈山县津山一家麦当劳门店就餐时，从鸡块中吃出橡胶制品；2014年12月，一名儿童在食用麦当劳冰激凌时，嘴部被冰激凌当中的塑料片划伤；更早时，一名女顾客在大阪麦当劳餐厅用餐时从炸薯条中吃出一颗牙齿，引发了日本食品界不小的震动。2015年3月，日本媒体曝出北海道某烤肉连锁店以普通牛肉冒充优质的"松阪牛肉"而宰客。2015年10月，日本三井不动产集团销售的横滨市都筑区一幢公寓楼发生倾斜。调查发现，在支撑大楼的地桩中，有至少8根没打进足够深的稳固地层中。而作为该项目的下游承包商、负责打地桩的日本建筑业龙头——企业旭化成建材公司在施工时偷工减料，甚至在施工前就篡改了固定地桩的混凝土用量、地盘强度等数据。2015年11月，肥料公司"太平物产"被曝伪造有机肥原料比率标示，公司社长更是承认公司"至少10年前就开始造假"，等等。❶

至此，日本制造业丑闻还没有结束。2017年10月，由日本日立集团旗下公司为英国生产的新型城际高铁在英国首发，但是该车不仅因为技术故障

---

❶ 邱林：《被"老人"统治的日本社会》，《南风窗》2016年02月18日。

晚发车 25 分钟，还因为空调故障导致车内漏水，让车内成了"水帘洞"。该款车辆使用了神户制钢的问题零件。神户制钢始创于 1905 年，是日本第三大钢铁企业，世界 500 强之一，调查结果显示，该集团下属的神钢不锈钢钢丝公司为减少次品数量，在过去超过 9 年的时间里，篡改不锈钢钢丝的拉伸强度试验数据，将不合格产品作为合格产品发货。2017 年 10 月 13 日，根据神户制钢的内部调查，除铜、铝制品、铁粉的强度数据造假外，又有 9 种产品被发现篡改了技术数据。问题产品遍及日本国内多达 200 家企业，其中不乏丰田、本田、日产、铃木、马自达、斯巴鲁等汽车巨头。三菱重工研发的日本首款国产喷气式支线客机 MRJ、东海铁道的部分新干线列车等航空、高铁项目也受到牵连。三菱重工、川崎重工、IHI 株式会社、斯巴鲁等企业的国防用品也受到波及。美国波音以及汽车生产商特斯拉、戴姆勒、劳斯莱斯、通用、起亚和标致雪铁龙等 30 多家知名大企业也进入受影响名单。除了至少波及全球 500 多家企业外，本次造假事件涉及的基础材料产业还是日本经济的隐形支柱，处于产业供应链的最上游，也必然殃及整条产业链。这一造假事件给日本被视为"立国之本"的整个制造业带来了重大的信誉损害，日本制造业一向引以为豪的企业自律、自净、自我纠偏能力受到严峻考验。

当然，暴露的问题不应简单地成为日本制造的全貌，也不意味着日本制造已为后发国家所接近或超越。事实上，日本产品质量仍然是世界一流的。譬如，权威汽车质量评估机构 J D POWER 2015 年第 26 次对各品牌汽车质量进行评估，在参评的 31 个主流汽车品牌里，丰田和本田分别位列第三和第五。这一成绩远超行业平均水平，好过保时捷、林肯和奔驰等高端车系。在福布斯发布的 2015 最具价值汽车品牌中，丰田又一次摘得桂冠，本田位列第三。这说明在汽车制造业领域，无论是质量、数量还是认可度，"日本制造"都当仁不让。尽管如此，这些质量造假丑闻频发，确实反映了日系供应商在全球激烈竞争环境下的经营困境,也折射出日本企业经营不透明等诸多弊端。

3. 危机中的反思

面对如上困局,日本人以其难得的自省意识对自身做出了深刻的反思。其中,较为著名的,便是汤之上隆所著的《失去的制造业:日本制造业的败北》一书。在该书中,汤之上隆指出,日本经济长期停滞不前的一个最大的原因,是日本未能及时赶上20世纪80年代的第三次工业革命(信息革命)。自1981年IBM的PC发行打开了个人电脑的时代大门,到后来形成以微软及英特尔为中心的新的行业规则,这场IT革命构成了美国经济发展的原动力,网络和手机行业的飞速发展带来了美国经济的复兴。然而,日本只模仿了结果而没有实现产业结构的调整,持久的创新体制没能在日本生根。❶

汤之上隆还提出了一个颇具争议性的观点,认为日本过于苛求性能与指标的极致,而忽视了市场实际需求水平,致使市场出现变化的时候在研发上不能及时调整产品。1990年,全球半导体销售额十强中,以NEC、东芝、日立为首的日本制造商就占据了其中六强。此时的英特尔还仅名列第五,而三星更是未能进入。这些企业的产品不仅世界市场占有率都很高,而且都曾创造出世界最高品质,拥有世界最先进的技术。然而,它们最终都失去了市场,此后20年,始终坚持在十强榜上的半导体厂商只有英特尔、东芝、德州仪器三家。其原因就在于它们所涉及的各行业和企业都没有与时俱进,没能及时更新换代,陷入了"创新窘境",即企业过于忠实地顺从顾客的要求,导致被那些尽管产品性能和质量不高,却具有便宜、小巧、方便等特征的颠覆性技术的企业所淘汰。在汤之上隆看来,日本虽然在制造高品质产品方面

---

❶ [日]汤之上隆:《失去的制造业:日本制造业的败北》,机械工业出版社,2016年版,第30页。

得心应手，但在降低成本方面却力所不及。日本无法摆脱"卖掉生产出的东西"这种陈旧的理念。市场营销的本质是抓住变化，顺应变化。创新不是技术革新，而是迅速得到广泛普及的技术或产品。企业不能像日本企业一直所做的那样——"销售生产出来的东西"，而应该向后起之秀三星学习，面向70亿人的世界市场，努力"生产能销售得出去的东西"。❶

不过，话说回来，日本制造业对性能与指标的极致苛求、精细生产的能力、看似僵化的企业制度等，又何尝不可能成为未来个性交互消费时代日本制造业复兴的根基？如果质和量都不力求过剩的发展，日本的竞争力也就无法维持，而且追求顶级品质正是日本的技术人员和科学家们的工作热忱来源。降低标准不是日本擅长的领域，也不是日本的生存之道。

日本制造业的发达，在很大程度上应归功于其独特的管理模式和企业文化，这是一种自上而下、层级分明的管理体制和精益求精的企业氛围。日本制造业企业善于将某种技术或品质发扬到极致，但更多的是在已有产品和技术的基础上进行完善和更新，缺乏主动寻求新领域的突破性思维。日本在向西方学习并实现技术赶超之后，就患上了"技术垄断症"，技术绝不出口，以防外界窥视自己的技术秘密。从根本上讲，对外来人的强烈排斥，构成了日本集团主义的一个基本特性。在日本的民族构成里，大和民族占到了99.9%，民族多元化程度很低，民族多样性并不被认可和尊重。《日本时报》曾指出，无论外国人怎样努力融入日本文化，都永远是"外人"。日本人毕恭毕敬、客气柔和，很容易让人心生好感，却始终无法和日本人进一步深交。即使是在日本生活多年的外国人，依然是不被日本人民所接受的"外人"。外国人想要在日本生活下去并非难事，但如果想要融入日本人的生活里，就实在太难。

---

❶ [日]汤之上隆：《失去的制造业：日本制造业的败北》，机械工业出版社，2016年版，第169页。

诺贝尔文学奖获得者、日本作家大江健三郎在获奖典礼上曾如此致辞："……在亚洲，不仅在政治方面，就是在社会和文化方面，日本也越发处于孤立的境地。"❶ 这段话一针见血地指出了日本人在与其他国家交往过程中的尴尬地位。在日本人的自我意识中，他们是日本人的一员，而非人类中的一员。他们做人的目标，首先遵循日本人固有的标准而非全人类共同的尺度，这使得他们缺少其他民族共同的准则和尺度。这是带有一个隐形壁垒的国度，除非他们主动去迎接外面的东西，外界想要主动融入这里实为不易。

话说回来，日本"失去二十年"的现象，其实是以GDP（国内生产总值）增长率来判断的。问题在于，一方面，仅用GDP来衡量日本经济的表现，而不考虑日本人口结构变化是片面的。日本过去几十年面临的一个重要问题是劳动人口的大幅减少。1995—2015年，日本劳动人口减少了1000万人。劳动人口的大幅下降，自然会抑制GDP的增长。另一方面，日本GDP停滞的原因，是由于日本的资本、技术、工厂不断向外转移，而成为拥有海外净资产最多的国家。其实，如果用GNP（国民生产总值）来计算日本的经济的话，其规模要比现在庞大得多。由于GNP太难统计，统计口径不一，日本神秘巨大的GNP始终是世界之谜。总之，我们不能从一些经济数据上去简单评判日本的经济实力。

安倍晋三是在日本房地产泡沫破灭后担任首相的。他在不到一年的第一届任期内黯然下台（2007年），五年之后的2012年，他再次出任首相。他施政的全部目标就是促成日本经济转型和产业升级，为此，他推出"安倍经济学"，其核心就是通过量化宽松政策带动日元贬值，又通过日元贬值拉动出口，从而唤回日本工业的活力。日本政府引入宽松货币政策的真实目的，并不是为了刺

---

❶ https://ishare.iask.sina.com.cn/f/34332343.html

激和促进 GDP 的快速增长，而是为了实现国债的货币化，从而抑制利率的高涨，使财政资金的筹措更为顺畅，以便政府更好为日本实业服务。

安倍经济学带来的改变是显而易见的，如今，日本经济规模比安倍晋三上任时扩大了近 60 万亿日元，并且资本支出正在增加，预示经济还会进一步增长。与此同时，日本企业所得税却从 2012 年的 37% 降到了 29.97%，国家债务发行总额从 44.2 万亿日元下降到 34.4 万亿日元，政府开支的国债依赖率也从 47.6% 下降到 35.6%，这使日本科技研发和企业升级有了充足的资本。此外，日本的失业率已由安倍上任前的 4.2% 下降到 2.5%，创下了 21 年以来的最低点。不仅如此，日本的劳动生产率大幅提高。根据国际清算银行的估算，日本劳动力人均 GDP 在 2000—2015 年累计增长了 20%，远远超过美国的 11%。可以说，日本经济已经豁然开朗。截至 2017 年 11 月 20 日，日本 GDP 连续 7 个季度增长，企业盈利开始恢复并出现增长。

二、低调的"忍者"

尽管当下国内唱衰日本的声音不绝于耳，但事实上，日本的产业竞争力一直居于世界前列。联合国工业发展组织发布的《2012—2013 年世界制造业竞争力指数》报告显示，日本以 0.5409 的工业竞争力指数排第一，紧随其后的是德国、美国、韩国和中国台湾，中国大陆位列第七。❶ 日本的许多产业和产品仍然占据世界领先地位。不仅如此，过去 20 余年，日本社会的现代化进程不仅没有停滞，且在基础科学研发、公司治理结构国际化、产业政策体系透明化、社会诚信制度完善、环境友好型社会建设、国民综合素质提升等方面，都日渐走向成熟。

---

❶ 苏灿、任建兰:《中国制造业在亚太地区的分工与合作研究综述》,《世界地理研究》2016 年 2 期。

1. 布局未来

在日本经济复兴过程中，制造业依然是其主力军。日本制造在环境、信息、精密仪器、自动化、医药等技术领域，还处于时代最前端的地位。比如，作为消费品品牌，索尼尽管没有过去的风光，索尼手机惨败给了苹果甚至小米，但作为产业链上游的高价值部件商，索尼的地位依然无法撼动。苹果全系手机，包括 iPhone6 的图像传感器均来自索尼。小米、华为、OPPO 等知名国产手机也几乎全部采用索尼的图像传感器。松下的手机、等离子电视虽然失败了，但在非消费品领域依然是行业翘楚，尤其是在电动车电池方面，松下已和美国著名电动车品牌特斯拉合作，在美国内华达州兴建一家耗资 50 亿美元的电池生产厂。事实上，日本上市企业的业绩表现非常出色。2017 年上半财年（4—9 月）净利润同比增加的企业占整体的 71%。例如，三菱电机净利润同比增长 48%，创历史新高。日立制作所实现销售额和纯利润双增长，纯利润创 3 年来新高。富士电机纯利润创 11 年来新高。最近《时代周刊》评比出全球十佳科技产品，任天堂（图 5-2）的 Switch 游戏主机超越了苹果的 iPhone X 成为第一名，成为日本新一代制造业的代表。

图 5-2　任天堂公司掠影 ❶

---

❶ 资料来源：作者。

可见，日本制造业并不存在所谓的崩溃。经济实力的比拼，从来不靠GDP，而是技术话语权和产业链掌控力。日本的厉害之处，绝不限于被热炒的"电饭锅"和"马桶盖"，而是这些消费品背后的控制部件和原材料产业的尖端技术实力。❶虽然日本的个别消费品企业近年来在制造战线上似乎有所退缩，但整体来看，日本企业尤其是很多深度整合在国际产业链中的日本企业表现依然相当优秀，尤其在关键零部件和技术领域，大批的中小型企业把握了全球制造业的命门——这构成了日本经济最为坚实的基础。日本最大的财经新闻机构日经 BP 社曾发布长篇连载，题为"战胜中国制造——日本企业的五张王牌"，其实就是日本式生产方式的升级版本：World 代表"机动能力"；松下代表"设备实力"；夏普代表"设计改进能力"；佳能代表"知识产业实力"；竹内制作所代表"品牌实力"。日本制造业正通过各种方式向人们展示那些精美而贵重的商品，借此在公众心中重振"日本制造"的尊严与威望。

日本没有多少资源，能源自给率不到 20%，粮食自给率只有 28%，要维持日本人的生存，满足能源和粮食的进口需要，就必须发展具有强大竞争力的制造业，这是日本的生存之道和生命线所在。❷日本正是以这种深刻认识和进取精神，牢牢占据世界制造业的高位。如果说工业实力和强大的制造能力成为日本最重要的王牌的话，那么，永远保持技术领先优势，则是日本手中的核心王牌。在当今信息化时代，日本政府与经济界清醒地认识到，制造业是日本的生命线，信息化离不开发达的制造业，没有制造业就没有信息产业和软件产业。❸从全球产业链的演变来看，以美国为首的许多发达国家表现出来的是"去制造化"，服务立国，以金融立国。日本却几近固执地坚持

---

❶ 岳振廷：《日本造假给我国制造业敲响警钟》，《中国有色金属》2018 年 1 期。
❷ 付向核：《日本工业文化培育与企业国际化之路》，《中国工业评论》2018 年 1 期。
❸ 杜晓君：《制造业变革和发展的国际经验及启示》，《科技进步与对策》2002 年 2 期。

产业立国。丰田社长丰田章男曾说:"虽然市场规模、人工费以及汇率等有关因素导致日本制造理论上已过赢利极限,但公司仍会维持日本制造。我们要有一种不能让制造业从日本消失的使命感。"❶(图5-3)

图5-3 丰田公司发展史上重要人物一览 ❷

日本人认真做事,一步步地不断积累。比如,有一个1楼到10楼的阶梯,如果有近道的话,我们肯定走这个近道,而日本人会一步步走下来。可能在眼前利益上,我们比他们走得快,但在他们之前一步步走的时候,已把基础工作做得很细了,完全为未来全局胜利积累技术、实力,所追求的不是马上获利或大幅度提高股东的季度红利,而是一个坚实的市场地位,放远于未来与长期利益。"日本企业的资本利率也许不一定有西方企业那么高,但是他们可以保持长期利益不断延续。"❸ 政府亦如此,往往着眼于五年、十年甚至二十年后的事情,并试图建立起持久的繁荣局面。

相比较而言,当国人在疯狂地抢房子之时,日本人则在悄悄布局未来。他们经常研究二三十年以后的产业,然后提前布局,提前占据市场。譬如,松下电器预计各国在氢气、水、空气三个领域的投资,已提前展开了相关课

---

❶ http://www.gongkong.com/news/201103/96434.html
❷ 资料来源:作者。
❸ 李颖:《中日两国企业的"匠心"对比》,《中国质量万里行》2016年4期。

题，如氢能源利用技术，安全饮用水生产相关的技术，有关柴油机废气净化的技术，等等。2004年，住友化工决定将产业重心放在石化业务，它所看重的不只是产能的扩张，而是更主张战略资源的合作。它曾向沙特投资1万亿日元从事石油精炼项目，以保证主产业的原料供应。这一投资如今不仅成为住友化工的一棵"摇钱树"，更重要的是其掌控了原油资源。松下财团旗下的"政经塾"，不像一般智库那样写写文章搞搞研究、培养战略学者、为国家建言献策，而是面向全社会招收具有战略素养的学员，然后专职对每个人进行系统的政治、军事、经济、外交、哲学、历史的系统教育，以及相当专业的军事训练，然后将这些文武双全的战略人才送入日本政界、商界和军界。❶显然，这不仅超越了中国岳麓书院那样的传统培训模式，也超越了美国兰德公司那样的纯粹研究理论提供建议的模式。

在"失去的二十年"里，不少日本知名企业都在重新调整自己的策略：退出消费品领域，转战产业链上游的高端材料、高价值部件，或者重新回归工业品制造领域。譬如，日立、东芝向智能电网、电梯等基础设备领域转型，业绩平稳增长；松下从家电DNA扩展至汽车电子、住宅能源、商务解决方案等领域，已经扭亏为盈，夏普转向健康医疗、机器人、智能住宅、食品、水、空气安全领域和教育产业；索尼将专注强化手机摄像头等核心部件；奥林巴斯着眼于肠胃窥镜等高端医疗器械；富士胶卷在逐渐停产胶卷后转战医疗、高级化妆品和工业材料；日立则将精力集中在通信、电力、重型机械等领域。财报显示，这些转型都相当成功。

可以说，危机是个周期性的喷嚏，日本企业对此已习以为常。除了中国舆论在反复宣传日本"失去的20年"，事实上，日本人也喜欢"唱衰"自己。这深层的原因就在于日本的"耻文化"：没有做好一件事，是自己的羞耻，

---

❶ 戴旭：《始终在专研中国：可你认识日本吗？》，《中国经营报》2015年9月28日。

与他人无关，唱是唱不衰一个国家的。自 1970 年以来，日本经历了多次经济危机，而日本企业也总是马不停蹄地去创新、去变革，去适应。半个世纪以来多回合的折腾，促成了日本无数百年企业的顽强生命力。不仅如此，日本企业的文化正从封闭走向开放、合作。从夏普引入三星、鸿海、高通的战略投资，到松下与特斯拉合作，再到索尼音乐向苹果 iTunes 平台开放，莫不如此。日本企业可谓十年磨一剑，磨去了它的东方区域特色，而逐渐亮出了国际企业的底色，早已与西方企业无差别化地站到了新一轮竞争的前沿。

2．无处不在

从整个世界范围内来看，以日本综合商社为首的财团企业，始终把持着能源矿产的上游资源——从澳大利亚的铁矿到中东非洲的石油，从蒙古的铜矿到俄罗斯的天然气，都是日本综合商社的势力范围。比如，就日本著名的三井物产而言，它已经直接或间接占有世界最大铁矿石生产销售——巴西淡水河谷和澳大利亚的必和必拓和力拓公司的股份。可以说，大到车、船、飞机，小到奶粉、拉链、马桶盖，"日本制造"可谓无处不在，且尤其擅长制造处于全球产业链上游的高技术、高附加价值的中间产品和装备。在日本工业品出口中，耐用消费品比重不到 20%，生产资料产品比重却高达 80%，当之无愧地成为高技术高附加价值的机械、零部件、原材料的"世界供应基地"。❶

日本的材料技术可谓独步全球，甩开了第二名美国极大的身位，俄罗斯、中国远不在一个档次。譬如，东洋纺织株式会社生产的 ZYLON 是世界上最强韧的纤维，用仅 1 毫米粗的 ZYLON 就能够吊住 450 公斤的重量，经受得起摄氏 650 度的高温；日立制作所制造的世界上最小的集成电路"mu 芯片"，其横幅和纵幅均为 0.4 毫米，厚 0.06 毫米，带有 128 位的唯读记忆体和用于无线通信的模拟电路以及超小型天线；住友金属工业生产的不锈钢无

---

❶ 参见冯昭奎：《工匠精神：日本制造业发展的动力》，《青海科技》2016 年 12 期。

缝钢管 HiArroy 被称为钢管里的"劳斯莱斯",占整个市场份额的 50%,在高级品上则占到 80%。

钢铁等基础材料产业虽被说成是"夕阳产业",但日本钢铁在产业链中通过对核心冶炼技术与设备的创新,用技术垄断性产品赚取更高的附加值,始终保持着钢铁利润的世界第一。中国虽然目前钢产量世界第一,但是高级钢材却很少,高强度钢、电磁钢、表面处理钢等这些高利润附加值的高级钢、特殊钢均被日本所垄断。日本由于一直拥有世界一流的技术体系,因而大部分国家只是它的下游"接盘侠"。在世界前十大半导体设备生产商中,美国企业 4 家,日本企业 5 家。

生产半导体芯片需要 19 种必需的材料,缺一不可,且大多数材料具备极高的技术壁垒,因此半导体材料企业在半导体行业中占据着至关重要的地位。而日本企业在硅晶圆、合成半导体晶圆、光罩、光刻胶、药业、靶材料、保护涂膜、引线架、陶瓷板、塑料板、TAB、COF、焊线、封装材料 14 种重要材料方面均占有 50% 及以上的份额,在全球范围内长期保持着绝对优势。❶

日本的机床从 1982 年始,一直保持着世界市场占有量第一的地位。譬如,住友重机械作为老牌化工母机制造商,掌控着焦炭生成器大部分市场,美英中东大型石油公司都是其客户;脱硝催化装置被喻为发电厂的肝脏,日立(图 5-4)是全球脱硝催化的老大;石化领域最关键的一种母机——PPPE 大型挤压造粒机,拥有完全自主设计兼制造能力的,全球就 3 家,日本 2 家,德国 1 家,中国的"两桶油"都是日企的客户;世界最高热效率发电用燃气轮机,来自日本三菱重工的 M701J;日立造船的垃圾焚烧设备世界第一,客户遍布全球;世界最大证件母机制造商日本 unomatic 多年来向各国政府机关提供电子护照制造、数距编码、护照发行管理、激光式护照印刷机、钞票

---

❶《中国目前尚未掌握的核心技术管窥》,《中国总会计师》2018 年 5 期。

剪裁机等各种自动化系统；加氢反应器是大型化工厂的必备，日本神钢与日钢的热壁加氢反应器，始终处于全球前两位；在所有板材加工领域（钢板汽车家电建筑）都必须用到的卷绕设备皮带张紧机，全球九成以上份额被日本JDC 的 RB21 和 Beltbridle 两种型号霸占；在海水淡化、废水再利用、超纯水制备中，被广泛使用的反渗透膜等膜工业领域，以日东电工、东丽、帝人、旭化成为首的日本化工企业掌握着绝对的话语权；日本 SATAKE 的稻米机械设备，供应从单一到成套系统的全方位设备，市场占有率世界第一，等等。

图 5-4 日立制作所东京总部 ❶

世界最高精度机床主轴来自日本精工，美国生产 F22 战机所使用的，就是日本机床 SNK（新日本工机）的 5 轴龙镗铣（图 5-5）。日本山崎马扎克则是美军 RIA-JMTC 的机床供应商及机械师培训方、美国波音公司最佳供应商。全球超精密加工领域中精度最高的母机来自日本捷太科特的 AHN15-3D 自由曲面金刚石加工机，加工精度上比美国 LODTM 和 DTM-3、英国的 OAGM2500

❶ 资料来源：作者。

还要高出近 8 倍。全球 70% 的精密机床，都搭载着日本 Metrol 研制的微米级全自动对刀仪。全球唯一一台突破纳米级加工精度的慢走丝电火花加工机，则来自日本沙迪克。双主轴双刀塔车床的代表者，大隈株式会社是全球机床界唯一的"全能型制造商"，几十年来一直坚持从核心部件到数控操作系统到终端的全部设计开发，真正实现了软硬兼备。日本松浦机械几乎霸占了欧洲高端发动机加工，历来都是超跑品牌法拉利、布加迪威航的客户，等等。

图 5-5 SNK（新日本工机）的 5 轴龙镗铣 ❶

精密机械产业包括相机、手表、时钟等钟表、办公自动化机械、医疗机械和精密仪器等行业，在日本是仅次于汽车和电子的又一大支柱产业。其中，在复印机领域，随着从黑白向彩色及多功能机型的转变，佳能公司和理光公司超过了美国施乐公司，在国际市场上保持了 40% 以上的占有率。在打印机方面，佳能和精工集团的精工爱普生（前身为诹访精工舍）处于世界领先地位。在数码相机方面，索尼和佳能、奥林巴斯光学工业、富士胶片、尼康、卡西欧计算机、宾得等基本垄断了市场。半导体、液晶、家用电脑等电子生产厂商，在韩国和中国台湾生产厂商的穷追猛赶之下，虽然失去了很大市场，但日本的精密机械依然和汽车产业一起确保了它们在世界上的主导地位。譬如，当年和"嫦娥一号"相邻发射的日本"月亮女神号"探月器，其

❶ 资料来源：https://img.itw01.com/images/2018/04/24/11/2319_CUXhQh_VX9IYEW.jpeg!800x0.jpg

携带的 14 台仪器的精确度是过往的 10 倍至 100 倍，绘制了世界上第一张最完整精确的月球地形图和迄今为止最为详细的月球磁场异常图，也是人类历史上第一次用数字成像技术去观测探索月球。世界最精密光学天象仪——来自日本五藤光学（图 5-6），能准确投影 1.4 亿颗恒星。光刻机是集成电路制造中最重要的设备，它是人类迄今所能制造的一切机械中最精密的机械，目前除荷兰的 ASM 公司以外，全世界高级光刻机市场几乎被日本企业所垄断（尼康占 40% 以上，佳能占 24%，ASM 占 21%）。

图 5-6 日本五藤光学生产的世界最精密光学天象仪 [1]

从产业来看，日本的化工产业规模在世界上仅次于美国，它们通过关键化工原料产品的生产销售，在暗中影响着全球的合成材料的生产。韩国的海力士是世界第二大存储芯片制造商，但是它的命运却掌握在日本信越化学的手中。信越化学还是世界上最大的半导体晶片和聚氯乙烯树脂生产商。日本

---

[1] 资料来源：http://www.ruiweimoju.com/uploads/allimg/181213/1-1Q213133Ac50.jpg

的第三大化工企业旭化成,正在增强其微晶纤维素丸芯的开发,这种产品主要用于医药和食品添加剂,可精确控制药物成分、营养成分在人体内的释放速率,已形成了对该产品市场的垄断。在世界化妆品产业中,在设计、营销方面做得最好的是法国,但日本技术实力最强,以资生堂(图5-7)、花王、kose等为代表。在乐器行业,日本在中高端领域都是全球霸主,占全球乐器市场的23%。其中,雅马哈在乐器界的地位,比丰田在汽车界的地位还高,是世界顶尖音乐学院和钢琴师们的不二选择。在医药行业,从DNA或RNA中提取核酸型药物,是继低分子型和抗体型之后的第三代生物医药,日东电工Avecia目前在这一领域拥有全球五成市场份额。在医疗机器方面,奥林帕斯的内视镜,占据全世界70%的市场份额,等等。

图5-7 资生堂公司 ❶

迄今为止,日本人的技术已经渗透到全世界的各个方面,各个角落。日本制造业拥有先进技术等核心竞争力的优势并未改变;日本的化工、钢铁工

---

❶ 资料来源:作者。

业以及重型装备制造业,仍然源源不断地从发展中国家汲取利润。❶即便日本家电企业在价格战中败阵,这些产品的核心技术依然掌控在日本企业手里;汽车制造(丰田、本田等)、办公自动化(佳能、富士施乐、理光等)、光学仪器(尼康、佳能等)、医疗器械以及装备制造等行业依然是世界顶级水平,这些产业通过不断的技术和管理创新,筑起高高的竞争壁垒。❷

而在许多高端技术领域,日本掌握着具有全世界压倒性份额的许多战略产品。2013年,麦肯锡发布研究报告,罗列了有望改变生活、商业和全球经济的十二大新兴颠覆技术:移动互联网、人工智能、物联网、云计算、机器人、次世代基因组技术、自动化交通、能源存储技术、3D打印、次世代材料技术、非常规油气勘采、资源再利用。❸目前日本在这十二个方面全力投入,且在大数据云计算、新材料、资源再利用、能源存储、机器人等方面的研究已经做到了世界第一。例如,在未来计算机领域,量子计算机是当今世界一大研究课题,而量子计算机的多项基础技术源于日本。今后,能和日本在量子计算机领域展开激烈竞争的,恐怕也只有美国。在工业机器人领域,日本早已超越美国而成为全球第一大工业机器人王国,约占世界市场的60%,在目前掌握这一领域核心技术的世界一线企业中,日本的发那科是全球工业机器人销售纪录保持者、利润保持者、技术领导者。日本人在创新方面占据的全球市场份额高达70%~90%。2015年国际权威研究机构汤森路透发表了新的一年全球企业创新排名前100位,其中日本40家,美国35家,法国10家,德国4家,瑞士3家。❹在2014年之前,美国一直是第一名,之后则被日本超越。美日两国瓜分了全球80%的新技术领域。

---

❶ 刘刚:《学习日本与日本式学习》,《企业管理》2013年7期。
❷ 刘鹏凯:《将工厂办成社会大学校》,《企业管理》2014年8期。
❸《日本"没落和衰退"?》,《办公自动化》2017年7期。
❹《日本"没落和衰退"?》,《办公自动化》2017年7期。

3. 无可替代

日本人精心打造的产业链已经遍布全球，这种"无所不在"已属不易，但"日本制造"还能做到"无可替代"。日本制造业牢牢占据了核心技术和先进零部件、先进材料等产业链高端，在精细化领域进行专注化生产，让日本企业在不同领域都取得了不可取代的优势地位。

在当今世界的产业链的中、高端，能够与日本抗衡的，只有美国。即便是美国，在有些领域也不得不依赖日本。比如，在民用航空发动机领域，美国 GE，英国罗罗，加拿大普惠，目前占据着绝对的优势。日本受《美日安保条约》的限制，则只能与其他国家开展合作。基于良好的工业能力，日本成为世界发动机巨头们争相拉拢的合作伙伴。波音 787 使用的两种发动机，通用的 Genx 和罗罗的 T1000 都使用了日本的零部件，如燃烧室、高压压气机、低压压气机及其涡轮轴等。日本在与全球航空三大发动机公司的合作中，基本上将发动机中最重要的核心领域都走了个遍，生产纯日本产的发动机并不存在问题。

碳纤维因为质量轻巧、强度极高，而在高端军事、工业、生活、汽车、飞机等领域发挥着越来越重要的作用。在全世界碳纤维生产厂家中，日本的东丽、东邦和三菱丽阳 3 家公司代表着目前世界上最先进水平。美国波音 787 客机有 35% 的部件由日本企业制造：机体材料是高强度碳纤维，由东丽纺织供应；川崎重工主要制造机翼之前的部分机身，还提供主机翼固定后缘装置并运送至三菱的工厂；富士重工主要制造中心翼盒，以及位于机身中部下侧用来连接机翼与起落架的强化结构；三菱重工则总装机翼，等等。难怪波音 787 被称为"准日本产"机型。❶ 此外，美国 F35 战斗机（图 5-8）需

---

❶ 胡海林：《解码：波音之道》，《大飞机》2013 年 9 期。

要日本生产部分高技术零部件；美国反导系统的拦截器弹头防护罩是由日本东丽公司生产的碳复合材料；美国克莱斯勒汽车公司生产的名牌汽车要采用日本生产的关键零部件；美国英特尔公司使用的半导体材料的3/4要从日本的住友、信越两大半导体材料公司购入，等等。继碳纤维之后，源自日本的重量轻且具备高耐热性的新材料碳化硅纤维，将又一次推动世界技术革新。美国通用电气（GE）将在最新型发动机上采用日本厂商制造的碳化硅纤维，由此使GE9X的燃效比此前提高10%。

图5-8 美国F35战斗机 ❶

日本掌握了世界顶级的高温材料技术，能够用于制作最新式涡轮发动机涡轮叶片的高性能单晶叶片。目前人类科技的镍基单晶材料共有五代，越到后面一代，越没有美国和英国的影子。尤其是第五代单晶，可以说是日本的独舞。英国罗尔斯罗伊斯公司大批进口日本的单晶材料用于制造自己的Trent系列发动机。下一代铌基单晶合金（可以将航空发动机涡轮前端工作温度提高到2000摄氏度）的研究上，日本科学家依然遥遥领先。

---

❶ 资料来源：https://cdni0.trtworld.com/w960/h540/q75/33110_TURF35US_1526063272243.jpg

日本庆应义塾大学风险企业 Spiber，利用自己独创的微生物遗传技术，首次成功将蜘蛛丝纤维的人工合成量产化变为现实。天然蛛丝纤维被称为"梦幻纤维"，具有尖端材料该具备的一切优点（抗拉伸、高伸缩、耐高温、轻量化）。只靠蜘蛛自己的"产能"是不可能满足人类工业需求的，而人工合成难度过高。但是 Spiber 经过多次失败后，终于培育出由微生物发酵生成蛛丝蛋白并溶解成蛛丝纤维的手法，一举突破技术瓶颈并投入使用。

由于稀土是许多高科技材料不可缺少的元素，因而，根据一个国家的稀土消耗量，可以判断这个国家的工业水平。目前，世界上能"玩转"稀土的国家，只有日本和美国，其中，日本稀土冶金水平居世界第一。未来是电动车、氢动力、混合动力汽车的天下，其最重要的东西——电池由日韩垄断。而在上游电池材料供应中，日本住友化学、东丽、昭和电工、三菱化学具有压倒性优势。在高科技产品这条产业链上，即使是苹果这样的巨头，命运也掌握在最上游的日本企业手里，日本掌控着相关环节中最核心的技术，占据 iPhone 总供应链成本的 34%：镜头组件来自索尼，超小型 MLCC（积层陶瓷电容器）来自田村制作所，摄像头模块出自三美电机和阿尔卑斯电气，电池出自索尼和 TDK，散热片出自 KANEKA，水晶部件出自精工爱普生和日本电波工业，等等。iPhone 6 和 iPhone 6 plus 配备的 1300 个电子部件，其中约 700 个是日本制造。❶

对于日本企业来说，靠品牌赚钱早已成为过去，现在的日本产业已经过渡到核心原材料、高精尖零配件。"日本制造"的优势在于始终把守高端技术，而且在零部件、原材料与机器设备领域占据绝对优势，占据着产业链上游。世界各国的工业产品越畅销、越红火，对日本零配件的需求与依赖也就

---

❶ 康斯坦丁：《日企死了，魂还在？》，《商周刊》2015 年 5 期。

越大，日本企业的利润也越丰厚。品牌满足了世界各国的荣耀感，而利润却使日本商人暗中狂喜。❶ 在当下，各国企业都在全力打造自己的民族品牌，日本却用各国的民族品牌来包装自己的零配件：夏普、JDI（Japan Display）的液晶面板，松下的锂离子电池，索尼的摄像头，旭硝子的面板玻璃……许多明星零配件，隐藏在智能手机、超大屏幕电视、平板电脑、电动汽车等产品里。如此一来，很多产品虽然从外表上看都是本国民族品牌，但从内里看大多是日本零配件。

日本的技术已经渗透到全世界的各个方面、各个角落。例如，电脑横机与工业缝纫机并称为纺织业界的两大母机，岛精机出品的电脑横机是高端时装界的"劳斯莱斯"；日本细川密克朗的粉体加工机械（图5-9）是国际制药大厂的御用设备，倘若停产，全球各大医药、糖果点心商的生产车间也将随之瘫痪；日本光荣株式会社握有清分机、点钞机等银行专业出纳器具的全球六成市场份额；冷镦机是一种自动化批量制作螺丝、螺栓、螺母、铆钉等金属紧固零件的工作机械，日本中岛田铁工所研发的无指钳传递结构与主模滑动平移结构，已成为螺钉母机的全球代名词；味精的发明者"味之素"，为手术患者术前术后不可或缺的氨基酸输液市场的制造商，日本占有全球六成份额，广泛存在于各类饮料、食品中；各种医药品、保健食品、化妆品中的超级抗衰老物质——辅酶Q10，全球能够提供它的基层原料的制造商只有4家，其中有3家来自日本化学厂；美国三大汽车制造商所使用的模具几乎都是日本制造的，美国制造的模具一般使用3万次就会报废，而日本产品可以用上6万次到111万次；❷ 德国车也是利用日本尖端材料的先锋，采用的"日本制造"有涡轮增压、变速箱、汽车钢板、激光焊接机器人、电子芯片；日

---

❶ 彭芳梅：《论发达地区实体经济发展经验教训及对深圳的启示》，《改革与开放》2017年11期。
❷ 参见冯昭奎：《改革开放以来中国的日本经济研究综述与评论》，《日本研究》2012年6期。

本片冈机械在内燃机超大型活塞环的专用精密加工母机领域拥有全球六成份额,几乎所有汽车品牌都要用到;诺日士钢机发明的干式彩扩机,已成为每一家照片冲洗店的最关键设备;日阪制作所的高温高压灭菌系统已被广泛应用在生产医疗输液器械、中草药制剂、家常菜食材、调味料、啤酒、软包装饮料等领域的杀菌工序环节中,市场占有率七成,等等。

图 5-9　日本细川密克朗的粉体加工机械 ❶

以上只是"日本制造"的冰山一角。实际上全世界几乎所有的高科技公司,比如三星、英特尔、苹果、高通,等等,如果没有日本的高精度设备、配件及其材料,这些公司至少倒退十年。这种"命脉式控制地位",使日本在世界制造业拥有强大的发言权和控制力。

其实,要看清一个国家在全球产业链的坐标,不妨设想失去它后世界将会怎样。2011年3月11日13时46分,日本发生大地震。这场地震不仅使

---

❶ 资料来源:http://file.fensushebei.com/198/product/big/201603/p227798001459153513.jpg

日本国民受灾，还殃及世界各地的通信业、智能家电以及其他使用半导体材料的厂商。因为日本把持着全球37%的半导体生产设备和66%的原材料供应。故此，全球各个产业在不同程度上感受到了阵痛：从美国到马来西亚，从台湾到深圳，有一大群人像关注自己企业一样，关注着日本受灾企业的重建；墨西哥汽车厂商大量停工与裁员；笔记本电脑、数码相机、手机纷纷涨价；苹果的股票大跌，因为苹果手里有着一张长长的日本供应商名单；三菱瓦斯和日立化成的BT载板材料占了全球九成的市场，且无日本以外的生产基地，如果停止供货一个月，苹果、三星、诺基亚、HTC等主流手机厂商将面临无米之炊⋯⋯

在当前世界贸易中，只有印度尼西亚一国对日本贸易出现顺差，因为印度尼西亚生产石油，能靠石油输出而得到贸易盈余。而中国在对美贸易中虽然出现巨大顺差，但在对日贸易中则是高额逆差（其中还有相当部分是中国背负了日本对美的顺差）❶。对于中国人而言，拒绝购买日货只是掩耳盗铃，抵制日系品牌更有可能误伤自己。大家经常吃的康师傅方便面其实是中日混血儿，喝的北京啤酒是日本籍，街上跑的丰田、本田、日产、大发、铃木、三菱是日本车，连我们最温馨的家在装修粉刷涂料时都是日本的立邦漆。而中央电视台，各省级电视台，各地市级电视台，各个县级电视台的广播设备，包括采集、编辑、录制设备，几乎都是索尼的Betacam系统和松下DVC Pro系统，等等。

4．隐秘的军工

在军工行业，从1922年开始到"二战"结束，日本一度拥有25艘航母，航母技术长期居于世界一流，比如航速，中国的辽宁号航母的最高航速是32

---

❶ 张季风：《互补、互惠、互动的中日经贸合作》，《日本研究》2007年12期。

节，法国航母戴高乐号是 27 节，而二战期间日本航母的航速已普遍达到 34 节左右。二战后，日本作为战败国被解除了军事武装，受《美日安保条约》《和平宪法》的约束，军队数量、军事投入占 GDP 比例被限制，也不能发展载人的航天工业。即便如此，在今天的全球军工企业 60 强中，日本依然占到 5 个（三菱重工，NEC，川崎重工，三菱电机，DSN），德国只有 2 个企业（莱茵金属，蒂森克虏勃），且份额低于日本一大截。

石川岛播磨重工（图 5–10）、三菱重工和川崎重工，是日本军工的顶梁柱。石川岛播磨重工在汽车用涡轮增压领域拥有很大市场份额，目前日本的大型军用舰艇、战斗机发动机大多都由其生产。三菱重工是世界三大燃气轮机提供商之一，还制造潜艇和大型水面舰只。川崎重工则在飞机领域拥有比较大的份额，新一代 P–1 反潜飞机和 C–2 运输机都是其产品。日本生产坦克的企业主要有三菱重工、日本制钢和小松制作三家，具有一万门火炮的年生产能力。日本雄厚的汽车工业还具有强大的转产潜力，在未来战争中，可由汽车转产坦克。❶日本目前有 20 多家企业可以生产弹药，单从工业制造能力上说几近无限。日本还能生产具有国际先进水平的各种战术导弹，其自卫队装备的导弹中有 90% 是国产战术导弹，并正在致力于积极开展新型战术导弹的研制工作。在日本生产导弹的三菱重工、三菱电机、川崎重工、东芝等相关企业中，生产电机的厂家也有很大比例，这也为战时转产提供了广阔的平台。❷

---

❶ http://www.360doc.com/content/13/0701/12/11542102_296752161.shtml
❷ 张洲军、许凯锋：《日本军事工业及其对战争支援潜力初探》，《东北亚论坛》2000 年 2 期。

图 5-10　石川岛播磨重工大楼 ❶

据日本研究机构预测，如果允许日本出口军火，其将占领世界舰艇市场的 60%，军用电子市场的 40%，军用车辆市场的 46%，航天市场的 25%~30%。❷ 其实，日本多年来不断采取"暗度陈仓"的方式，将自己的武器技术甚至是武器本身输出到世界。1999 年，日本对美国输出用于"标准 3"Block 2 A 舰对空导弹的耐热壳、高灵敏度传感器等技术，使该弹成为"标准"系列导弹中反导能力最强的型号。2000 年，日本又以"政府开发援助"的名义，向印度尼西亚提供带有防弹玻璃和装甲的巡逻船。2013 年，日本将军舰使用的 SM 1 型燃气轮机部件卖给英国。2014 年始，日本与法国展开深度军工合作，范围涉及航空航天、军用舰船等领域。此外，日本还与土耳其联合研制大功率坦克发动机、军用直升机的涡轮轴发动机、无人机、红外传感器以及水面舰艇、潜艇燃料电池等；向菲律宾提供多艘准军事性质的巡逻船；向印度海岸警卫队提供 US 2 型的多用途水上飞机；向澳大利亚输出不依赖空气推进的"苍龙"级潜艇的制造技术；石川岛播磨重工与美国普拉特·惠

---

❶ 资料来源：作者。
❷ 王宏伟：《"寓军于民"：日本军工业发展模式》，《科学决策》2004 年 5 期。

特尼公司签署共同为F-35隐形战机制造发动机的协议，跟随美国军工品打入国际市场，等等。

日本在半导体、机器人、光电、超导和平面显示等领域早已在美国之上，通信、微电子、计算机、软件、雷达、基础材料等，居世界领先地位，航天和导弹工业已经形成比较完整的科研与生产体系，特别是H-2A和M5运载火箭、工程试验卫星、地球观测卫星和国际空间站等具有世界先进水平。事实上，"没有日本的技术支持，美军都不可能这么强大"，因为美国很多军用材料和技术依赖日本。譬如，早在20世纪90年代初，日本率先攻克GaAs晶圆的生长工艺，美国通过购买日亚化工的GaAs晶圆技术，用以制造F-22的APG77雷达，才得以在90年代后半期发力，甩开其他国家。

值得注意的是，日本所谓的"株式会社"和"综合商社"是具备战争潜力的，在战争时期很容易变成一支支高素质的部队，并能在全球范围内从事各类信息情报的搜集工作，或及时有效地采购到军事战略物资。日本各种工业产品的生产储备、军事供应、民用品转产军用的能力以及军工生产的潜力都很大，其主要战略产品的产量与质量都很高。此外，日本政府还要求其民间的1700多家大中型工业企业都必须保留一个军工车间，平时生产民生商品，一旦国家需要，可以确保马上能够进行武器弹药的转产。

在核能方面，日本也拥有相当成熟的技术。几十年来，日本一直设法从海外获取核原料储备，包括天然钠、铀、钚和钍等，目前已成为全球最大的核原料持有国，且每年的递增速度相当可观。此外，日本从事原子能研究的单位达到600多家，有着足够的相关技术人员，还有发达的计算机产业，可以为模拟核试验提供超大型计算机。2014年1月，美国督促日本归还超过300千克武器级钚的新闻震惊了国际舆论，这批高浓度的放射性核原料是冷战时期里根政权交给日本用于"民用核研究"的，而日本则对此善加利用，通过对其多年的乏燃料后处理，又获得了超过45吨民用钚，足可制作出5000枚核弹头，日本也因此成为当今世界唯一可进行乏燃料后处理的非核武国家。毫无疑问，日本凭借多年核电站的运行积累及国内强大的工业实力，在短时间内成为核大国，应该说没有任何问题。

5. 藏富于民

日本的发达不仅仅局限于经济和制造业，而且是综合性的。日本不仅是个科技先进、经济发达、教育优秀、百姓富足、社会公平、环境优美、医疗福利好、食品安全、犯罪率低、预期寿命高的发达国家，而且还是一个典型的"藏富于民"的国家。

日本在实现经济扩张的过程中，一直坚持长期为企业减税的政策，鼓励国内资本输出。❶伴随长期减税方针的实施，日本政府的财政收入水平日益下降，债务规模直线上升。这也解释了为什么日本政府这么"穷"，因为大量的财富被隐藏在私人资本和私人企业之中。日本政府的债务最大原因就是日本的超低税收水平，导致日本政府每年40%的预算通过借债来维持。但是，日本在海外有着近10万亿美元的资产，每年给国内带来几千亿美元收益，这些收益日本政府并不对其征税。这就是为什么日本政府债务高企，却依然可以借债为继。日本国债95%是被国内企业和个人购买，其中超过60%是被各大财团持有。日本人热衷于购买国债，主要原因就是维持政府的超低税收水平和对海外资产的免税。日本人及其企业、财团把手中的钱通过购买国债的形式提供给政府，既实现资产增值，又能够让政府维持低税收。

从日本家庭的微观层面来看，日本是一个富裕和谐的社会。尽管日本政府的财政收入连年赤字，但日本的家庭依然拥有非常健康的资产负债表。20

---

❶《日本"没落和衰退"？》，《办公自动化》2017年7期。

世纪 80 年代股市泡沫的破裂,让日本许多家庭失去了一大笔纸上财富,但是,日本家庭不包括房产在内的金融资产的积累并没有停滞,而是出现了显著的增长。更为重要的是,日本家庭 60% 的金融资产是以银行存款的形式存在,说明日本家庭有充足的流动性,可以抵御任何突发的经济危机。日本人均国民收入达 2 万美元以上,超过美、英、法、德、意等国,居七大工业国之首。中产阶级是一个国家稳定的基石,日本的中产阶级比美国更庞大,而超级富豪却不多,可以说是个真正的人民集体富裕的社会。

进一步讲,一个国家经济发展最终的落脚点,应当是人,是国民的幸福感与生活质量。❶日本在此方面可谓不遗余力。继 20 世纪 60 年代的"国民收入倍增计划"之后,1993 年,日本政府号召要从"生产大国转变为生活大国",试图大幅提高国民的生活品质,刺激已经稍显萎缩的生产势头。为此,政府下大力气于改善民众的教育、医疗等基本生活领域。如今,日本不仅 100% 普及大学义务教育,而且拥有世界最顶尖的医疗科技和服务水平以及发达的医疗保障体系。事实上,日本从 1961 年开始就已经普及了全民健康保险(不但包括所有日本人,还包括在日本居住六个月以上的外国人),国民无论大病小病都可由不同种类的保险项目进行医疗报销。日本不存在无钱就医的后顾之忧,不管有钱没钱,也不管是节假日还是深夜,救助病人都是最重要的事。日本政府还特意禁止资本进入医疗和教育领域。日本的"全民保险"是货真价实的,全体加入者享受的服务都是一样的,收费也是全国统一的。❷

正是这种优良的社会管理,决定了日本人极高的生活品质。日本用 30 时间硬是将自身由"增长"的发达国家转换成了"成熟"的发达国家,提供

---

❶ 崔晓红:《过度关注涨工资有转移矛盾之嫌》,《新财经》2010 年 9 期。
❷ https://www.wukong.com/question/6514127976961933582/

了后现代人生活的一种范型：环境——安全——健康。在《联合国人类发展报告》的世界最佳生活品质排名表中，日本一直长期高居榜首。

优良的生活环境，也培育出日本人成熟的生活心态。山下英子提倡的"断舍离"概念，本质上是倡导一种新的生活样态：远离百货店，远离名牌，远离一切不需要的东西，脱离对物品的执着。中野孝次的《清贫思想》能在20多年前成为畅销书，就是日本人对破执和惜福的生活哲理的预知，摆脱物欲对心灵的统治，用一种风雅之道关注生活本身的美好。❶这正是《徒然草》中反复强调的："排除物欲，让人的心灵自由律动。"这也是歌人良宽禅师心满意足的情绪跳跃："夜雨草庵里，双脚等闲伸。"❷如此，也就不难理解，日本人平均寿命为何连续40余年排名世界第一。自2006年开始，美国《时代》周刊在56个国家进行的"国家形象"调查显示，日本连续5年稳居世界榜首。

20世纪80年代，美国著名日本问题研究专家傅高义教授出版了一本名为《日本第一》的研究专著，在日本曾引起很大的反响。反响并不体现在日本人对欧美说自己已经达到世界第一的骄傲和自豪，而是引起了一场全民族的警觉和自省。日本影视界和出版界接连推出了一系列的忧患、反省之作：《日本沉没》《日本即将崩溃》《日本的危机》《日本的挑战》《日本的劣势》等。日本的媒体、民众这样质疑：我们没有那么好，我们还有很多不足，欧美人为什么不讲我们的缺点？欧美人这样麻痹我们，背后有什么阴谋？

日本在无数的社会和经济领域挑战了西方霸权，树立世界第一的标准，曾引发了"羡慕与嫉妒"。为此，他们吸取了过去咄咄逼人而招致暗算和打击的教训，精心"化妆"自己，有意地弱化自己，努力改变国际上流行的"日

---

❶ http://xiamag.com/43521.html
❷ https://baijiahao.baidu.com/s？id=16214186623 69476775

本第一"的国际形象。比如，他们常常将日资控制的合资企业标以英文名称；各大财团刻意将各单元分离，独立核算，以避免进入世界500强，等等。日本政府公布的数据常因缺乏透明度和具有暗箱操作性，受到西方学者的批评和指责，但日本政府照样我行我素，始终将自己打扮成一个日益走向萧条的国家，毫无愧色地说过去的十年是"失去的十年"，而且还追加说，弄得不好还将再失去一个十年。现实的日本就是一个低调的"忍者"，是"知强守弱"的东方文化典范。

三、战略的重塑

哈佛大学著名战略学教授迈克尔·波特曾指出，无战略的成功只能是短期成功，长久持续的成功需要独特的战略定位。日本人正是有感于战略的重要性，在戴明奖设立50年后的2001年7月，又设立了旨在提升企业竞争力的波特奖。如果说戴明奖的目的在于质量意识上的实践和推广，那么对于日本企业来说，波特奖的意义在于提升企业的战略意识，将日本企业的竞争力转向"独创性"。❶ 实际上，从战略角度看，日本所谓"失去的二十年"，也是日本经济和"日本制造"从其自身条件出发进行战略重塑的转折时期。

1. 从出口立国到海外生产

资源匮乏的日本，若没有进口就无法生存。而要进口，就必须先通过出口赚取外汇。因此，长期以来，日本经济的基本模式是出口立国。然而，自20世纪90年代以来，随着日元升值，出口立国模式已明显不利于日本的经济。于是，以"广场协议"为契机，日本的制造业尤其是电气机械和运输机械领域，加速了生产据点的海外转移。其中，向东南亚的转移发展迅速，并形成了

---

❶ 陈义星：《日本制造企业变革特征探析》，《现代日本经济》2005年5期。

跨越国界的生产网络。因此,日元的升值实际上推进了日本海外生产的布局。

促使日本海外转移的另一个重要因素,则是日本国内电力成本的提高。日本能源自给率非常低。尤其是电力的缺乏,长期以来构成了日本经济活动的一大瓶颈。在东日本大地震发生前,核电占日本发电总量的约三成,并且计划于2019年超过四成。但是,大地震后建设新核电站的可能性变得非常低。风力、太阳能等可再生能源,不论是在规模上还是在稳定性上都无法取代核电。而由火力发电替代核电,发电成本将会升高,进而抬高国内生产成本。正是在这种情势下,日本企业进一步加快了海外转移的速度。(图5-11)

图 5-11 东京电力公司总部 ❶

此外,日本国内劳动力人口的不断下滑,也是日本海外转移的一个重要因素。从日本社会的整体大环境来看,人口总量下滑、人口结构失衡和内部需求疲软等结构性问题长期困扰日本。特别是在步入老龄化社会后,日本年

---

❶ 资料来源:作者。

轻人口数量不足，导致就业结构不均衡，产业缺乏活力。如今，日本65岁以上的老年人口已经超过总人口的四分之一。按照联合国的定义，日本已步入超老龄化社会。社会老龄化导致日本创业氛围渐渐消失，产业活力下降。与此同时，日本年轻人更趋向于当安逸的"上班族"，创业和创新热情越来越少。1991年以来日本经济持续低迷，导致出现所谓"低欲望社会"：没有炒房的欲望、没有炒股的欲望、没有结婚的欲望、没有购物的欲望，宅男宅女越来越多，谈恋爱觉得麻烦，上超市觉得多余，一部手机便框定了自己生活的所有。1991年，日本著名学者千石保就曾经发表《"认真"的崩溃》一书，批评新一代日本人中流行的"即时满足"——他们以追求眼前的快乐生活为目的，不思进取，丢掉了认真和敬业这两样日本人走向成功的传家宝。在这种生活状态下，年轻人普遍不愿意结婚，不愿意生育更多的孩子。由此导致人口的负增长和未来劳动力的缺乏。而转战海外生产，从国际人才市场上吸收人才，则能够从一定程度上弥补国内劳动力的不足和创新乏力。❶

从当今制造业的发展趋势来看，一个重要变化是：附加值中软件的贡献率越来越大，全球最大的半导体制造商英特尔的优势也正在于此；而日本在软件上的表现不佳。另一大变化就是生产方式的水平分工模式的日渐流行。传统的制造业通常以"垂直统合"方式的生产为主流，即在一个企业（或总公司与子公司）中，从零件生产到组装加工全部在本企业内进行的方式。汽车产业就是一个典型例子。因为汽油车或混合动力汽车属于复杂的机械制品，各零部件的互换性不高，难以进行水平分工。东日本大地震后，供应链中断，日本的汽车制造业（包含海外的生产工厂）都被迫停产或减产。这些都是由垂直型固定而僵化的生产方式决定的。而水平分工是指世界范围内多

❶ http://www.cqvip.com/QK/82199X/200105/1001058123.html

个企业各自承担某一部分来共同生产一种产品的生产方式。各生产主体没有固定的产业链，而同市场紧密连接。在2010年之前，PC（个人计算机）生产就实现了水平生产，美国的微软及英特尔也因此获得了高收益。水平分工还扩展到了IT设备领域，苹果公司在成功推进水平分工后，实现了高利润。上述变化，使得日本充分认识到：制造业应当进一步加快海外转移的步伐，积极加入全球范围的水平分工，在世界范围内实现资源的配置。从这个角度来说，日本制造业的海外转移也是一种无可避免的选择。

而为了不致引起日本国内的空洞化，日本企业在海外转移中，往往将那些不赚钱、低附加值的制造环节，尽量转移到人工费便宜的地区，日本国内则强势推进产业升级，集中精力做高精尖的东西——这些很适合在日本制造，因为日本有很充沛的智力资源，而人工费、运输费只占这些高端产品成本的一小部分。

从2010年夏季开始，日本制造业的海外转移急剧增加，在大企业和汽车产业中尤为突出。迄今为止，海外转移大多以大企业为核心，今后，中小型分包企业也将不得不开始向海外转移。显然，如果连生产都放在海外的话，日本产品进入海外市场的关税壁垒自然不复存在。不仅如此，生产据点的海外转移还可以享受转移对象国家签订的自由贸易协定（FTA）带来的好处。日本企业将工厂转移到韩国及泰国的最主要原因，正在于此。丰田汽车就利用美韩FTA，自2012年起开始将在美国生产的凯美瑞出口到韩国。当然，如果将零件工厂也转移到这些国家的话，那么FTA就没有必要了。

2. 产业结构的调整

随着海外转移的进行，日本国内雇佣机会也会减少。同时，由于制造业本身存在过剩劳动力，国内企业对劳动力的需求减少，使得国内雇佣机会减少。虽然从表面上来看，日本的失业率很低，但是由于企业内部存在大量的剩余劳动力，导致应届毕业生的就业形势依然严峻。既然制造业的雇佣减少不可避免，那么只有振兴新产业，创造出更多的雇佣机会才能解决这一问题。

由于从制造业流出的劳动力流向了零售、餐饮等生产率低的服务行业，日本的薪资水平因此下降。而随着生产据点海外转移的加速，这一问题将会进一步恶化（在汽车、电机产业中，海外雇佣已经超过了国内雇佣）。因此，在日本国内发展附加价值高的新型服务产业，包括金融业（投资银行业务、证券或商品投资、基金、信托）、经营咨询、计算机及系统设计、计算机关联服务、信息数据处理、司法服务等，创造雇佣机会，是日本今后最为重要的课题。20 世纪 90 年代起，日美之间经济发展差距拉大的基本原因，就在于以上这些行业在美国得到了飞速发展，而日本却没有。90 年代后期以后，日美两国的制造业雇佣均出现减少，这是中国等新兴发展中国家工业化带来的必然结果。但是，在此期间，美国的高端金融业以及利用 IT 技术服务的各项支援产业迅速发展，带来大量雇佣。而在当时的日本，有助于解决就业问题的是效益低下的零售、餐饮等服务业，所以，才出现了整体经济收入的下滑。

不过，探寻 20 世纪 90 年代的美国经济复兴之路，不难发现，其原动力未必全在于金融市场，还有以硅谷为中心聚集起来的大量拥有高技术知识的人才。美国经济在 20 世纪 80 年代出现衰退迹象的原因，是其在汽车、半导体生产技术领域被日本等国赶上。但是，90 年代以来，美国凭借独创的 IT 信息技术，创造出新的产业，成功夺回了超级经济大国地位。作为 IT 产业的主角之一，微软公司的比尔·盖茨就是一位软件技术人才，凭借 iPod 和 iPhone 使苹果公司复活的史蒂夫·乔布斯也是计算机技术人才。谷歌的合伙人拉里·佩奇和谢尔盖·米克哈伊洛维奇·布林也都是软件技术人才。美国就是这样一个由天才带动国家经济，同时也为个人带来巨额财富的国家。相比之下，日本经济在90年代陷入不景气的原因，一方面是由于80年代资产泡沫破裂的影响，另一方面，则是由于日本制造业忙于处理资产负债表而没有及时赶上IT产业和电子技术从模拟向数字化的快速转变。如今，这种转变依然在飞速进行。就像IT产业发达引起物流、销售等许多行业的改变那样，后产业资本主义时代最重要的是技术、知识和信息。毕竟，现在已经不是制造业独步天下的时代了。

如今，高端产品的附加值大多集中在研究、开发和设计等知识创新环节。今后，日本企业的竞争对手，不再仅仅是欧美的企业，还包括中国、印度、韩国、中国台湾等地的企业。虽然日本制造业拥有全世界最高的技术水平，但是面对新兴国家企业的发展，继续维持技术优势并非易事。日本过去拥有世界先进技术的优秀工程师，非常受尊重，享受很高的待遇。然而，这种优良传统正在消失，工科出身的人只能从事制造业，待遇甚至比从事金融、广告等部分服务产业的文科学生都差。在研究开发经费上，尽管日本的投入非常高，但是，仅凭这并不能很好地提高研究人员的积极性。日本的终身雇佣和论资排辈制度在日本经济增长过程中曾经发挥了积极作用，但随着越来越多的人希望报酬和工作成正比，在待遇方面区分专业与非专业，体现工作能力差距，日本企业必须认真考虑，这样的体系是否适应后产业资本主义时代。

3. 从卖方体制到买方体制

在20世纪，能源和粮食等是具有大众化属性的商品，可以从市场上以非常便宜的价格购得；与此相对，电视、汽车等高科技产品的交易价格则很高。如今，半导体价格下跌以及随之而来的电视、电脑、手机乃至汽车等产品的价格跌势已然较为明显。而随着当下能源、粮食价格不断上升，21世纪的人类社会将进入"资源稀缺化"的时代,环境、能源产业和农业等将成为新的增长行业。虽然制造业本身并不会萧条,但发达国家的高附加值型制造业很难以目前的模式生存下去,大量销售的将是大众化、低价格的工业制品。在像日本这样成熟的发达国家经济市场中,大量生产低价格工业制品很困难,所以最终可供选择的道路,要么是生产量少、质高的高附加值工业制品;要么转向生产呈稀缺化趋势的环境、能源、粮食等领域。

目前,日本的粮食自给率在40%以下,尤其是小麦、大豆、玉米之类的谷物几乎都是依靠进口,国内生产量极其有限。日本能源领域的状况也很令人担忧,在石化燃料的供给方面不得不完全依赖进口。20世纪70年代能源危机以来,日本的节能、环境技术虽然有了长足的发展,但是这些技术还没达到能大幅改变产业结构的程度。日本在核能发电和太阳能发电方面拥有世界领先的技术,但也没能利用这些技术大幅度改善对国外能源的依赖状况。

日本一直以来都是通过销售高科技产品、购买资源来维持以及发展经济的。在20世纪,这个模式曾非常有效,因为资源是具有大众属性的商品,而高科技产品是稀缺性商品,故日本得以低价买进资源,通过技术等增加附加价值,随后以高价卖出高科技产品。但是在21世纪这个自然资源稀缺化的时代,制造业发展的模式应该寻求转变,就是由卖方体制向买方体制的转变。在此情势下,坚挺的货币将会有很大的好处。无论是在非洲开发资源还是在南美进行矿山投资,坚挺的日元都将增强日本的财政能力乃至国力。正所谓"日元强则日本强"。

迄今为止,日本已经走过了贸易大国的阶段,积攒了巨额的海外资产,这一优势是世界其他国家所没有的。所以,如何在海外实现高效生产,然后让收益回流国内,才是日本应当努力的方向。一直以来,日本企业都把目光放在了新兴国家不断壮大的消费上,即提供日本产品,但是新兴发展中国家的低收入水平要求低成本生产。所以,对这类新兴发展中国家,不应该再去"卖产品",而应该"投资"。制造业的海外转移,其实就是一种对外投资而非对外贸易。因此,对于日本而言,当务之急,是将资产加以有效利用,实现全球化发展的经济结构的调整。

4. 走向"软实力"

从20世纪70—80年代开始,日本的动漫游戏文化深刻影响了欧美国家的年轻人,艺术和精致的生活方式理念也开始引领世界潮流,有很多欧美年轻人甚至把去日本当作人生梦想和目标。

1989年,正值日本经济的鼎盛期,发生了两件颇具象征性的商业事件:索尼公司收购了好莱坞娱乐大亨哥伦比亚制片公司,三菱则买下美国纽约的标志性建筑洛克菲勒中心八成的产权。当年的战败国现在成了"收购美国"的金主,这种心理反差使美国舆论中关于"日本威胁"的言论一时甚嚣尘上。此后,日本的经济受到欧美国家的压制,但是日本国家形象却找到了新的增长点:日本的卡通片席卷了世界各国的电视屏幕,从铁臂阿童木、花仙子到火影忍者、奥特曼,从机器猫、樱桃小丸子到网球王子、Hello Kitty,许多日本动漫作品和动漫形象为世界人民所熟识并喜爱。日本动漫精致、唯美,深深感染着每个人,连背景音乐都是大制作,严谨、执着、精细、认真、坚持,这些都成为日本动漫产品的基本特征。

宫崎骏是日本著名动画片导演,也是日本最为海外所熟知的动漫人,有"日本华特·迪士尼"之称,而迪士尼公司则称其为"动画界的黑泽明"。1997年,宫崎骏导演的《幽灵公主》被誉为"20世纪最伟大的动画史诗",在日本掀起了3000万人次的观影热潮。2001年,宫崎骏导演的《千与千寻》再次拿下日本总票房第一,在北美取得2亿多美元票房。该片上映后,日本动画片在全球得到更广泛的认同。2003年,《千与千寻》获奥斯卡奖。

如今，日本已成为世界上最大的动漫制作和输出国，占据整个世界市场的75%，享有"世界动漫王国"的美誉。动漫产业已经和日本电器、日本汽车并列，成为影响世界的三大"日本制造"。2005年，日本整个动漫产业占GDP的比例甚至超过了16%，成为比汽车工业还赚钱的产业。❶

日本的国家形象从"硬实力"阶段走向"软实力"，恰逢美国学者和政治家约瑟夫·奈系统定义和阐释"软实力"这个概念：在信息时代，一个国家具有"软实力"，意味着这个国家能提供"更好的成功故事"。❷近年来，日本政府更是制定了升级版的文化"软实力"计划，将日本生活方式融入日本的文化产品，这种策略已经获得了显著的效果。在一个针对各国民众"为什么喜欢日本"的调查中，许多人回答称：日本有独特的时尚文化。1996年，日本政府公布实施《21世纪文化立国方略》，明确提出要从经济大国转变为文化输出大国；2003年，制定观光立国计划；2007年又提出文化产业发展战略，将动漫等文化产业确定为国家重要支柱产业。日本通过动漫在全球传播日本文化，彰显日本的影响力。武士道精神、团队协作精神，包括和服、便当等传统民俗文化，在动漫作品中处处可见，民族传统文化以动漫这种愉悦的形式被青少年广为接受，也淡化了日本制造在市场上咄咄逼人的形象。❸

近年来，动漫新兴产业如主题餐饮、漫画咖啡馆、服装道具、动漫形象模型等也发展迅速，已成为当今日本最具成长活力的产业之一。有人说现在已经进入了"ACC"时代，甚至是"ACGC"时代，即将Animation（卡通动画）、Comnics（漫画）、Game（游戏）和Cosplay（角色扮演）作为一个经济整体进行发展，而日本正是这个新时代的领跑者。从文化产业在本国GDP中的比

---

❶ 参见章羽红：《〈龙猫〉中的日本文化元素》，《电影评介》2013年8期。
❷ http://www.docin.com/p-1764047026.html
❸ 参见李欣：《日本动漫产业对中国文化产业发展的启示》，《知识经济》2015年5期。

重来看，美国文化产业占 GDP 的 21%，日本为 20.6%，中国为 2.05%。显然，日本已经成为一个文化强国。❶

5. 迎接智能革命

在当今飞速变化的时代，你永远也无法想象下个竞争对手是谁，你也很难猜到新兴的什么行业会打败什么传统行业。日本百年老店尼康曾以质量过硬、性能优异的相机（图 5–12）而闻名于世，但是，智能手机的普及让尼康措手不及。智能手机发展到今天，打电话、发短信只能算最基本的功能，手机的拍照功能开始备受重视，智能手机相机的像素也从百万飙升至千万级别，这给传统的相机市场带来了巨大的冲击。

图 5–12 尼康相机❷

尼康工厂的关闭实际上只是智能化浪潮的冰山一角，被智能手机打得不得翻身的行业也不只是尼康一家。以前风光无限的同声译，即将被人工智能翻译所取代。而随着自动驾驶迅速走入我们的生活，可怜的人类连工作都要被机器人抢走了。可以说，智能化浪潮覆盖的领域，都掀起了翻天覆地的革

---

❶ 参见李欣：《日本动漫产业对中国文化产业发展的启示》，《知识经济》2015 年 5 期。
❷ 资料来源：作者。

命。如果没有超前的眼光和思维，不能在新兴行业完全爆发前实现转型加入浪潮，那么唯一的结果，只能是被市场淘汰。

历史地看，人类第一次工业革命是蒸汽机的发明使制造业实现了机械化。第二次工业革命是电气技术的发明使制造业实现了电气化。而自20世纪70年代开始的第三次工业革命，信息技术的发展包括计算机服务系统、企业资源计划（ERP）等软件系统在制造业领域的应用，带来了制造业的数字化和自动化。如今，人类已经进入第四次工业革命，即利用信息化技术促进产业变革的时代，所谓智能化时代。❶德国学者森德勒（Ulrich Sendler）将人类史上的蒸汽机时代、电气化时代、信息化时代、智能化时代，分别称为"工业1.0""工业2.0""工业3.0"和"工业4.0"。❷

在此情势下，工业发达国家为了在新一轮工业革命中占领制高点，纷纷对制造业进行转型升级。德国作为传统工业化强国，一直以高品质享誉世界。20世纪90年代，德国政府为了抑制制造业衰退，先后出台了《制造技术2000年框架方案》《德国21世纪信息社会行动计划》，通过发展信息通信技术，以提高制造业科技含量。2013年4月又推出了《德国工业4.0战略》，重点研究生产智能化，以期实现"万物互联环境下的智能生产"。所谓"万物互联"，即依靠物联网和传感器技术，在工业网络上建立原材料、零部件、生产设备、工厂等实物流之间的数字化集成，并连接网络上的供应商、生产商、零售商、用户等，在物与物、人与物、人与人之间建立智能交互联系，形成网络中的信息流。所谓"智能生产"就是利用信息流驱动实物流进行自主生产，即通过信息流与实物流的深度融合而建立的一种新的生产技术和生

---

❶ 由于第四次工业革命仍是以信息技术、信息物理融合系统、智能技术系统和物联网为核心，是第三次工业革命的延续，因而也可以将第三次工业革命和第四次工业革命合二为一，统称为新工业革命。

❷ https://blog.csdn.net/dp29sym41zygndvf/article/details/105445305

产方式。

美国作为全球第一大工业强国,一直奉行高科技引领制造业转型的战略。2008年金融危机之后,美国政府将发展先进制造业提升到国家战略的高度,并提出了"工业互联网"的概念,即基于互联网技术,使制造业的数据流、硬件、软件实现智能交互。"工业互联网"的关键是通过大数据分析实现智能决策,代表了消费互联网向产业互联网的升级,使制造业向效率更高、更精细化方向发展。

同样,工业4.0时代的来临,强烈激发了日本的紧迫感。2013年,日本推出了《日本再兴战略》,意欲与发达国家再工业化形成呼应。2014年,日本政府修订了《日本再兴战略》,确立以机器人技术创新带动制造业、医疗、护理、农业、交通等领域的结构变革。2015年,日本政府进一步强调以"实现机器人革命"为突破口,利用大数据、人工智能和物联网对日本制造业生产、流通、销售等广泛的领域进行重构,以实现产业结构变革。❶ 同年,日本经济产业省发布了《2015年版制造业白皮书》,把日本制造的竞争重点推向"科技创新智能"的新型制造业之争。白皮书强调,随着日本的汽车、信息通信设备、电子电器等制造业不断向海外转移,工业品的出口增长低迷,日本制造业在国际上的竞争力下降,导致日本贸易赤字不断增加。为了改变日本国内制造业不断萎缩、贸易赤字日益扩大的状况,日本必须调整制造业结构,重点发展制造业的尖端领域,加快机器人、下一代清洁能源汽车(图5-13)、再生医疗以及3D打印等行业的发展。❷

---

❶ 参见王国平:《论产业升级的政策环境——兼谈构建我国新型产业政策体系》,《上海行政学院学报》2017年1期。
❷ https://3dprint.ofweek.com/2015-08/ART-132109-8440-28995365_2.html

图 5-13　丰田公司开发的氢动力能源汽车 ❶

正是经过不断的努力和调整，日本如今已初步形成了面向工业 4.0 的、较为完整的、体现一贯"日本特色"的产业政策体系：其一，构建数据驱动型社会。工业 4.0 时代，需要转型的不仅是企业和产业，而且对未来的社会响应机制和居民参与提出了更高的要求。日本政府高度重视在助力日本制造业转型升级的同时，将社会和居民带入与工业 4.0 兼容的新型生产生活模式与架构，并为此做出了相应的机制安排。其二，激活工业 4.0 的微观主体。由政府指定技术路线，并选出特定技术路线下的优胜企业，曾是日本赶超时期产业政策的主要特征之一。由于获胜的企业往往是与政府有密切关联的大财阀，这种选择性也是日本产业政策最有争议的部分。不过，近年来，日本政府更加重视中小企业的自主创新，向中小企业开发新技术提供特定的补贴和资助，确立了与国际接轨的促进中小企业创新和产业化的基础性政策架构，涉及中小企业人才输送、风险投资、税制改革、研发合作、创新成果产业化等各个方面。同时，减税和资金投入明显向研发活动倾斜，有效规避了

---

❶ 资料来源：作者。

WTO有关政府补贴的法规约束。这种政策导向体现出日本凭借"小而强"的中小企业群，进一步打牢"日本制造"基石的战略意图，也意味着专业化程度高、高水平技工人才丰富、传承日本式工匠基因的中小企业，将在工业4.0时代继续发挥独特的作用。其三，培育工业4.0时代的新型知识型技工。关于人才培养方面的政策，在历年《日本制造业白皮书》及相关战略规划中，除了针对日本就业的性别结构特征，继续引导女性就业，鼓励家庭主妇加入就业大军之外，日本进一步强调深度开发劳动者技能，培养在物联网应用中独当一面的知识型熟练技术工人。与当下中国政府倡导"大众创业、万众创新"有所不同，日本应对工业4.0的人才政策措施更偏重向固有就业体系输入高素质知识型人才，而非密集激励个体创新。其四，产学官联动。产学官一体化既是日本传统产业政策的重要成果，也在面向工业4.0的创新活动中继续承担机制化的功能，其运作的重点集中在以下方面：一是推进大学的创新活动，主要资助大学开发机器人等高风险、能够开拓新市场的新技术及其产业化；二是推动革命性的技术创新，根据产业界和社会需求，建立产学合作基地，集中实施从基础研究阶段到商业化阶段的全过程研发；三是加快创新成果商业化，以充分挖掘日本多年来在基础科学研发中积淀的市场潜力，加快占据智能制造、医疗工程等新兴领域的产业化高地。

总的来看，从《2010年经济产业政策的重点》明确建立"日本式的低碳社会，以及稳定、健康长寿的社会"，再到历年《日本制造业白皮书》列出的重点领域，包括政府一度高度关注的3D打印，日本产业政策通过不断调整和聚焦，应对工业4.0的战略方向趋于明晰，更加强调以机器人等智能硬件为基础，以物联网、云计算等为手段，对整个制造业的生产服务系统和运营模式进行改造。❶ 上述重点领域的确立，一方面意在加快缩小日本企业在物联网及软件开发等方面与美国、德国的差距，带有一定的"战略盯住"的色彩；另一方面，在应对老龄化社会、缓解劳动力供给压力、降低外部资源依赖等方面长远布局，从而较好地兼顾日本经济社会发展的长远需要，等等。

2018年，安倍晋三又一次当选日本首相，其任期已超过前五任首相的总和。这一政治生命的奇迹，得益于他在任上缔造的另一个奇迹：安倍带领日本走出通缩，并保持了长期增长。当日本"失去的二十年"被国人引以为戒时，诸如"蛰伏20年，日本再度买下美国"，"日本二季度GDP年化季环比增长3%，创9个季度以来新高"……霸占了各个新闻版面。"日企回来了！"日本媒体颇有优越感地宣布日本企业在全球的存在感。2018年1—6月，日本以海外企业为目标的并购，达到1122亿美元，创历史新高，超过欧洲企业。著名投行摩根士丹利在近期发布的一份报告《日本宏观和策略：日本从落后者到领导者的历程》中称：日本可能处于繁荣时期的开端。日本阻止了通货紧缩，其入境移民人数正稳步增长，私人资本投资连续第七个季度大幅增长。不难预见，蓄势已久的日本可能稍不留神又会把整个世界甩在身后，如同过去曾发生过的一样。

---

❶ 参见王国平：《论产业升级的政策环境——兼谈构律我国新型产业政策体系》，《上海行政学院学报》2017年1期。

第六章 以邻为鉴:"日本制造"的启示

"中国制造"之所以在当下成为一个热词,究其实,并不是其过硬的质量与信誉保证,而是类似于当年"日本制造"崛起之前的形象。唯其如此,日本制造跌宕起伏的发展历程,似乎能够为中国制造的真正崛起提供一个很好的借鉴。这种借鉴,不应该像20世纪初留学日本的人士那样把日本明治维新当成追求富强的速成教材,也不应该像当今人士那样仅仅将日本战后的重新崛起视为一个经济成功的故事,我们真正需要的,是洞察中日两国制造业各自的优势与劣势,以及真实差距背后的深层文化基因。

一、"中国制造":野蛮增长的隐忧

自20世纪80年代始,中国通过改革开放,创造了世界经济发展史上的奇迹。2010年,中国GDP超越日本成为世界第二。而日本则经历了20多年的经济低迷。这一事实强烈地助长了一种"大国崛起"喧嚣,甚至在相当一部分人的意识中,"日本制造"将风光不再、彻底出局。但不可忽视的是,中国的国土面积是日本的25倍,人口是日本的10倍多。故而,二者并不是一种"同质"的竞争。日本虽然经历了"失去的20年",但是"日本制造"依然以其强有力的吸引力而傲视全球。因此,如果我们依然沉浸在"日本没落"的幻觉中,那么,只会令我们和日本的差距更加巨大。可以说,保持清醒和理性,正确认识自己,是走向真正强大的第一步。

1. 市场与低成本优势的销蚀

自改革开放以来,中国以其广阔的市场和丰富的廉价劳动力及其生产资源,吸引了大批外商投资企业,劳动密集型制造业由此得到迅猛发展:从电子产品到服装,再到日用小商品,中国完成了包括很多国际品牌产品在内的生产加工任务，在短短几十年里成为"世界工厂"。2010年我国制造业产值占全球制造业总产值的比重为19.8%，略高于美国的19.4%，终结了美国连续110年占据世界制造业产值第一的历史。❶在世界500种主要工业品中，我国的生铁、煤炭、粗钢等220种产品产量居全球第一位。❷然而，不可回避的是，这一奇迹乃是靠透支广大农民工的利益换来的——随意延长劳动时间，在有毒、有害的恶劣的生产环境工作，畸低工资且缺乏社会保障。居高不下的矿难频发，便是一个明证。以煤矿百万吨死亡率为例，2006年发展中的煤炭大国，如印度、南非、波兰均在0.5左右，中国为2.041，是它们的4倍，发达国家，像美国、澳大利亚分别是0.03、0.05，我国是它们的40倍、50倍。❸这种野蛮式增长的背后，暴露的深层次问题也越来越明显：能源高消耗、环境污染、产品质量不合格被大量召回、食品安全问题、社会责任的缺失……

2007年以来，"中国制造"的成本优势和规模优势已逐渐丧失。这主要表现在：其一，自2008年国际金融危机以来，许多国家和经济体为了自身经济复苏和刺激出口，纷纷推动本币贬值政策。然而，人民币的实际有效汇率，却大幅升值，从而给中国制造业出口带来了巨大压力。其二，自改革开放以来，中国大陆的人力成本逐渐攀升，从而大大压缩了利润空间。2016年，中国劳动力成本高于日本和墨西哥等发达国家，甚至与美国基本持平。中国各行业的基本工资比东盟工资最高的印尼还要高出5%—44%，专业人员平均薪资是越南和菲律宾的1.9—2.2倍。❹此外，随着精细化和智能化制造方式的转变，使用机器人制造的规模效应变得更为明显，致使长期以来

---

❶ 张恒梅：《美国"再工业化"对我国制造业的挑战及其应对策略》，《他山之石》2012年11期。
❷ 候韶莹：《迷茫的中国制造》，《销售与市场（商学院）》2014年第7期。
❸ 朱金瑞.《论企业安全发展伦理建设》，《道德与文明》2008年1期。
❹ 庄锡强：《进一步优化我国投资环境的若干思考》，《发展研究》2018年4期。

中国制造所依赖的人力成本优势将不复存在。其三，日益严重的通货膨胀进一步加剧了中国制造业企业的困境。2011年，中国的广义货币M2增量已经占到世界新增M2规模的52%❶。在此情势下，各种原材料、能源、资源大幅涨价，企业综合成本大幅飙升。就目前而言，中国的资金成本、土地成本相对高于美国、欧盟和日本等国，能源成本则普遍高于美国、英国、加拿大等国。

在市场方面，一直依赖低成本获得国际市场份额的"中国制造"不仅利润率低，而且产品具有很强的可替代性，故而抗风险能力极弱。在美国次贷危机引发的国际金融危机中，中国发达地区的珠三角、长三角等地的一批严重依赖海外市场的"中国制造"企业纷纷减产、停产甚至倒闭。不仅如此，在金融危机催生的贸易保护主义以及"中国威胁论"浪潮中，"中国制造"成为主要牺牲品，从而引起各国对"中国制造"的限制和排斥。据统计，中国已连续21年成为遭遇反倾销调查最多的国家，连续10年成为遭遇反补贴调查最多的国家。❷而当下激烈的"中美贸易战"，更使整个中国出口行业和大量的制造企业雪上加霜。

2．软肋：质量与技术

一个不可回避的现实是，在全球制造业的价值链体系中，"中国制造"始终处于底端，尚处于技术含量和附加值较低的"加工、组装"环节，在附加值较高的研发、设计、工程承包、营销、售后服务等环节缺乏竞争力，核心技术受制于人，关键技术自给率低，高端设备、关键零部件和元器件、关键材料等大多依赖进口。目前我国智能装配难以满足制造业发展的需求，我们90%的工业机器人、80%的集成电路芯片制造装备、40%的大型石化装备、

---

❶ 李遇潮：《中国制造业面临的困境及对策思考》，《商业时代》2012年36期。
❷ 廖凡：《政府补贴的法律规制：国际规则与中国应对》，《社会科学文摘》，2018年02期。

70%的汽车制造关键设备、核电等重大工程的自动化成套控制系统及先进集约化农业装备严重依赖进口。❶

中国汽车市场名列世界前茅，但发动机却一直受制于人。打开一辆汽车的盖子便会发现，中国企业几乎不能制造汽车里的任何重要产品，甚至一颗螺丝钉。相比之下，日本的三菱，几乎垄断了所有不能自产发动机的自主品牌汽车的汽油发动机供应；在轻型柴油发动机方面，中国几乎所有的皮卡、轻卡、轻客上用的柴油机都采购自五十铃或使用五十铃的技术生产；在重型柴油机方面，美国康明斯公司基本垄断了中国高端重型柴油机市场；而德国博世、美国德尔福、日本电装垄断了几乎所有中国电喷市场份额；美国伊顿、德国采埃孚更是几乎垄断了中国重型变速器市场；丰田控股的爱信公司是全球最大的自动变速器生产商以及全球第五大汽车零部件公司，已经将触角延伸到了中国汽车工业的各个角落；以美国江森自控、德尔福（原通用汽车零部件分部）、伟世通（原福特汽车零部件分部）、法国佛吉亚为代表的跨国零部件巨头，几乎为所有的中国乘用车生产企业设计、制造内饰与外饰部件；德国伟巴斯特在全球汽车天窗的市场占有率超过 70%；就轮胎而言，从低端到高端，清一色的外资，国产轮胎的市场大多仅局限于微型车和商用车；奥地利 AVL、德国 FEV、英国 Ricardo、意大利 VM 这四家公司垄断了国内自主品牌的发动机设计……中国本土汽车公司越来越像电脑城的组装门店。同样，中国的手机、冰箱、空调、洗衣机等产品，外壳里面的部件基本是国外的，大量技术含量高、尖端的电子元器件基本由日本供应。虽然中国钢铁产量是世界第一，但特种钢铁却大量依赖进口。目前，国际三大矿业巨头利用中国企业一盘散沙的局势，在每一轮矿石谈判中变本加厉，漫天要价……

---

❶ 左世全：《我国智能制造发展战略与对策研究》，《世界制造技术与装备市场》，2014 年 03 期。

最高精尖、科技力最密集的领域，当属被称为"现代工业皇冠"的航空工业，皇冠上的那颗明珠则是航空发动机。然而，中国经过半个多世纪的努力，还没造出一个成熟可靠的核心机。航空发动机需要在高温、高压、高转速和高载荷的严酷条件下工作，牵涉了材料学、气动热力学、结构力学等数不胜数的学科，是当今世界上最复杂、多学科集成的工程机械系统之一，任何一个学科存在短板，都会导致航空发动机水平受限。

近年来，中国的高铁确实成了中国的名片，但真正在金字塔顶端赚取高额利润的还是外国厂商，他们通过控制核心技术和关键零配件掌握主动权。比如说，我们可以按外方图纸生产转向架、电机、变压器，用外方的核心零部件组装变流器和自动控制系统，却不知道头型的设计依据、原理，不知道加宽车体有没有风险，得不到车体的原始设计计算书、转向架的关键参数和升级改进方法，也得不到电机和变压器的电磁场、热场、力场的计算机多维协同仿真技术，更不知结构可靠性的设计方法、检验标准和相关材料疲劳特性数据库，自动控制系统的软件源代码等。也就是说，由中国企业自主生产的动车，关键零部件仍从国外进口，只是在中国完成组装，这与汽车领域如出一辙。

纵观中国产业发展，虽然规模大，但由于缺"芯"，导致在产业发展上始终处于"被动挨打"的弱势，而发达国家则通过控制核心技术和关键材料或关键部件牢牢掌控着产业主动权。世界经济论坛（WEF）2006年9月26日公布的2006—2007年度《全球竞争力报告》显示：自2002年以来，中国内地GDP高速增长的同时全球竞争力却在急剧下滑，先是2002年的第33位，2003年掉到了第44位，再到2004年的第46位，2005年的第49位。❶虽然

---

❶ 任尚丽、刘爽、胡运哲、姜森：《〈日本制造对话中国制造〉观后》，《日本学论坛》2008年4期。

近年来我国在新能源汽车、信息技术等领域出现一批具有国际影响力的高端产品，但对于整个制造业体系而言仍属"冰山一角"。

技术低劣，创新乏力，还使得"中国制造"大量出现了仿制、山寨、投机取巧等问题。据美国海关的统计，2003 年，在美国口岸被查获的假冒产品中，来自中国的产品占了 66%，远远高于居第二位中国香港的 5% 和第三位墨西哥的 4%。❶ 假货的层出不穷严重损害了"中国制造"的国际声誉。长此以往，中国制造行业势必会出现"劣币驱逐良币"的情况。

3. 高能耗、低效益及产能过剩

资源利用率偏低和环境污染严重，是中国制造面临的另一个突出问题。2017 年，我国国内生产总值达到 82.7 万亿元，按年平均汇率折算占世界经济的比重达 15% 左右❷，而同年我国能源消费总量达 3132.2 百万吨油当量，占全球能源消费总量的 23.2% 和全球能源消费增长的 33.6%，连续 17 年稳居全球能源增长榜首。❸ 同时，在这一过程中，也产生了极为严重的污染。目前我国河流湖泊水质约有 70% 不达标，地下水水质约有 60% 不达标❹；全国约 1/5 的城市大气污染严重❺；1/3 的国土面积受到酸雨影响；90% 以上的天然草原退化；3 亿农民无法喝到安全的饮用水……❻ 总体上看，中国企业依然没有走出资源消耗型、环境污染型的经济增长路线，没有摆脱"高投入、高消耗、高污染、低产出、低质量、低效益"的传统发展模式。

尽管付出了如此惨重的代价，但中国制造普遍效益偏低。日本著名专家藤本隆宏认为，现在，中国制造业正面临一个窘境：与日本的工资差价越来

---

❶ 崔海潮：《从中国制造蜕变成世界制造》，《经济导刊》，2007 年 11 期。
❷ http://js.people.com.cn/n2/2018/0301/c359574-31295822.html。
❸ http://www.chyxx.com/Industry/201811/690866.html
❹ 吕倩、魏洁云：《中国地下水污染现状及治理》，《生态经济》，2016 年 10 月。
❺ 孙瑞灼：《1/5 城市污染严重呼唤"用车文明"》，《资源与人居环境》，2010 年 19 期。
❻ 孙爱琴：《浅析生态环境恶化的主因及应对策略》，《科技情报开发与经济》，2009 年 19 卷。

越小，但与此同时，生产效率差距并没有同幅度提升。❶ 我国制造业的人均劳动生产率仅为美国的 1/25、日本的 1/26、德国的 1/20。❷ 与此同时，中国制造业价值创造能力不强，产品附加值低，只能获得价值链上的微薄利润。以苹果手机为例，我国作为苹果手机的组装生产基地，每生产一部手机我国仅获取总利润的 3.63%，美国企业获取近 50% 的利润，日本企业获取 30% 以上的利润，韩国企业获取 10% 以上的利润。

由于中国外向型经济结构中大部分承接的是欧美等发达经济体的低附加值的加工制造业务，主要集中于高成本、低收益、高能耗、高污染的行业，不仅附加值低，而且竞争激烈，故而在外需萎靡和内需不足的双重压力下，产能过剩的问题尤为突出。目前，钢铁、煤炭、水泥等行业都出现了较严重的产能过剩。据第三次工业普查对 94 种主要工业产品统计，生产能力利用不足，能力闲置 1/3—1/5 的产品有 26 种，占 27.7%；生产能力利用严重不足，能力闲置一半左右的产品有 17 种，占 18.1%；生产能力利用不足半数，处于半停产或停产状态的有 18 种，占 19.1%。❸ 规模如此巨大、波及范围如此之广的产能过剩，使不少企业的利润已经变得"比刀片还薄"，越来越多的产业陷入全行业亏损。根据美国的经验，当工业产能利用率超过 95% 时，代表设备使用充分；当产能利用率在 90% 以下且持续下降时，表示设备闲置增多，产能过剩出现；工业产能利用率在 81% 及以上时，为正常的产能过剩；低于 81% 时，存在严重的产能过剩。❹ 据此判断，我国相当数量的重化工业已经或者正在进入严重产能过剩的阶段。如此严重的产能过剩，致使不少制

---

❶ http://japan.people.com.cn/n/2015/0402/c35463-26789518-2.html
❷ 赵昊、刘航：《发展低碳经济与提升我国制造业国际竞争力的关系》，《生产力研究》2010 年 12 期。
❸ 赵岷山：《我国工业生产能力利用严重不足》，《中国国情国力》1997 年 1 期。
❹ 吕铁、贺俊：《"十三五"中国工业发展的新形势与政策调整》，《学习与探索》2015 年 6 期。

造企业转向价格战，部分企业为降低成本甚至不惜牺牲产品质量，最终陷入恶性竞争。

从供给侧的视角来看，我国制造业一方面占用大量资源，产能严重过剩；另一方面，优质、有效供给能力不足，高端产品能力比较差，质量提升内生动力不足。由此导致的结果是，国内消费群体对于本土制造业产品的需求不断趋于匮乏，而海外消费的势头则日益显著，故而，海外购药品、保健品、奶粉、马桶盖等现象频频发生。有关数据显示，2015 年中国游客在境外消费约 1.2 万亿元，其中，中国消费者全球奢侈品消费达到 1168 亿美元，全年中国人买走全球 46% 的奢侈品。❶

4. 被挤压的实体经济与人才的匮乏

近年来，全球都在货币放水，也就是用债务刺激经济。而中国的状况更为突出，无论在地产基建方面，还是产业发展方面，中国都在想通过投资的大跃进实现"跨越式升级"。然而，有所不同的是，和日本相比较而言：日本放出的水流进了产业整合、重组、创新、研发环节；中国放出的水则流进了地产、基建和"城市化"，由此唱响房地产热、互联网热、股市热。

随着大量资金"脱实向虚"，从 2010 年开始，我国实体经济普遍感受到经营困难，亏损面增加。雪上加霜的是，企业在无利或微利的情况下，仍要缴纳大量与利润无关的税收。中国民营企业实际税率接近 40%，大部分企业利润率不足 10%，税率之重已接近企业死亡线。在整个大环境低迷的情况下，有成批的企业倒下，传统制造业和互联网企业都榜上有名，苟延残喘、坐以待毙的企业更不计其数。显然，没有实体经济的崛起，中国的经济就一定不会有未来。日本也经历过疯狂的地产泡沫给经济造成的巨大创伤。即便

---

❶ http://news.youth.cn/jy/201602/t20160217_7643116.htm

如此，跟那个时候的日本比，中国当前情况也不可同日而语。毕竟，日本已经构建了世界一流的技术体系和完善的社会保障制度，而中国并没有充足的技术储备作为后劲，社会保障也是寅吃卯粮。

实体经济衰落所导致的一个严重后果，便是实用性人才的匮乏。由于实体经济无法可图，导致虚拟经济泛滥，财经等文科专业过热，"逃离工科"现象愈演愈烈，工程师荒、技术工人荒的"两荒"现象日趋严重。我国高级技工占技工总数的比例只有3.5%，与发达国家40%的比例相差甚远。❶中国至今尚未建立起高效的、市场化的精英型工程师和高技能产业工人的培养和培训体系，一体化产品开发和生产所需要的人力资本供给不足。如果以7亿劳动人口能力计算，到2002年，我国整体劳动力中受过大专以上教育的比例也只有4.3%，受过高等教育的人在生产领域中从事研究与开发的比例也远低于发达国家。❷不仅如此，从2015年开始，我国每年减少的适龄人口约1000万，这一趋势或将维持10年以上。随着劳动力人口下降，人力成本上升，中国将面临劳动力短缺的现实。

5. 制度的痼疾与文明精神的失落

改革开放以来中国的变化日新月异，整个社会也就越来越急功近利，企业普遍缺乏沉下心来专注做好一件事情的耐性和坚守，不愿意把资金和时间投入到投资大、周期长、风险高的先进技术研发和材料制造领域。其突出问题主要表现在：其一，在研发能力方面，我国大中型工业企业的研发费用不足主营业务收入的1%，远低于发达国家2.5%的平均水平。❸而研发投入不足则是导致研发水平低下与技术创新不活跃的关键性因素。其二，绝大多

---

❶ 尹鸿祝、李术峰：《"中国制造"谁来升级？》，《科技信息》2002年12期。
❷ 于平：《我国制造业发展存在的问题与对策》，《经济纵横》2003年9期。
❸ 燕玉：《中国制造业为何"大而不强"，如何突围》，《人民论坛》2017年10期。

数企业研发能力薄弱,缺乏相对稳定和精干的研发团队,深度研发体系尚不完善,引进的技术消化吸收缓慢,二次研发能力不强。其三,在研发周期上看,发达国家新产品研制周期不到两个月,而中国新产品开发周期高达18个月,效率严重低下。其四,基础原料和装备差,导致研发速度受阻。其五,国内市场推广难度大,研发成果推广受阻。当前中国大多新兴产业都是依靠引进的国外技术,且关键材料都通过国外进口。其六,税收政策的局限性,致使研发能动性受阻。高技术产业具有技术壁垒高、附加值高等特点,但同时也具有研发投入大、周期长的风险。如果按中国现行的增值税抵扣方式,该部分成本不能抵扣,从而使企业在前期没有足够的资金投入在更多的研发新产品、新技术上,等等。

在诸多困扰中,中国制造业最根本的还是工业精神和制造文明的缺失。在制造强国,技术是最被尊重的,而中国制造业一直没有找到一种合适的态度去对待自己的员工,最直接的表现就是把员工看作机器人。故而,在中国制造型企业,跳槽和不忠诚现象突出,老板和领导对下属和员工不信任同样突出。故而,中国制造很难聚集成群有职业操守的职业人。

回顾中国经济的发展,整个经济活动指向实用性和功利性。那些频频曝光的地沟油、毒奶粉、毒胶囊等食品危机事件,折射出很多中国企业对社会发展所承担的责任、对消费者的利益、对法律法规的漠视。没有伟大理想和信仰支撑的"中国制造",不过是山寨路边没有灵魂的野鬼孤魂。因此,从"将就"到"讲究",这是中国企业打造百年老店必须要迈的一道坎。显然,这些仅靠打民族悲情牌,是于事无补的。打造中国特色的制造文明,已成为我国由"制造大国"迈向"制造强国"的当务之急。

二、中国：向日本学习什么

"见贤思齐"是中国古代圣贤的教诲。任何国家再强大，也依然需要学习。近代以前，中国曾经是日本的老师。1870年日本开始近代化运动时，不仅落后于西方，也落后中国几十年。可是现在日本已成为全球领先的发达的国家之一，其高速发展的经验，值得中国认真学习和借鉴。

1．调整经济结构，转变增长模式

制造业是国民经济的主体，是立国之本、强国之基。中国想要真正强大，必须拥有强大的制造业和实体经济，单单靠房地产和金融泡沫，是不可能撑得起中国真正的强大的。

20世纪80年代中期，美国学者托夫勒的《第三次浪潮》、贝尔纳《后工业化社会》、奈斯比特的《大趋势》等书畅销一时。这些美国学者把汽车、钢铁、造船、机械等传统工业称为"夕阳产业"，力主对这些产业进行压缩和调整，着力发展高技术产业和服务业。在这种潮流的推动下，美国金融等虚拟经济蓬勃兴起，制造业则日渐"空心化"。英国步美国后尘，推行所谓"去工业化战略"，结果，传统工业被大力压缩和调整，以金融业为代表的服务业成为重点发展的对象，到20世纪初，服务业在英国国民生产总值中的比例提高到70%，但英国房地产泡沫破裂后，其经济下降速度创下60年之最。而当时的法国学者在深入研究后向密特朗政府呼吁：必须批判"夕阳产业""后工业化社会"之类的谬论，强大的工业是确保法国就业、出口和高品质生活的关键所在。法国政府很快接受了学者建议，一直没有放松工业，其工业总体竞争力一直强于英国。❶ 同样，德国人深信工业是强国富民之本，

---

❶ 参见刘云、刘卿新：《工业化的忧思》，《企业管理》2011年4期。

以服务业取代工业的观点是荒唐可笑的，故而，德国人始终在制造业中精深耕耘，德国经济一直保持强劲势头。

中国工业发展水平虽然远没达到英国等西方国家水平，在"逃离工业"上却"毫不逊色"。然而，随着要素价格上涨和环境规制趋紧，中国制造业赖以发展的传统比较优势正在弱化，并面临着发展中国家"中低端分流"和发达国家"高端回流"的双重挤压：一方面，东南亚国家以更低的劳动力成本承接劳动密集型产业的转移，在低端制造、劳动密集型行业，中国企业面临着强烈的替代压力；另一方面，自2008年国际金融危机以来，美、英等发达国家纷纷实施"再工业化"和"制造业回归"战略。尤其自2017年以来，美国的"回归制造业"的步伐日渐加快。美国东部时间2017年4月26日下午，时任美国总统特朗普的一系列税改计划正式公布，该方案主要集中在降低企业税率、降低个人税负、增加海外税收三个方面。企业税收方面，将企业税税率从35%大幅削减至15%；个人所得税方面，减少个人所得税级次和税率，大幅度提高起征点，将个人所得税免税额度翻倍，撤销遗产税……❶这一举措促使全球优质企业都涌向美国，也使美国企业大量回归本土。事实上，美国人从来没有放弃制造业，美国制造业一直是美国国民经济强有力的支柱，2005年之前，制造业一直都在美国的GDP中占有最高的百分比。2006年，房地产业上升到首位（14.9%），制造业屈居第二（13.8%），但是，在2008年之后，制造业再次跃居首位。而且，如果按GNP而不是GDP统计，美国制造业产值仍然是全球第一。❷

面对美国如此减税，中国不管对出口企业怎么补贴，恐怕再也无力与之竞争。因此，如何去除浮躁的心理，把更多的创新、资金转向实体，便成为

---

❶ 徐伟：《特朗普减税带来的挑战及对策建议》，《中国智库经济观察（2017）》，2018年。
❷ http://m.kdnet.net/share-12667437.html

当今制造业转型的当务之急。中国制造业要完成这种发展方式的转变,一方面要摒弃以往过度依赖消耗资源能源等物质投入、不珍惜环境的高强度投入的增长方式;另一方面要开启新路,更多依靠人力资本集约投入、科技创新拉动,迈向质量提升型的发展新阶段,实现产业转型升级。

当然,必须深刻认识到,中国的制造业转型是极其困难的。毕竟,多年以来制造业积累的问题太多了。GDP驱动的经济让工业界在浮躁心态下运行,对"假的空的大的"已经习以为常。互联网思维创造了众多一夜暴富的神话,但是,有多少企业在为建立坚实的工业基础努力?工业系统的问题不仅仅是工业企业自身的问题,也是工业系统本身与其系统环境密切相关的问题。因此,中国制造业的转型,依然任重道远。

2.品质至上,创新制胜

当今经济强国,无不是以拥有强大的制造业和产品质量为表征的。日本自20世纪60年代实施"质量救国"战略以来,逐步打开了欧美和全球市场。同样,"德国制造"早期也曾受到"廉价而低劣"的困扰。作为欧洲现代化相对较晚的一个国家,德国最初通过仿造英、法、美等先进国家产品,以低价冲击市场。英国人对德国人这种偷窃专利、"山寨"等行为恨之入骨,掀起了抵制德货的运动。1887年4月23日,英国议会规定所有从德进口产品都须注明"Made in Germany"字样。这极大地刺激了德国人,引起整个国家和民族对此的彻底自省和反思。经过多年持续努力,至19世纪末期,德国多数商品在世界市场上开始表现出"质量可靠、经久耐用、做工精细、供货及时、服务周到"的鲜明特征,彻底扭转了"德国制造"的负面印象。

中国制造业的转型,应走出"以规模换成本、以成本换价格"的模式,树立以科技、质量、品牌赢得消费者的经营理念。正如财经学者吴晓波所言:"价廉物美"只能作为广告概念和阶段性促销策略,不可能把中国制造带到新层次。❶ 整个社会消费的理念，也应该从追求"价格低廉"转变为"一分价钱一分货。"❷ 无论是电子产业的芯片，还是飞机发动机，还是看上去简单的圆珠笔芯和高铁的螺丝，都是凭借先进的技术和精湛的工艺制作而成。要做到一个占据领域制高点的技术，往往不是靠人多或短期砸钱就可以快速获得的。中国过去那种凭借众多劳动力资源和大量投资来迅速把产业做大的模式是行不通的。

而模仿创新作为人类发展的一种本能性的活动，也是社会经济发展的必然过程。始于模仿，成于创新，这是日本制造崛起的秘诀，同样也可以是中国制造的解药。"山寨"并不可耻，可耻的是只会"山寨"，却没有超越的决心和能力。现在不少人用"岛国根性"这个词来批评日本人，其实这个词原本就是日本人对传统上的排外、无知、自我陶醉、偏执等劣根性的自我批判和自我反省。今天的中国同样需要以谦虚的态度认真学习他国的先进经验。显然，我们今天的心态，决定我们未来的前景。

3. 制度与管理的变革

在改革开放进程中，中国曾出现过太多的明星企业。它们以一种百无禁忌的勇气成就过充满激情的创业神话，也百无禁忌地破坏过市场的道德规则，相应的，中国企业家普遍存在着一种共同的"职业人格缺陷"：缺乏道德感和人文关怀意识、缺乏对规律和秩序的尊重以及职业精神。进一步讲，问题的根本，并不是技不如人的问题，而是缺乏一种让人才发挥聪明才智的机制。吴敬琏先生曾提出过一个很著名的观点：制度重于技术。政府要做好制度建设，把注意力放在如何为企业的成长创造一个保障公平、自由、竞争的制度环境上。❸

---

❶ https://gongkong.ofweek.com/2015-07/ART-310045-8420-28981990_3.html
❷ http://ez.people.com.cn/n/2015/0723/c202846-25695306-3.html
❸ 吴敬琏：《发展中国高新技术产业：制度重于技术》，中国发展出版社，2002年5月。

"日本制造"长期保持国际竞争力绝不是偶然的,是与日本企业制度以及在这一制度环境中形成的企业能力密不可分的。相比于自由市场经济的美国,日本的市场经济则更加重视政府或社会的指导与干预(德国也类似)。因此,日本的市场经济体制被称为"政府主导下的市场经济"体制。就具体企业制度及其管理模式而言:其一,日本式的企业制度是以大企业为中心,终身雇佣制、年功序列制和企业内工会制度。这三种"神器"使日本企业成为一个全体职工安身立命、荣衰与共的命运共同体。其二,大企业通过供应原料、加工订货、技术援助和指导以及提供贷款等方式将中小企业纳入自己的生产体系之中,从而在大中小企业之间形成密切而稳定的分工协作关系。而大量中小企业员工与企业的命运共同体,也保证了员工为了企业的生存终身认真负责、精益求精地工作。其三,与英美两国不同,日本企业在其发展过程中,所需要的资金主要依赖银行间接融资。尽管20世纪80年代以后,日本企业的融资方向部分地由银行融资转向证券市场融资,但是银行仍然是大企业资本的提供者,银企之间形成以某一个或两个大银行为主导的企业融资和治理的长期稳定关系——这决定了企业经营目标的长期性,等等。

可见,日本人在追求现代化的过程中,在学习别人的同时更致力于发挥自己的优势,致力于融会贯通、培育自己的杂交优势:他们学习福特的流水线,却开创了举世闻名的"丰田生产方式";他们学习西方的"现代企业制度",但并不抛弃自己的财团与综合商社;他们建立资本市场与产业体系,但并没有克隆美英的做法,而是让财团和综合商社充当日本企业的投资者和指导者,把日本中小企业变成"父母双全"的企业,让他们既容易获取资本,又轻松获取订单,还能得到管理方面的指导;他们进军海外市场,但并不依靠规模巨大的跨国公司强势侵入,而是以综合商社为平台,从贸易入手,带领产业群体渗透到不同国家,建立起利益共同体和情报网络,共度危机,共同发展；他们学习西方管理知识，却不放弃"终身雇佣制""企业办社会"等被我们视为弊端的东西，故而，日本企业内部收入差距很小，员工超级稳定——这种依靠稳定的员工队伍所形成的技术积累、能力构筑方面的竞争优势，弥补了在突破性创新方面的不足，使日本成为美国也不得不依赖的高端制造大国。

知名媒体人荣剑先生在《中日关系三问》一文中指出："与其学习欧美的制度或者思想，还不如学习日本的经验，日本对中国来讲具有更加直接的启示性的意义。"这是因为，日本作为近代亚洲打开国门向西方学习的国家，它不仅在吸纳、过滤与融合东西方科学与文化中，积累了丰富的经验，有一套很成熟的借鉴模式，而且日本经历过侵略与殖民统治、战败与泡沫经济崩溃，在如何寻求国家的复兴与民众生活的安宁等领域，有许多的经验教训。

日本制造业发展的经验表明，充分的市场竞争对保持活力和效率是十分必要的，但政府又必须通过计划、产业政策、发展战略以及各种经济手段引导市场机制的运行方向，根据各自特有的国情与产业发展情况，建立有效的竞争秩序。现今的中国虽然在制造业上取得了长足的发展，但制造业大而不强，正面临转型升级的压力，我们必须正确处理好政府与市场的关系，做到"有效的市场"与"有为的政府"的结合，保持市场的有效竞争，保持企业创新、精益求精，提高产品质量的外在推动力。日本的经验还表明，"命运共同体"式的银企关系有助于企业的长期经营目标，有利于企业的科研创新投入。中国虽然具有强大的银行系统，但银企关系仅仅定位于借贷债权人与债务人的关系，银行过于追求短期的盈利目标，对企业往往做不到雪中送炭，不利于企业的长期生存与发展，特别是一些中小企业更难以获得银行系统的支持。因此，我们需要重构银企关系，在充分发挥银行系统的资金配置功能的同时，积极探讨银行对企业的权益性投资，等等。

4. 追赶"智造"潮流

随着"智能化"革命的到来，各国政府都不失时机地制定了各自的战略。无论是德国工业4.0，还是美国工业互联网，不管概念具体如何阐述，但本质趋同：追求的是以网络化、智能化为主要特征的新工业革命生产模式，等等。

从现实来看，中国很多制造企业处境困难，这个时候很容易接受4.0的诱惑。4.0给出了很好的理念，而且是德国的，还是一个"革命"。只要是能沾上点边的，不管软件硬件都往4.0上靠。可是，我们必须承认一个事实：工业发展模式、管理模式是分国界的。比如说，美国社会崇尚尊重个体和契约，便形成了实用性的绩效和激励机制；日本因其地域狭小人员众多以及资源的有限，则催生了团队合作、精益生产的管理模式；德国人细致严谨，映射到企业管理上表现为严格的技术和质量控制流程，因此推出"数字生产＋数字制造"的4.0模式则顺理成章。显然，这些东西是不能随便转移嫁接的。如德鲁克所言："管理是以文化为转移的，并且受其社会的价值、传统与习俗的支配。"❶ERP是美国人发明的，这二十多年以来中国本土企业饱受ERP上线失败的痛苦，深层次的根本原因是我们引进了软件而无法复制他们的文化。很多国内企业引入了日本的丰田式管理，但成效甚微，原因在于我们没有丰田型的供应商管理机制，等等。因此，中国可以借鉴工业4.0的理念，但不能生搬硬套。

从世界范围来看，发达国家制造业基本上是按照机械化（工业1.0）、电气化（工业2.0）、自动化（工业3.0）、智能化（工业4.0）的顺序依次向前串联推进。而我国不同行业、不同领域和不同企业的制造业呈现出工业2.0、3.0，甚至1.0等几个阶段相互重叠局面，因此推动"制造"向"智造"转变，既要

---

❶ 王丽娟：《战略转型与企业文化变革的超循环结构分析》，《中国流通经济》2006年9期。

实现智能化，又要补上机械化、电气化和自动化发展差距。在这个意义上，作为一个"工业化途中"的国家，我们既要重视信息化，也要重视工业化。

5.重塑工匠精神，开拓制造文明

中国其实有太多的理由超过日本。中国地大物博、资源丰富，而日本自然资源极其贫乏；中国人口虽多，但人口密度却小于日本（中国的人口密度为每平方公里130人，而日本为每平方公里330人）。中国赶不上日本，显然是中国人本身的原因所至。中国人超越日本人需要的不是钱和技术，而是一种深入骨髓的谦虚进取、克己奉公、忍耐执着民族精神，以及一丝不苟、严谨务实、精益求精的工匠精神，等等。

中国曾经有过发达的制造文明。据传说，黄帝发明创造了房屋、衣裳、车船、阵法、音乐等；炎帝发明了医药，制耒耜，种五谷，作陶器等；"伏羲"发明"网罟技术"；"虞舜"开创"制陶技术"；"大禹"发明"规、矩"；鲁班发明创造了曲尺、墨斗、刨子；此外，还有"奚仲造车""虞驹作舟""仪狄作酒""夏鲧作城"……这些发明虽带有传说色彩，却也反映出我们祖先集体劳动创造的智慧。而到了秦汉、魏晋时期，发明倍出，汉代造纸、魏晋百炼钢、唐代赵州桥、宋代印刷术……无不领先于世，还有马钧改革织绫机、发明龙骨水车；杜预发明连机水碓，刘景发明连转磨，祖冲之发明千里船，等等。英国学者罗伯特·坦普尔在《中国：发明与发现的国度》一书中提到，"近代世界"赖以建立的种种基本发明和发现，可能有一半以上源于中国……近代农业、近代航运、近代石油工业、近代天文台、近代音乐，还有十进制数学、纸币、雨伞、钓鱼竿上的绕线轮、独轮车、多级火箭、枪炮、水下鱼雷、毒气、降落伞、热气球、载人飞行、白兰地、威士忌、象棋、印

刷术，甚至蒸汽机的基本结构，全部源于中国。❶

至于世人推崇的日本、德国之匠人精神，在古代中国早已得到精致入微的阐释和淋漓尽致的发挥。《诗经·卫风·淇奥》曰："如切如磋，如琢如磨"，描述了工匠在切割，打磨，雕刻玉器、象牙、骨器时仔细认真、反复琢磨的工作态度。墨家视"强力从事"为职业道德标准，力主"赖其力者生，不赖其力者不生"。在《史记》中，司马迁关于三皇五帝"筚路蓝缕""手胼足胝"之精神早有描述；认为"诚一"之品性是"谋小事得大富"之关键；还记述了洛阳商人"相矜以久贾"的态度，即相互之间以长时间在外学习经商为骄傲自豪；赞誉夏禹治水之功，"数过邑门而不入"，足见其一心一意的精神，等等。而道家"反智巧"思想助推了"琢磨"之"拙"功，诚如在《庄子·天地篇》所阐述的："有机械者必有机事，有机事者必有机心。机心存于胸中，则纯白不备，则神生不定；神生不定者，道之所不载也。"《庄子·养生主》记载，梁惠王赞叹庖丁解牛精湛的技艺，而庖丁则回答说："臣之所好者，道也，进乎技矣"，就是说，只有掌握了"以无厚入有间"的规律，才会有游刃有余的技艺。

随着近代工业的兴起，传统工匠伦理受到削弱，工匠精神一度失落，且延续至今。不仅如此，正如著名时评人时寒冰在《未来二十年，经济大趋势》一文中所言：对于我们这样一个饱经苦难的民族而言，激励民众通过实实在在的劳动致富，而不是通过投机，更不是通过制售有毒食品之类的残害同胞的方式致富，这是极其重要的。只有贪婪的、不劳而获的欲望被沉下来的平常心所取代，我们这个民族的伟大智慧才能被引导到踏踏实实的劳动和创造上来，我们这个民族的善良和爱心才能被激发出来，人们才能在简单的生活

---

❶ [美]罗伯特·K.G.坦普尔著：《中国：发明与发现的国度》，陈养生等译，21世纪出版社1995年版，第11—12页。

当中学会享受亲情和阳光带给我们的快乐与温馨,我们这个民族也才更有凝聚力,也才能赢得世界的尊重。❶

"中国制造"要真正走向世界,不仅需要找回我们祖先身上所曾有过的工匠精神,还需要现代文明在中国能够真正得以落地生根:其一,在企业与自然之间,既不能因为单纯追求经济利益而牺牲环境效益,也不能以保护环境为由而牺牲经济发展,而应取得进入国际市场的"绿色通行证",力求做到:物资资源利用的最大化、废弃物排放的最小化、适应市场需求的产品绿色化。其二,在组织与员工之间,必须认识到:人并不是工具和成本要素,而是最重要的资产,企业的战略性资产、创新之源,只有将人类与生俱来的天性因势利导,作为永不枯竭的激励来源,才能奠定持续卓越的基础;相应的,组织应当将人的发展纳入组织的目标体系,树立组织与人共同发展的意识,尊重员工个人的尊严和价值,从而实现个体与组织的共同成长。其三,在企业与顾客之间,在传统上我们往往寻求一种暂时性的增长,形成一种"打了就跑"的营销,甚至有时还出现对顾客的操纵和对顾客"无知"的利用,从而不可避免造成公司和顾客之间的伦理冲突;而在当下,谁的神经末梢灵敏,谁能够对顾客的细微变化做出最恰当的反应,谁就是胜利者。因此,必须强调"以客户为导向",满足消费者需要,维护消费者利益,在企业与顾客之间创造一个良好、长远的关系。其四,在组织与社会之间,企业不应仅仅是创造利润和实现预期的经营目标,还应在自己经济实力许可的范围内,自觉、积极地参与社会公共事务,积极承担社会责任。总之,如果"可持续"是一个朝向社会和商业不断前进的理想,那么就必须使企业的发展与自然生态的维护、社会公正、个人解放等终极价值紧密相关。

---

❶ 时寒冰:《未来二十年,经济大趋势(未来篇)》,上海财经大学出版社2014年版,第96页。

参考文献

(一) 著作

[1] 阿盖什·约瑟夫. 德国制造——国家品牌战略启示录 [M]. 赛迪研究院专家组, 译. 北京：中国人民大学出版社, 2016.

[2] 埃里克·布林约尔松 (Erik Brynjolfsson), 安德鲁·麦卡菲 (Andrew McAfee). 与机器赛跑 [M]. 闾佳, 译. 北京：电子工业出版社, 2014.

[3] 埃里克·布林约尔松 (Erik Brynjolfsson), 安德鲁·麦卡菲 (Andrew McAfee). 第二次机器革命 [M]. 蒋永军, 译. 北京：中信出版社, 2016.

[4] 埃兹拉·沃格尔 (Ezra Vogel). 日本名列第一：对美国的教训 [M]. 谷英, 张柯, 丹柳, 译. 北京：世界知识出版社, 1980.

[5] 艾瑞丝·麦克法兰 (Iris Macfarlane), 艾伦·麦克法兰 (Alan Macfarlane). 绿色黄金：茶叶的故事 [M]. 杨淑玲, 沈桂凤, 译. 汕头：汕头大学出版社, 2006.

[6] 安德鲁·卡耐基 (Andrew Carnegie). 成功的本质：钢铁大王安德鲁·卡耐基自传 [M]. 朱颖, 译. 南京：江苏文艺出版社, 2012.

[7] 白益民. 三井帝国启示录 [M]. 北京：中国档案出版社, 2006.

[8] 白益民. 瞄准日本财团：发现中国的对手与榜样 [M]. 北京：中国经济出版社, 2010.

[9] 坂本光司. 日本最了不起的公司——永续经营的闪光之魂 [M]. 蔡昭仪, 译. 银川：宁夏人民出版社, 2010.

[10] 坂本雅子. 财阀与帝国主义：三井物产与中国 [M]. 桂雪琴, 译. 北京：社会科学文献出版社, 2011.

[11] 彼得·德鲁克（Peter F. Drucker）. 公司的概念[M]. 慕凤丽，译. 北京：机械工业出版社，2009.

[12] 彼得·德鲁克（Peter F. Drucker）. 管理的实践[M]. 齐若兰，译. 北京：机械工业出版社，2009.

[13] 彼得·马什（Peter Marsh）. 新工业革命[M]. 赛迪研究院专家组，译. 北京：中信出版社，2013.

[14] 蔡成平. 日本为什么会这样[M]. 南昌：江西人民出版社，2016.

[15] 曹焕旭. 中国古代的工匠[M]. 北京：商务印书馆，1996.

[16] 陈慈玉. 近代中国茶业之发展[M]. 北京：中国人民大学出版社，2013.

[17] 陈恭禄. 日本简史[M]. 北京：新世界出版社，2016.

[18] 程弘宇. 平视日本[M]. 太原：山西经济出版社，2016.

[19] 池田信夫. 安倍经济学的妄想[M]. 于航，译. 北京：机械工业出版社，2015.

[20] 池田信夫. 失去的二十年[M]. 胡文静，译. 北京：机械工业出版社，2012.

[21] 重舟. 镰仓[M]. 济南：山东画报出版社，2015.

[22] 大贯惠美子. 神风特攻队、樱花与民族主义[M]. 石峰，译. 北京：商务印书馆，2016.

[23] 稻盛和夫. 人为什么活着[M]. 吕美女，译. 北京：中国人民大学出版社，2009.

[24] 稻盛和夫. 心法：稻盛和夫的哲学[M]. 曹岫云，译. 北京：东方出版社，2014.

[25] 稻盛和夫. 稻盛和夫自传[M]. 杨超，译. 北京：东方出版社，2015.

[26] 稻盛和夫. 干法[M]. 曹岫云，译. 北京：机械工业出版社，2015.

[27] 稻盛和夫. 敬天爱人：从零开始的挑战[M]. 曹岫云，译. 北京：机械工业出版社，2016.

[28] 邓肯·麦卡戈（Duncan McCargo）. 认识日本[M]. 胡克，译. 北京：中国发展出版社，2015.

[29] 饭沼和正. 从模仿到创造：处于转折点的日本技术[M]. 张可喜，译. 太原：山西科学技术出版社，1995.

[30] 菲利普·科特勒（Philip Kotler），凯文·莱恩·凯勒（Kevin Lane Keller）.

营销管理：第14版[M]. 北京：中国人民大学出版社，2012.

[31] 费尔南·布罗代尔（Fernand Braudel）. 15至18世纪的物质文明、经济和资本主义[M]. 顾良，施康强，译. 北京：生活·读书·新知三联书店，2002.

[32] 福泽谕吉. 文明论概略[M]. 北京编译社，译. 北京：商务印书馆，2016.

[33] 根岸康雄. 精益制造028：工匠精神[M]. 李斌瑛，译. 北京：东方出版社，2015.

[34] 宫本政于. 衙门的规矩[M]. 日本：講談社，1995.

[35] 宫川隆泰. 立业贸易：三菱社长岩崎小弥太传[M]. 桂雪琴，译. 北京：华夏出版社，2001.

[36] 管钢. 日本，一个危险的邻居[M]. 北京：中国发展出版社，2015.

[37] 郝士明. 材料图传[M]. 北京：化学工业出版社，2014.

[38] 河添房江. 源氏风物集[M]. 丁国旗，丁依若，译. 北京：新星出版社，2015.

[39] 和中清. 房恩，范丽艳，译. 日本的反省：只有中国才能拯救日本经济[M]. 北京：东方出版社，2013.

[40] 赫尔曼·西蒙（Hermann Simon）. 张帆，吴君，刘惠宇，等，译. 隐形冠军[M]. 北京：机械工业出版社，2015.

[41] 黄仁宇. 资本主义与二十一世纪[M]. 北京：生活·读书·新知三联书店，2004.

[42] 基斯·惠勒（Keith Wheeler）. 日本的崩溃[M]. 李海钢，译. 北京：中国社会科学出版社，2004.

[43] 吉川弘之. 日本制造：日本制造业变革的方针[M]. 王慧炯，李善同，林家彬，译. 上海：上海远东出版社，1998.

[44] 贾雷德·戴蒙德（Jared Diamond）. 枪炮、病菌与钢铁：人类社会的命运[M]. 谢延光，译. 上海：上海译文出版社，2016.

[45] 江波户哲夫. 盛田昭夫：日本制造精神是这样创造的[M]. 马英萍，译. 北京：东方出版社，2010.

[46] 蒋百里，戴季陶，刘文典. 日本人与日本论[M]. 哈尔滨：北方文艺出版社，2015.

[47] 井上清. 日本历史[M]. 天津市历史研究所, 译. 天津：天津人民出版社, 1974.

[48] 久保田勇夫. 日美金融战的真相[M]. 路邈, 译. 北京：机械工业出版社, 2016.

[49] 凯文·莱恩·凯勒（Kevin Lane Keller）. 战略品牌管理[M]. 卢泰宏, 吴水龙, 译. 北京：中国人民大学出版社, 2009.

[50] 孔凡静. 日本经济发展战略[M]. 北京：中国社会科学出版社, 1983.

[51] 堀幸雄. 战前日本国家主义运动史[M]. 熊达云, 译. 北京：社会科学文献出版社, 2010.

[52] 邝海炎. 快刀文章可下酒[M]. 北京：九州出版社, 2016.

[53] 理查德·帕斯卡尔（Richard T.Pascale）, 安东尼·阿索斯（Anthony Athos）. 日本企业管理艺术[M]. 张小冬, 周全, 译. 乌鲁木齐：新疆人民出版社, 1988.

[54] 理查德·桑内特（Richard Sennett）. 匠人[M]. 李继宏, 译. 上海：上海译文出版社, 2015.

[55] 李刚. 犁与刀——百年中日问题忧思录[M]. 北京：中国三峡出版社, 2006.

[56] 李杰（Jay Lee）. 工业大数据：工业4.0时代的工业转型与价值创造[M]. 邱伯华, 等, 译. 北京：机械工业出版社, 2015.

[57] 李杰（Jay Lee）, 倪军, 王安正. 从大数据到智能制造[M]. 刘宗长, 整理. 上海：上海交通大学出版社, 2016.

[58] 李炯才. 日本：神话与现实[M]. 张卫, 傅光明, 译. 北京：中国电影出版社, 2008.

[59] 李萍. 近距离看日本[M]. 北京：东方出版社, 2014.

[60] 李涛. 大和魂：日本的根性窥探[M]. 北京：中国友谊出版公司, 2007.

[61] 立川昭二. 日本人的死生观[M]. 日本：筑摩书房, 1989.

[62] 立石泰则. 死于技术：索尼衰亡启示[M]. 王春燕, 译. 北京：中信出版社, 2014.

[63] 梁启超. 男儿志兮天下事——梁启超励志文选[M]. 吕树坤, 编. 北京: 中华工商联合出版社, 2014.

[64] 铃木大拙. 禅与日本文化[M]. 陶刚, 译. 北京: 生活·读书·新知三联书店, 1989.

[65] 铃木大拙, 等. 禅与艺术[M]. 徐进夫, 等, 译. 哈尔滨: 北方文艺出版社, 1988.

[66] 刘金才. 町人伦理思想研究——日本近代化动因新论[M]. 北京: 北京大学出版社, 2001.

[67] 刘晓峰. 东亚的时间[M]. 北京: 中华书局, 2007.

[68] 刘晓峰. 日本的面孔[M]. 北京: 中央编译出版社, 2007.

[69] 刘晓峰, 张玉林. 日本的危机[M]. 北京: 人民出版社, 2001.

[70] 柳宗悦. 日本手工艺研究丛书[M]. 张鲁, 译. 徐艺乙, 校. 桂林: 广西师范大学出版社, 2006.

[71] 露丝·本尼迪克特 (Ruth Benedict). 菊与刀[M]. 北塔, 译. 上海: 上海三联书店, 2007.

[72] 路之然. 日本史论[M]. 北京: 煤炭工业出版社, 2016.

[73] 罗伯特·坦普尔 (Robert K. G. Temple). 中国: 发明与发现的国度[M]. 陈养生, 等, 译. 南昌: 21世纪出版社, 1995.

[74] 马宾·吉·沃尔夫 (Marbin Ji Wolf). 日本经济飞跃的秘诀[M]. 庞玉林, 胡振平, 李国臣, 译. 北京: 军事译文出版社, 1985.

[75] 蚂蜂窝. 日本, 隐逸的日常[M]. 王家敏, 编. 北京: 中信出版社, 2016.

[76] 马克·米奥多尼克 (Mark Miodownik). 迷人的材料[M]. 赖盈满, 译. 北京: 北京联合出版有限公司, 2018.

[77] 马修·克劳福德 (Matthew B. Crawford). 摩托车修理店的未来工作哲学: 让工匠精神回归[M]. 毕一灵, 编. 粟之敦, 译. 杭州: 浙江人民出版社, 2014.

[78] 马修·佩里 (Matthew C. Perry). 佩里提督日本远征记[M]. F. L. 霍克斯 (F. L. Hawks), 编撰. 宫崎寿子, 译. 日本: 角川文库, 2014.

[79] 迈克尔·波特（Michael E. Porter），竹内广高，榊原鞠子. 日本还有竞争力吗？[M]. 陈小悦，孙力强，陈文斌，等，译. 北京：中信出版社，2002.

[80] 彭新武. 西方管理思想史[M]. 北京：机械工业出版社，2018.

[81] 千石保. "认真"的崩溃：新日本人论[M]. 何培忠，译. 北京：商务印书馆，1999.

[82] 秋山利辉. 匠人精神：一流人才育成的30条法则[M]. 陈晓丽，译. 北京：中信出版社，2015.

[83] 萨拉·罗斯（Sarah Rose）. 茶叶大盗[M]. 孟驰，译. 北京：社会科学文献出版社，2015.

[84] 涩泽荣一. 论语与算盘[M]. 卜可，译. 北京：新世界出版社，2016.

[85] 山村明义. 神道与日本人[M]. 尹智慧，汪平，译. 南京：南京大学出版社，2016.

[86] 榊原英资. 日本的反省：走向没落的经济大国[M]. 周维宏，管秀兰，译. 北京：东方出版社，2013.

[87] 榊原英资. 日本的反省：被狙击的日元[M]. 周维宏，杨柳，译. 北京：东方出版社，2014.

[88] 榊原英资. 日本的反省：日元能拯救日本吗[M]. 周维宏，管秀兰，译. 北京：东方出版社，2013.

[89] 盛田昭夫，下村满子. 日本制造——盛田昭夫的日式经营学[M]. 周征文，译. 北京：中信出版社，2016.

[90] 时寒冰. 时寒冰说：未来二十年，经济大趋势（未来篇）[M]. 上海：上海财经大学出版社，2014.

[91] 松本厚治. 企业主义：日本经济发展力量的源泉[M]. 程玲珠，王新政，等，译. 北京：企业管理出版社，1997.

[92] 松浦元男. 小，我是故意的：做世界第一的小企业[M]. 李叶玲，译. 北京：中信出版社，2011.

[93] 宋成有. 新编日本近代史[M]. 北京：北京大学出版社，2006.

[94] 宋忠平. 日本, 日本 [M]. 北京: 中国发展出版社, 2015.

[95] 汤之上隆. 失去的制造业: 日本制造业的败北 [M]. 林曌, 译. 北京: 机械工业出版社, 2016.

[96] 万景路. 你不知道的日本 [M]. 北京: 九州出版社, 2016.

[97] 汪中求. 中国需要工业精神 [M]. 北京: 机械工业出版社, 2012.

[98] 王喜文. 中国制造 2025 思维: 从两化融合到互联网+工业 [M]. 北京: 机械工业出版社, 2016.

[99] 威廉·爱德华兹·戴明 (William Edwards Deming). 转危为安 [M]. 钟汉清, 等, 译. 台湾: 天下文化出版社, 1997.

[100] 威廉·大内 (W. G. Ouchi). Z 理论——美国企业界如何迎接日本的挑战 [M]. 朱雁斌, 译. 北京: 机械工业出版社, 2013.

[101] 闻人军. 考工记译注 [M]. 上海: 上海古籍出版社, 1993.

[102] 吴敬琏. 发展中国高新技术产业: 制度重于技术 [M]. 北京: 中国发展出版社, 2002.

[103] 吴晓波. 大败局 [M]. 杭州: 浙江人民出版社, 2007.

[104] 吴言生. 禅宗哲学象征 [M]. 上海: 中华书局, 2002.

[105] 小泉八云. 日本与日本人 [M]. 胡山源, 译. 哈尔滨: 北方文艺出版社, 2015.

[106] 小松左京. 日本沉没 [M]. 高晓钢, 张平, 陈晓琴, 译. 天津: 天津人民出版社, 2016.

[107] 新渡户稻造. 武士道 [M]. 张俊彦, 译. 北京: 商务印书馆, 2009.

[108] 幸田露伴. 涩泽荣一传 [M]. 余炳跃, 译. 上海: 上海社会科学院出版社, 2016.

[109] 徐静波. 静观日本 [M]. 北京: 华文出版社, 2015.

[110] 徐静波. 日本人的活法 [M]. 北京: 华文出版社, 2017.

[111] 亚力克·福奇 (Alec Foege). 企业家成功之道 [M]. 汤卓勋, 译. 长春: 吉林人民出版社, 1998.

[112] 岩谷英昭. 松下幸之助在哭泣 [M]. 玉兰三友翻译会, 译. 北京: 知识产权出版社, 2014.

[113] 严鹏.战略性工业化的曲折展开：中国机械工业的演化（1900—1957）[M].上海：上海人民出版社，2015.

[114] 盐野米松.留住手艺[M].英珂，译.桂林：广西师范大学出版社，2012.

[115] 野口修纪雄.日本的复兴逻辑[M].胡文静，译.北京：机械工业出版社，2013.

[116] 野口悠纪雄.日本的反省：悬崖边上的经济[M].马奈，裴琛，译.北京：东方出版社，2013.

[117] 野口悠纪雄.日本的反省：依赖美国的罪与罚[M].贾成中，黄金峰，译.北京：东方出版社，2013.

[118] 野口悠纪雄.日本的反省：制造业毁灭日本[M].杨雅虹，译.北京：东方出版社，2014.

[119] 伊恩·布鲁玛（Ian Buruma）.创造日本：1853—1964[M].倪韬，译.成都：四川人民出版社，2018.

[120] 伊藤古鉴.茶和禅[M].冬至，译.天津：百花文艺出版社，2005.

[121] 樱雪丸.中日恩怨两千年·第一部：日出日落[M].贵阳：贵州人民出版社，2016.

[122] 约瑟夫·朱兰（Joseph M. Juran），约瑟夫·德费欧（Joseph A. Defoe）.朱兰质量手册：通向卓越绩效的全面指南：第6版[M].焦叔斌，苏强，杨坤，等，译.北京：中国人民大学出版社，2014.

[123] 詹姆斯·麦克莱恩（James L. McClain）.日本史[M].王翔，朱慧颖，王瞻瞻，译.海口：海南出版社，2014.

[124] 詹姆斯·沃麦克（James P. Womack），丹尼尔·琼斯（Daniel T. Jones），丹尼尔·鲁斯（Daniel Roos）.改变世界的机器：精益生产之道[M].余锋，张冬，陶建刚，译.北京：机械工业出版社，2015.

[125] 詹姆斯·沃麦克（James P. Womack），丹尼尔·琼斯（Daniel T. Jones）.精益思想：消灭浪费，创造财富[M].沈希瑾，张文杰，李京生，译.北京：商务印书馆，1999.

[126] 詹姆斯·埃文斯（James R. Evans），威廉·林赛（William M. Lindsey）. 质量管理与质量控制：第7版[M]. 焦叔斌，译. 北京：中国人民大学出版社，2010.

[127] 张亚松，白鹏飞. 东方人性格地图[M]. 济南：山东画报出版社，2005.

[128] 张宗植. 樱花岛国余话[M]. 北京：作家出版社，1992.

[129] 赵涛，高林. 发现戴明[M]. 北京：北京工业大学出版社，2002.

[130] 猪瀬直樹. 土地的神话[M]. 日本：小学館，1988.

[131] 猪瀬直樹. 天皇之国的符号论[M]. 日本：小学館，1991.

[132] 猪瀬直樹. 天皇的肖像[M]. 日本：新潮社，1992.

[133] 猪瀬直樹. 日本国之研究[M]. 日本：文藝春秋，1997.

[134] 猪瀬直樹. 道路的权力[M]. 日本：文藝春秋，2006.

[135] 竹内好. 日本的亚细亚主义[M]. 日本：筑摩書房，1963.

[136] 竹中平藏. 日本的反省：阻碍复兴的30个谎言[M]. 周维宏，刘彬洁，译. 北京：东方出版社，2013.

（二）学术论文

[1] 安军红. 基于柳宗悦工艺思想的美之目标研究[J]. 美与时代（上），2018（3）.

[2] 安曼. 日本企业国际化经营模式研究[J]. 日本研究，2007（3）.

[3] 包青. 国有商业银行如何留住人才[J]. 经济问题探索，2001（9）.

[4] 本刊编辑. 解读日本六大财团之谜[J]. 中国总会计师，2011（6）.

[5] 本刊编辑. 日本家族企业如何传承[J]. 商周刊，2015（7）.

[6] 本刊编辑. 日本"没落和衰退"？[J]. 办公自动化，2017（7）.

[7] 本刊编辑. 日本人眼中的中国企业：死得也太快了[J]. 资源再生，2016（2）.

[8] 本刊编辑. 日本商场的细节服务[J]. 城市开发，2015（8）.

[9] 本刊编辑. 日本制造背后的隐形冠军[J]. 印刷经理人，2008（10）.

[10] 本刊编辑. 三井家族的货币战争[J]. 商业故事，2011（2）.

[11] 本刊编辑.中国目前尚未掌握的核心技术管窥[J].中国总会计师,2018(5).

[12] 曹琳,孙曰瑶."日本制造"转型的品牌经济学分析[J].石家庄经济学院学报,2010(10).

[13] 曹琳,陶传平.对立创新:"中国制造"转型的品牌策略研究[J].东岳论丛,2012(3).

[14] 常久红,王文秀.浅析制造业产品原产地形象与经济效益[J].科技视界,2012(5).

[15] 陈璐婷,韩清凯.日本的模仿创新给中国发展带来的启示[J].中国外贸,2011(10).

[16] 陈萍.日企败北!真摔还是假摔[J].中外企业文化,2012(5).

[17] 陈恬.美丽总令人哀愁——日本文学、动画中的"物哀"文化探究[J].语文学习,2019(1).

[18] 陈又星.日本制造企业变革特征探析[J].现代日本经济,2005(5).

[19] 程俊英.日本书道教育:身体与心灵的契合[N].光明日报,2017-06-21.

[20] 程宇航,陈宁.强大的日本强大在哪里[J].老区建设,2018(5).

[21] 崔海潮.从中国制造蜕变成世界制造[J].经济导刊,2007(11).

[22] 崔晓红.过度关注涨工资有转移矛盾之嫌[J].新财经,2010(9).

[23] 戴旭.你认识日本吗?[N].中国经营报,2012-09-17.

[24] 邓正红."员工快乐"是激发企业活力的源泉[J].中国高新区,2011(7).

[25] 杜怀亮.从美国次贷危机看当前世界经济[J].贵州社会主义学院学报,2008(12).

[26] 杜晓君.制造业变革和发展的国际经验及启示[J].科技进步与对策,2002(2).

[27] 冯昭奎.改革开放以来中国的日本经济研究综述与评论[J].日本研究,2012(6).

[28] 冯昭奎.工匠精神:日本制造业发展的动力[J].青海科技,2016(12).

[29] 冯昭奎.工业化时代"日本制造"的经验[J].高科技与产业化,2007(11).

[30] 冯昭奎.日本制造的经验[J].全球财经,2004(28).

[31] 付向核.日本工业文化培育与企业国际化之路[J].中国工业评论,2018(1).

[32] 葛晓畅,葛树荣."工匠精神"与日本制造业[J].企业文明,2016(7).

[33] 谷晨. 日本空手道的起源与发展演变[J]. 体育文化导刊, 2003（3）.

[34] 郭伟. 解码日本"工匠精神"[J]. 宁波经济（财经视点）, 2018（10）.

[35] 邵勇, 滕少锋, 荣国丞. 进一步认识工匠精神的三个参照[J]. 职业技术教育, 2016（10）.

[36] 何立民. 人工智能时代是什么时代？[J]. 单片机与嵌入式系统应用, 2020（4）.

[37] 候韶莹. 迷茫的中国制造[J]. 销售与市场（商学院）, 2014（7）.

[38] 胡海林. 解码：波音之道[J]. 大飞机, 2013（9）.

[39] 胡艳丽. 松下幸之助为何哭泣[J]. 中国外贸, 2014（12）.

[40] 黄亚南. 从群体社会到个体社会——日本社会凝聚力出现松动[J]. 社会观察, 2009（3）.

[41] 黄颖杰. 日本设计精神与现代西方设计[J]. 文学教育, 2013（6）.

[42] 简明非. 《广场协议》签订经过、影响以及对人民币升值的启示[J]. 经济视角, 2011（10）.

[43] 江涌. "世界工厂"面临痛苦蜕变[J]. 世界知识, 2010（8）.

[44] 杰弗瑞·莱克（Jeffrey K. Liker）. 丰田产品开发之道[J]. 微型机与应用, 2007（8）.

[45] 金世柏. 教育改革的两个根本性问题——从中日两国教育的比较谈起[J]. 河北师范大学学报（教育科学版）, 2007（9）.

[46] 康斯坦丁. 日企死了, 魂还在？[J]. 商周刊, 2015（5）.

[47] 蓝建中. 从马桶盖看"匠人精神"[J]. 农机质量与监督, 2015（4）.

[48] 雷颐. 在论语与算盘之间[N]. 经济观察报, 2010-05-30.

[49] 李刚, 黄亮, 王钢. 日本装备制造业发展及对浙江的启示[J]. 浙江经济, 2011（7）.

[50] 李红. 和敬清寂茶禅一味——论日本茶道[J]. 河南大学学报（哲学社会科学版）, 2013（3）.

[51] 李怀录. 近代中国为何没有"脱亚入欧"——兼与近代日本比较[J]. 山东科技大学学报, 2007（12）.

[52] 李晓青,周勇.中外企业品牌管理研究综述[J].商业研究,2005(21).

[53] 李欣.日本动漫产业对中国文化产业发展的启示[J].知识经济,2015(5).

[54] 李艳,赵新力.CTI与技术转移:国际经验与启示[J].竞争情报,2007(3).

[55] 李颖.中日两国企业的"匠心"对比[J].中国质量万里行,2016(4).

[56] 李愚.追逐商业梦境的稻盛和夫[J].理财,2010(9).

[57] 李遇潮.中国制造业面临的困境及对策思考[J].商业时代,2012(36).

[58] 李之澜.十大管理理念浮现2006[J].中国纺织,2007(3).

[59] 李志刚.林内:用务实高效的解决方案,将近百年技术沉淀与现代工艺结合[J].电器,2018(8).

[60] 丽莎(Lisa).松下幸之助的传奇[J].走向世界,2011(5).

[61] 梁志高.在日本造假被发现比死还难受[J].中国质量万里行,2017(6).

[62] 廖凡.政府补贴的法律规制:国际规则与中国应对[J].社会科学文摘,2018(2).

[63] 刘刚.学习日本与日本式学习[J].企业管理,2013(7).

[64] 刘华.日本三井物产内部控制案例及启示[J].财务与会计,2012(3).

[65] 刘鹏凯.将工厂办成社会大学校[J].企业管理,2014(8).

[66] 刘睿."互联网+"时代背景下政府管理模式创新研究[J].劳动保障世界,2018(8).

[67] 刘云,刘卿新.工业化的忧思[J].企业管理,2011(4).

[68] 娄贵书.日本武士的生存土壤[J].贵州大学学报(社会科学版),2008(7).

[69] 栾典.论工业设计对日本经济的决定性作用[J].艺术研究,2009(12).

[70] 吕炅.谁打破了"日本制造"神话[J].经营管理者,2001(4).

[71] 吕倩,魏洁云.中国地下水污染现状及治理[J].生态经济,2016(10).

[72] 吕铁,贺俊."十三五"中国工业发展的新形势与政策调整[J].学习与探索,2015(6).

[73] 敏言.在尼德克感受"日本制造"[J].中国眼镜科技杂志,2007(12).

[74] 彭芳梅.论发达地区实体经济发展经验教训及对深圳的启示[J].改革与开放,2017(11).

[75] 邱林. 被"老人"统治的日本社会 [J]. 南风窗, 2016 (2).

[76] 任尚丽, 刘爽, 胡运哲, 等.《日本制造对话中国制造》观后 [J]. 日本学论坛, 2008 (4).

[77] 史桂芳. 简论近代日本人中国观的演变及其影响 [J]. 首都师范大学学报（哲学社会科学版）, 2007 (8).

[78] 史桂芳. 试论日伪的东亚联盟运动 [J]. 史学月刊, 2006 (12).

[79] 苏灿, 任建兰. 中国制造业在亚太地区的分工与合作研究综述 [J]. 世界地理研究, 2016 (2).

[80] 孙爱琴. 浅析生态环境恶化的主因及应对策略 [J]. 科技情报开发与经济, 2009 (11).

[81] 孙波. 中日跨文化传播中对于生命意义诠释的比较 [J]. 青年记者, 2010 (8).

[82] 孙瑞灼. 1/5 城市污染严重呼唤"用车文明"[J]. 资源与人居环境, 2010 (19).

[83] 孙潇, 罗娜, 陈旭. 日本实现现代化的经验及其对中国的启示 [J]. 辽宁教育行政学院学报, 2009 (11).

[84] 汪维钢."中国制造"的尴尬困局 [J]. 中国企业家, 2004 (11).

[85] 汪中求. 日本"工匠精神"：一生专注做一事 [J]. 决策探索, 2016 (3).

[86] 王芳. 失之筑波收之财团——白益民谈日本创新模式与产业发展 [J]. 中国高新区, 2013 (8).

[87] 王国平. 论产业升级的政策环境——兼谈构建我国新型产业政策体系 [J]. 上海行政学院学报, 2017 (1).

[88] 王宏伟."寓军于民"：日本军工业发展模式 [J]. 科学决策, 2004 (5).

[89] 王吉万. 企业家的哲学境界 [J]. 企业管理, 2010 (3).

[90] 王迹. 福泽谕吉的中国观 [J]. 乐山师范学院学报, 2010 (2).

[91] 王丽娟. 战略转型与企业文化变革的超循环结构分析 [J]. 中国流通经济, 2006 (9).

[92] 王胜今, 董伟. 由美日企业制度比较分析日本经济衰退之根源 [J]. 日本学刊, 2001 (11).

[93] 王帅. 战后日本职业教育办学模式上的三点变[J]. 职教论坛, 2007（6）.

[94] 王向远. 作为军国主义侵华理论家的福泽谕吉[J]. 解放军外国语学院学报, 2006（5）.

[95] 王晓峰. 试论日本禅宗与武士道的关系[J]. 大连大学学报, 2018（10）.

[96] 王艳. 日本企业理念下的匠心精神探究——以日本明治公司及TOTO公司为例[J]. 经贸实践, 2018（6）.

[97] 王瑜, 任浩. 模块化组织价值创新: 内涵与本质[J]. 科学研究, 2014（2）.

[98] 王育琨. 中国企业家遭遇人生格局困境[J]. 廉政瞭望, 2009（2）.

[99] 吴高帅. 浅析明治维新到大正初期日本文化模式变迁[J]. 黑龙江史志, 2013（10）.

[100] 谢雅辉. 传承传统民族文化背景下的幼儿园建筑设计探讨[J]. 美与时代（城市版）, 2016（11）.

[101] 徐立军. 试论并购对日本建造"世界工厂"的促进作用[J]. 企业经济, 2003（7）.

[102] 徐伟. 特朗普减税带来的挑战及对策建议[J]. 中国智库经济观察（2017）, 2018（7）.

[103] 徐文新. 一部研究日本新一代的力作[J]. 中国青年研究, 2001（5）.

[104] 闫志章. 日本武士道生死观[J]. 长春工业大学学报（社会科学版）, 2011（5）.

[105] 燕玉. 中国制造业为何"大而不强"，如何突围[J]. 人民论坛, 2017（10）.

[106] 杨健潇. 分配正义视角下的"收入倍增计划"——基于"收入倍增计划"的国际比较研究[J]. 学习与探索, 2013（11）.

[107] 杨军. 中、日与东亚共同体: 从历史到现实[J]. 史学集刊, 2005（5）.

[108] 杨柯. 《论语与算盘》: 涩泽荣一的经营管理思想[J]. 管理学家, 2008（4）.

[109] 杨丽花. 人民币升值的收入分配效应[J]. 广东金融学院学报, 2007（9）.

[110] 杨荣. 欧美日企业并购规制的比较研究[J]. 兰州学刊, 2005（10）.

[111] 杨荣. 欧美日企业并购政策法规差异的比较及其启示[J]. 惠州学院学报（社会科学版）, 2005（8）.

[112] 叶治安, 范能船. 理智与情感: 关于诺贝尔奖的颁发与人类文明的推演[J]. 上

海城市管理，2016（11）.

[113] 尹鸿祝，李术峰."中国制造"谁来升级？[J].科技信息，2002（12）.

[114] 于平.我国制造业发展存在的问题与对策[J].经济纵横，2003（9）.

[115] 郁雨."日本制造"的演变轨迹[J].今日浙江，2003（2）.

[116] 袁灿兴.日本间谍在中国卖豆腐[J].文史博览，2012（10）.

[117] 袁方敏.基于研究性学习的创新思维设计[J].大众文艺，2014（6）.

[118] 岳振廷.日本造假给我国制造业敲响警钟[J].中国有色金属，2018（1）.

[119] 张富军，张卫娣.解析日本武士道的生死观[J].赤峰学院学报（汉文哲学社会科学版），2010（3）.

[120] 张恒梅.美国"再工业化"对我国制造业的挑战及其应对策略[J].他山之石，2012（11）.

[121] 张宏杰.我们真正了解日本吗[J].环球时报，2006（4）.

[122] 张季风.互补、互惠、互动的中日经贸合作[J].日本研究，2007（12）.

[123] 张鹏飞.论日本军国霸权情愫中"武士道精神"的文化观照[J].哈尔滨学院学报，2010（2）.

[124] 张琼林.日本"匠人精神"面面观[J].决策，2016（2）.

[125] 章羽红.《龙猫》中的日本文化元素[J].电影评介，2013（8）.

[126] 张重和.日本制造：从劣质到物美价廉[J].质量探索，2009（9）.

[127] 张洲军，许凯锋.日本军事工业及其对战争支援潜力初探[J].东北亚论坛，2000（2）.

[128] 赵昊，刘航.发展低碳经济与提升我国制造业国际竞争力的关系[J].生产力研究，2010（12）.

[129] 赵坚.日本的职人文化[J].百科知识，2011（11）.

[130] 赵岷山.我国工业生产能力利用严重不足[J].中国国情国力，1997（1）.

[131] 赵岩.近代日本军队的武士道教育与对外侵略战争[J].外国问题研究，2018（10）.

[132] 仲慧.快速反应与不断创新的质量经营[J].中国质量，2003（1）.

[133] 仲继银. 松下幸之助的经营秘学 [J]. 董事会, 2013 (9).

[134] 周见. 涩泽荣一与株式会社 [J]. 管理学家, 2008 (4).

[135] 周旭霞. 感受日本人的生活品质 [J]. 中共杭州市委党校学报, 2006 (9).

[136] 朱金瑞. 论企业安全发展伦理建设 [J]. 道德与文明, 2008 (1).

[137] 朱晓庆. 浅析日本人力资源管理模式的特点 [J]. 知识经济, 2011 (12).

[138] 庄锡强. 进一步优化我国投资环境的若干思考 [J]. 发展研究, 2018 (4).

[139] 祖林, 石继业. 从借词现象看民族文化的撞击与渗透 [J]. 河北职业技术学院学报, 2008 (4).

[140] 左世全. 我国智能制造发展战略与对策研究 [J]. 世界制造技术与装备市场, 2014 (3).

（三）网络文章

[1] 白益民. 给日本制造一个真相 [EB/OL]. http://www.360doc.com/content/10/0109/17/552741_13087365.shtml

[2] 白益民. 瞄准日本财团 [EB/OL]. http://www.chinavalue.net/bookinfo/bookinfo.aspx?bookid=892194

[3] 陈安. 日本艺术与价值观 [EB/OL]. http://www.360doc.com/content/19/0928/15/35641324_863711976.shtml

[4] 姜建强. 你所不知道的日本 [EB/OL]. http://blog.sina.com.cn/s/blog_40257aae0102y16f.html

[5] 姜建强. 小确幸中的日本 [EB/OL]. http://xiamag.com/43521.html

[6] 金克木. 关于《菊与刀》[EB/OL]. https://www.douban.com/group/topic/92110428/

[7] 刘轩华. 涩泽荣一, 改变日本文化基因的商业之父 [EB/OL]. http://www.jinciwei.cn/e282964.html

[8] 刘应杰. 日本还是世界上最公平的国家之一 [EB/OL]. http://blog.sina.com.cn/

s/blog_757f0a070102ykz2.html

[9] 马光远. 制造业流回美国，中国还剩下什么？[EB/OL]. http://m.kdnet.net/share-12667437.html

[10] 马国川. 吉田松阴：一位先知先觉者的偷渡梦[EB/OL]. https://www.jiemian.com/article/857941.html

[11] 彭韧. 日本制造的国家逻辑：三菱，与日本崛起共生[EB/OL]. http://finance.sina.com.cn/leadership/20090218/16275871760.shtml

[12] 拾遗. 蒋介石为何说中日差距就在一个王阳明[EB/OL]. https://www.sohu.com/a/118081913_488355

[13] 唐辛子. 日本茶道正是"去中国化"的结果[EB/OL]. https://cul.qq.com/a/20160125/046581.html

[14] 唐辛子. 中国人"变形"的日本研究热[EB/OL]. https://chuansongme.com/n/403248121451

[15] 王凤. 日本经济学家藤本隆宏：我眼里的中日制造业之别[EB/OL]. https://finance.huanqiu.com/article/9CaKrnJJKL0

[16] 魏士. 日本如果真的"一亿玉碎"，天皇会死在哪？绝不会在中国！[EB/OL]. https://www.sohu.com/a/320513037_793025

[17] 吴丹. 张艺谋都惊讶，这位80岁的日本服装设计师如此了解中国[EB/OL]. https://www.yicai.com/news/5207028.html

[18] 吴永宁. 日本企业的质量控制[EB/OL]. http://www.docin.com/p-476585065.html

[19] 许锡良. 今天，我们地球对面的人来了[EB/OL]. https://chuansongme.com/n/831701852939

[20] 徐波. 给"支那"加上贬义色彩的始作俑者是谁？[EB/OL]. https://www.sohu.com/a/208284685_469046

[21] 徐焰. 日本"武士道"精神的真相[EB/OL]. http://www.360doc.cn/article/7046489_245426711.html

[22] 叶檀. 日本还是令人敬畏[EB/OL]. https://www.xzbu.com/2/view-7778303.html

[23] 朱邦凌. 稻盛和夫：公司的首要目的就是要保障员工及其家庭的幸福[EB/OL]. https://baijiahao.baidu.com/s?id=1645738026521609787

[24] 查莫斯·约翰逊——日本发展模式概念之父[EB/OL]. https://wiki.mbalib.com/zh-tw/%E6%9F%A5%E8%8E%AB%E6%96%AF%C2%B7%E7%BA%A6%E7%BF%B0%E9%80%8A

[25] 此侵华元凶，战前扮乞丐走遍半个中国，得出一结论令国人无话可说[EB/OL]. https://www.sohu.com/a/159872716_673037

[26] 稻盛和夫管理思想[EB/OL]. https://www.docin.com/p-699718115.html

[27] 稻盛和夫：理解工作的意义，全身心投入工作，拥有幸福的人生[EB/OL]. https://www.360kuai.com/pc/90ec86a24e9aecbd6?cota=4&tj_url=so_rec&sign=360_57c3bbd1&refer_scene=so_1

[28] 稻盛和夫：虔诚地对待工作，人生会有不可思议的收获[EB/OL]. https://www.sohu.com/a/379081249_100002975

[29] 稻盛和夫：为什么要工作？——磨炼灵魂，提升心志[EB/OL]. http://www.360doc.com/content/19/0731/15/144930_852190945.shtml

[30] 登顶"世界最高峰"本田宗一郎传（中）[EB/OL]. http://news.mydrivers.com/1/429/429788.html

[31] 巅峰时期的日本有多牛，曾狂妄的扬言要买下美国[EB/OL]. https://www.360kuai.com/pc/9c7aece64910ab65a?cota=3&kuai_so=1&sign=360_57c3bbd1&refer_scene=so_1

[32] 都是抄袭，这个国家完爆中国，如今成功征服世界[EB/OL]. https://chuansongme.com/n/1346231451566

[33] 2017年我国国内生产总值达82.7万亿元，占全球15%[EB/OL]. http://js.people.com.cn/n2/2018/0301/c359574-31295822.html

[34] 2017年中国一次能源消费量占全球比例23%，之后增速将放缓[EB/OL]. http://

www.chyxx.com/industry/201811/690866.html

[35] 涵养中国制造文明[EB/OL].http://sz.people.com.cn/n/2015/0723/c202846-25695306-3.html

[36] 看到了日本诺贝尔奖获得者名单，我想到了入殓师[EB/OL].https://baijiahao.baidu.com/s?id=1608522700351749177

[37] 自来水哲学[EB/OL].https://baike.so.com/doc/6138642-6351805.html

[38] 历史解密日本军人的残忍[EB/OL].https://club.kdnet.net/dispbbs.asp?boardid=1&id=392841

[39] 良宽禅师：袋里有米，炉边有柴，还要什么[EB/OL].https://baijiahao.baidu.com/s?id=1621418662369476775

[40] 六大财团大揭秘——脚踏实地、不追求浮利的住友财团[EB/OL].http://www.360doc.com/content/18/0227/23/30123241_733012877.shtml

[41] 你拿什么抵制日货？[EB/OL].https://www.hongze.net/thread-1065004-1-1.html

[42] 日本产品质量为什么这么好，看了这篇你就知道的[EB/OL].https://m.sohu.com/a/135155538_607547/

[43] 日本传统文化中有哪些是来自中国的？[EB/OL].https://www.wukong.com/answer/6517052244725072135/

[44] 日本的国民收入倍增计划[EB/OL].https://www.renrendoc.com/p-19335550.html

[45] 日本的战略源流研究[EB/OL].http://bbs.tianya.cn/post-333-731591-1.shtml

[46] 日本地震波及全球产业链：芯片价格走势难料[EB/OL].http://www.gongkong.com/news/201103/96434.html

[47] 日本工匠的素直之心震撼中国企业家[EB/OL].http://blog.sina.com.cn/s/blog_7d811abf0102vgx5.html

[48] 日本画的轨迹[EB/OL].http://bbs.tianya.cn/post-lookout-841082-1.shtml

[49] 日 本 讲 课[EB/OL].https://wenku.baidu.com/view/f4f68f3b172ded630a1cb604.html

[50] 日本匠人：一生只做一件事，再把它做成奇迹[EB/OL].http://www.360doc.cn/article/11263728_492000796.html

[51] 日本军工生产能力探秘[EB/OL].http://www.360doc.com/content/13/0701/12/11542102_296752161.shtml

[52] 日本力推"工业4.0"：发布《2015年版制造白皮书》[EB/OL].https://3dprint.ofweek.com/2015-08/ART-132109-8440-28995365_2.html

[53] 日本明治天皇：一天宁可只吃一餐 也要建立强大海军[EB/OL].https://www.sohu.com/a/298787264_363750?sec=wd

[54] 日本企业伦理[EB/OL].https://ishare.iask.sina.com.cn/f/30uJZ5cMqDS.html

[55] 日本商业之父：宁做企业不做官[EB/OL].http://www.360doc.cn/article/202378_616790268.html

[56] 日本为什么环境好？有哪些值得我们学习的地方？[EB/OL].https://www.wukong.com/question/6514127976961933582/

[57] "日本制造"的逆袭之路[EB/OL].http://www.docin.com/p-1764047026.html

[58] "日本制造"如何做到了质优价廉？[EB/OL].https://gongkong.ofweek.com/2015-11/ART-310021-8420-29031934_5.html

[59] 松下幸之助自传——自序[EB/OL].http://blog.sina.com.cn/s/blog_915063880100xszh.html

[60] 他刚拿诺贝尔奖，第二天就把1亿1500万奖金都花了！[EB/OL].https://www.sohu.com/a/258316363_170827

后　记

2013年秋，承蒙同事林美茂教授和日本爱知大学李春利教授的多方联络，笔者得以赴日本访学。在日本三个多月的游历，笔者感触良多，竟也有了写作日本的冲动。回国后，经过几年的材料搜集和阅读思考，终成此书。不同于笔者先前撰写过的那些略显枯燥的学术著作，笔者意欲将其写成一种大众读物。不过，内心深感忐忑的是，因笔者水平所限，难免存在诸多不足，恳请业界方家见谅并不吝赐教！

在写作过程中，我的几位研究生在收集材料、编撰文献目录、插图等环节，帮助我做了不少工作，他们是苏立涛、尚华星、傅晓红、卢欣、卢锐，等等。在此表示感谢！

需要说明的是，书中的插图除了有一部分来自"自拍"之外，大多数来自日本国立国会图书馆，并得到其使用授权；也有一小部分来源于网络，并做了标注。

最后，非常感谢中国纺织出版社李满意博士的辛勤操持，使本书得以顺利出版！

彭新武

2020年11月8日